DIE SPRACHE DER POSTMODERNEN ARCHITEKTUR

CHARLES JENCKS

DIE SPRACHE DER POSTMODERNEN ARCHITEKTUR

Die Entstehung einer alternativen Tradition

DVA

Dr. Charles Jencks, geb. 1939 in den USA, Professor für Geschichte der Gegenwartsarchitektur an der „Architectural Association", London. Verfasser zahlreicher Publikationen über Tendenzen der modernen Architektur.

Übertragung aus dem Englischen:
Nora von Mühlendahl-Krehl

Für Maggie Keswick

Foto auf der vorderen Umschlagseite:
Charles Moore u. a.: Piazza d'Italia, New Orleans, 1976—1979
(siehe auch Seite 146).

Foto auf der hinteren Umschlagseite:
Hans Hollein: Österreichisches Reisebüro, Wien, 1976—1978
(siehe auch Seite 143).

Frontispiz:
J. Richter, P. Rose, P. Lankin: Pavillon Soixante-Dix,
St. Sauveur/Kanada. 1976—1978.
Diese Skihütte zeigt die für die Postmoderne charakteristische „Doppel-kodierung": teils modern mit geometrischen Formen und flachen Bogen, teils traditionell mit palladianischer Exedra und falscher Front. Einige dieser Bedeutungen nehmen Bezug auf lokale Gebäude, während die große Geste dieser populären Sportart angemessen ist. Die Exedra, an der Ultraviolettstrahler befestigt sind, faßt die zu den Skifahrern orientierte Terrasse ein.

CIP-Kurztitelaufnahme der Deutschen Bibliothek

Jencks, Charles:
Die Sprache der postmodernen Architektur / Charles Jencks.
(Übertr. aus d. Engl.: Nora von Mühlendahl-Krehl). —
2., erw. Aufl. — Stuttgart: DVA, 1980.
   Einheitssacht.: The language of post-modern architecture ‹dt.›
   ISBN 3-421-02530-4

Originalausgabe: The Language of Post-Modern Architecture
3. Auflage 1980
Academy Editions, London
© 1977, 1978, 1980 Charles Jencks & Maggie Keswick
2., erweiterte Auflage 1980
© 1978 Deutsche Verlags-Anstalt GmbH, Stuttgart
Alle Rechte vorbehalten
Umschlagentwurf auf der Basis des Umschlags der englischen Ausgabe:
Dieter Frey, Leonberg
Satz: Pfälzische Verlagsanstalt GmbH, Landau
Druck: Balding & Mansell Ltd., Wisbech
Printed in Great Britain

INHALT

EINLEITUNG

Dieses Buch und sein langatmiger Titel haben eine ungewöhnliche Geschichte, die einer Erklärung bedarf. Die Architektur ist in den vergangenen zwanzig Jahren in eine Situation geraten, aus der sich jetzt sehr schnell ein neuer Stil und eine neue Auffassung entwickeln. Sie ist der Moderne auf ähnliche Weise entwachsen wie seinerzeit die manieristische Architektur der Hochrenaissance — als teilweise Umkehrung und Veränderung der früheren Sprache der Architektur. Diese Entwicklung wird heute allgemein als Postmoderne bezeichnet. Der Begriff ist weit genug, um die Vielfalt der Ausgangspunkte zu erfassen, und weist dennoch auf seine Herkunft von der Moderne hin. Wie diese ihr Erzeuger ist die Postmoderne dem Engagement für zeitgemäße Erscheinungen, der Veränderung der Gegenwart verpflichtet, aber im Gegensatz zur Avantgarde verzichtet sie auf die Vorstellung von der ständigen Innovation oder der unaufhörlichen Revolution.

Ein postmodernes Gebäude spricht, um eine kurze Definition zu geben, zumindest zwei Bevölkerungsschichten gleichzeitig an: Architekten und eine engagierte Minderheit, die sich um spezifisch architektonische Probleme kümmern, sowie die breite Öffentlichkeit oder die Bewohner am Ort, die sich mit Fragen des Komforts, der traditionellen Bauweise und ihrer Art zu leben befassen. So wirkt die postmoderne Architektur zwitterhaft und, um eine visuelle Definition zu geben, wie die Front eines klassischen griechischen Tempels. Dieser ist eine geometrische Architektur mit elegant kannelierten Säulen unten und einer unruhigen Tafel mit kämpfenden Giganten darüber, einem in leuchtend roten und blauen Farben bemalten Giebel. Architekten können die darin enthaltenen Metaphern und die subtile Bedeutung der Säulentrommeln ablesen, während das Publikum die expliziten Metaphern und Aussagen des Bildhauers erfaßt. Natürlich erfaßt jeder etwas von beiden Bedeutungskodes, ebenso wie bei einem postmodernen Gebäude, aber sicher mit unterschiedlicher Intensität und Er-

kenntnisfähigkeit. Diese Diskontinuität der Geschmackskulturen ist es, die sowohl die theoretische Basis als auch die „Doppelkodierung" der Postmoderne erzeugt. Das Doppelimage des klassischen Tempels ist ein visuelles Hilfsmittel, das man sich als einigenden Faktor merken sollte, während in diesem Buch unterschiedliche Ausgangspunkte von der modernen Architektur dargestellt werden. Die charakteristischsten postmodernen Bauten zeigen deutlich eine Dualität, eine bewußte Schizophrenie.

Das Wort „postmodern" wurde zuerst in der Kunstszene in Umlauf gesetzt. Seither, etwa ab 1976, ist es zu einem Begriff geworden, der auf neuere Trends angewendet wird, die der orthodoxen Moderne zuwiderlaufen (siehe auch den letzten Absatz dieser Einleitung). Die Bezeichnung wurde von der „Newsweek" und anderen Zeitschriften übernommen und dann kritiklos auf alle Bauten angewendet, die anders aussahen als die rechtwinkligen Kisten des Internationalen Stils. „Postmodern" bezeichnete also jedes Gebäude mit seltsamen Krümmungen oder die Sinne ansprechender Bildhaftigkeit, eine Definition, die ich, wie der Leser bemerken mag, als ein wenig zu großzügig betrachte. Diese Auffassung des Begriffes, erstmalig 1966 von Nikolaus Pevsner in seinem Angriff auf die „Anti-Pioniere" angewendet, schließt einige plastische Dekorateure und Konfektionäre ein, die ich auch ablehnen würde, wenn auch aus völlig anderen Gründen als Pevsner. Ihre Bauten teilen sich nicht eindeutig mit, weil sie ausschließlich auf ästhetischer Ebene kodiert sind. Einfacher ausgedrückt, sie sind fehlgezündete Skulpturen, unbeabsichtigte Metaphern, so unzeitgemäß wie die moderne Architektur selbst (siehe Seiten 18—21).

Daher muß der Begriff „postmodern" geklärt und präziser nur auf jene Architekten angewendet werden, die sich der Architektur als einer Sprache bedienen — darum dieser Teil meines Titels. Paul Goldberger und andere amerikanische Kritiker haben den Begriff in diesem Sinne verwendet und sich auf andere wichtige Merkmale konzentriert: auf die Einstellung zur historischen Überlieferung und zum lokalen Kontext. Diese Aspekte sind bezeichnend, aber, wie das letzte Kapitel zeigt, nur ein Teil der Geschichte. Denn die postmoderne Architektur hat auch eine positive Einstellung zu metaphorischen Gebäuden, zum bodenständigen Bauen und zu einer neuen, doppeldeutigen Auffassung des Raumes. Daher kann nur eine pluralistische Definition ihre vielen Inhalte erfassen. Ich habe versucht, das mit der Genealogie auf Seite 80 und der Geschichte ihrer Entstehung im letzten Kapitel zu erläutern. Aus dem gleichen Grunde gibt es keinen Architekten, der *allen* diesen verschiedenen Richtungen nachgeht, und kein Gebäude, das sie in sich vereinigt. Wenn ich gezwungen wäre, einen absolut überzeugenden Postmodernen zu nennen, würde ich An-

Oben:
1 Doppelkodierung. Tempel der Artemis in Korfu, frühes sechstes Jahrhundert v. Chr.
Das typische griechische Giebelrelief zeigt die Mischung von Bedeutungen populärer und elitärer Art, die von verschiedenen Bevölkerungsgruppen auf verschiedenen Ebenen abgelesen werden konnten. Hier sind die fliehende Gorgo, die Meduse mit ihren Schlangen, die wütenden Löwen-Panther und die verschiedenen Mordakte alle dramatisch in starken Farben vertreten. Diese repräsentative Kunst zerbricht im wahren Sinne des Wortes die abstrakte Geometrie darüber, aber Harmonie und die enthaltene Metapher herrschen vor. Menschliche Maße, visuelle Feinheiten und eine reine Architektur aus syntaktischen Elementen haben ebenfalls ihren Platz darin. Zwei unterschiedliche Sprachen, jede mit eigener Berechtigung und eigener Zuhörerschaft.

tonio Gaudi anführen. Das ist aber, wie jeder Kritiker sofort argumentieren würde, natürlich nicht möglich, denn er war ein Prämodernist. Die erste (englische) Auflage dieses Buches endete mit einem Werk von Gaudi, der eine reiche Sprache überzeugend angewendet hat, um wichtige Bedeutungen zu vermitteln. Jetzt habe ich aber diesen Teil aus Gründen des Platzes und der Konsequenz gestrichen. Ich betrachte Gaudi immer noch als *den* Prüfstein für die Postmoderne, als ein Vorbild, an dem alle neueren Bauten gemessen werden könnten, ob sie wirklich metaphorisch, ,,kontextuell" und reich im eigentlichen Sinne sind. Aber ich habe meine Beispiele auf die Gegenwart beschränkt.

Die Doppeldeutigkeit der Vorsilbe ,,Post" hat ihre amüsanten und kraftvollen Aspekte, die zum Teil erklären, warum der Begriff in Umlauf gekommen ist. Die Menschen sind meist erfreut bei der Vorstellung, ,,postgegenwärtig" zu sein. Mitte der sechziger Jahre schrieb Daniel Bell über die postindustrielle Gesellschaft und folgerte, daß es einige glückliche Abendländer geben würde, die der mühevollen Arbeit völlig entgehen könnten. Es gab die kurzlebige ,,Post-Painterly Abstraction", eine Oppositionsbewegung, wie der Name sagt, und neuerdings plädiert Präsident Carter für eine neue Außenpolitik, die auf der ,,Post-War-", der Nachkriegswelt basiert. Dieses glatte Wort ist sehr passend, es besagt lediglich, von wo man ausgegangen, aber nicht, wo man angekommen ist. Aber der Verstand rebelliert bei diesem linguistischen Paradoxon: Wie können wir uns jenseits des modernen Zeitalters befinden, wenn wir noch lebendig sind? Haben wir — wie die Futuristen — die Gegenwart vertrieben und das Elysium in einem dauerhaften Status von morgen (oder gestern?) angesiedelt? Wenn das der Fall ist, könnten wir einer ,,postnatalen" — oder ,,postkoitalen"? — Krise entgegensehen, während wir die Früchte des Ausweichens vor der Gegenwart ernten.

Solche Gedanken ließen mich den Begriff postmoderne Architektur, als ich ihn erstmals im Jahr 1975 anwendete, als eine vorübergehende Bezeichnung betrachten. Aber jetzt habe ich meine Meinung geändert. Teils geschah das wegen jener Assoziation an die Moderne, die noch in diesem Zwittertitel enthalten ist, teils wegen seiner Kraft und Aktualität. Architekten, Künstler, die Menschen allgemein wollen auf dem laufenden sein, selbst wenn sie nicht bereit sind, ihre kulturelle Vergangenheit aufzugeben, was die Avantgarde häufig getan hat.

Wir können in der Renaissance, als das Wort ,,modern" zuerst in Umlauf gebracht wurde, eine instruktive Parallele dazu finden. Damals führte man Debatten und herrschte Verwirrung ähnlich wie zu unserer Zeit. Filarete zum Beispiel behauptete, daß er ,,moderne (d. h. gotische) Bauten liebte" bis zu der Zeit, da er ,,die klassischen zu schätzen und die ersteren zu verabscheuen begann". Aber mit der fortschreitenden Wiedergeburt der Antike wurde ·die Gotik altmodisch. Vasari kehrte schließlich die Gleichung um: Der alte, klassische Stil wurde vervollkommnet, das heißt verbessert (so glaubte man jedenfalls) zum ,,guten, modernen Stil" (*buona maniera moderna*). So herrschte bei den Renaissanceautoren Verwirrung bei der Verwendung dieses Begriffes; ,,moderna" wurde auf die Gotik angewendet, auf das antike Rom und auf seine Reproduktion — auf drei verschiedene Baustile! Unabhängig davon, in welchem Maße sie der Vergangenheit verpflichtet waren, nannten die Architekten sie ,,modern", als ob der Begriff damals (und heute noch?) einen unanfechtbaren Einfluß auf die Gegenwart gehabt hätte — ,,von heute" zu sein. Erst nachdem Vasari systematisch und bewußt den Begriff ,,moderna" auf den Reproduktionsstil angewendet hatte, wurde sein Gebrauch allgemein üblich und anerkannt.

Der Kampf zwischen ,,Ehemaligen" und ,,Modernen" ist seither viele Male mit der gleichen Unsicherheit in der Anwendung ausgefochten worden. In gewisser Hinsicht sind wir heute wieder in einer solchen mißlichen Lage, da die Widersacher nicht nur gegenteiliger Meinung sind, sondern die grundlegenden Bezeichnungen auch unterschiedlich anwenden. Dies ist nicht der Ort, eine Analyse der verschiedenen Versionen der Moderne vorzunehmen. Die-

2 Morris Lapidus: Hotel Eden Roc, Miami/Florida, 1954.
Lapidus begann die ,,Ersatz"-Ausstattung großer Hotels mit seinen Konfektionen während der fünfziger Jahre in Florida. Er vermischt alle bekannten Innendekorationsstile — Ludwig XIV., Robert Adam, modernen Stromlinienstil — in einen charakteristischen, aber nicht klassifizierbaren Stil. Hier ist es ,,Möglicherweise-Barock". Lapidus gelangte zu diesem kommerziellen Rezept über die Ladengestaltung; heute wird es mit Erfolg in der ganzen Welt angewendet, wie die folgenden Londoner Hotels beweisen.

se Analyse wird jedoch meines Erachtens mit Sicherheit erfolgen, da die Angriffe und Gegenangriffe an Vehemenz zunehmen. Aber hier geht es darum zu betonen, daß das Wort modern immer noch eine doppelte Kraft besitzt, wie es sie für Vasari hatte, denn es bezieht sich auf das gegenwärtige Klima der zunehmenden Diskussionen, und es hat diese Kraft sogar für die, welche die Moderne ablehnen, widerlegen oder kritisieren. Die Postmoderne gewinnt dadurch einige jener Assoziationen, selbst indem sie das Konzept der Avantgarde und den Zeitgeist angreift.

Zum zweiten und wichtigeren trifft die Bezeichnung die Dualität der gegenwärtigen Situation recht gut. Die meisten — wenn nicht gar alle — Architekten unserer Tage sind in der Moderne ausgebildet, haben sich jedoch über die Ausbildung hinaus weiter- oder in anderer Richtung entwickelt. Sie sind noch nicht bei einer neuen Synthese angelangt, haben aber ihr modernes Empfinden auch nicht ganz aufgegeben. Vielmehr sind sie auf halbem Wege stehengeblieben, sind halb modern, halb postmodern. Wenn wir das Werk von Venturi, Stern oder Moore betrachten — von dreien aus dem harten Kern der Postmoderne —, können wir alle Elemente Corbusiers, Kahns, der zwanziger Jahre und alle Bezüge auf Palladio, Lutyens und Las Vegas erkennen. Ohne Zweifel ist dieses Werk auf schizophrene Weise kodiert, was zu erwarten war, nachdem eine Richtung zusammengebrochen ist und die Architekten sich weiterentwickelt haben. Denn wir sprechen hier von einer Evolution aus oder dem Verlassen einer allgemein geteilten Position, nicht von einem revolutionären Bruch mit der unmittelbaren Vergangenheit. Und daraus ergibt sich eins der erstaunlichen, ja bestimmenden Merkmale der Postmoderne: Sie schließt die moderne Architektur und das Formale als mögliche Lösungen ein, die dort angewendet werden, wo sie geeignet sind (bei Fabriken, Krankenhäusern und einigen Bürogebäuden). Während die Moderne so exklusiv ist wie die Architektur Mies van der Rohes, ist die Postmoderne so total inklusiv, daß sie sogar ihrem puristischen

Gegensatz einen Platz einräumt, wo es sich rechtfertigen läßt. Anders ausgedrückt, die Postmoderne findet eine Begründung für die Wiederbelebung der zwanziger Jahre zu einer Zeit, da alle Stilreproduktionen möglich und von der Argumentation der Plausibilität abhängig sind, weil mit Sicherheit ihre Notwendigkeit nicht erwiesen werden kann.

Der Fehler der modernen Architektur war, daß sie sich an eine Elite richtete. Die Postmoderne versucht, den Anspruch des Elitären zu überwinden, nicht durch Aufgabe desselben, sondern durch Erweiterung der Sprache der Architektur in verschiedene Richtungen — zum Bodenständigen, zur Überlieferung und zum kommerziellen Jargon der Straße. Daher die Doppelkodierung, die Architektur, welche die Elite und den Mann auf der Straße anspricht. Das ist natürlich zuerst keine einfache Methode des Entwerfens, bis der Dualismus konventionalisiert ist. Aber wenn eine Tradition von dieser Basis aus wächst — wie die zu Beginn erwähnte klassische griechische —, kann sie reicher und dynamischer sein als eine rein elitäre. Sie kann andere Architekten ansprechen, die Fachelite, die sich um feine Unterschiede einer sich schnell verändernden Sprache bemüht und sie wahrnimmt, *und* sie kann die Nutzer ansprechen, die eine schöne und traditionelle Umgebung und eine bestimmte Lebensweise anstreben. Beide Gruppen, die sich häufig bekämpfen und unterschiedliche Wahrnehmungskodes verwenden, müssen zufriedengestellt werden. Und die Architektur, die fünfzig Jahre auf Zwangsdiät gesetzt war, kann sich nur freuen und als Ergebnis lebendiger und stärker werden.

All das Erwähnte soll die Neubearbeitung des Buches rechtfertigen und das neue Schlußkapitel erklären, das die Entwicklung der Postmoderne aus der Architektur der fünfziger Jahre beschreibt. Ich habe mich vorher auf das Wort „Sprache" im Titel konzentriert; Geoffrey Broadbent hat darauf hingewiesen. Jetzt hoffe ich, daß auch der andere Teil angemessen repräsentiert ist. Aber ich erhebe nicht den Anspruch, eine gültige Abhandlung zu dieser noch anhaltenden Diskussion beigetragen zu haben, und erwarte weitere Beiträge zum Thema: ein Buch von Robert Stern, das noch nicht erschienen ist, eine Ausgabe der „Harvard Architecture Review" und eine Ausstellung im Museum of Modern Art in New York — das bald umbenannt werden muß in Museum of Postmodern Art (nach Douglas Davis und anderen).

Dank schulde ich Conrad Jameson, der meine Ansichten geklärt und meinen Text gelesen hat. Noch besser als früher erkenne ich jetzt seine kompromißlose Befürwortung der Übernahme von Formelementen der Vergangenheit, der Anwendung von Rezeptbüchern, die auf Regionalarchitektur basieren, als Herausforderung der Moderne und der Postmoderne, obgleich ich die Folgerungen reduktiv und restriktiv finde. Und wieder einmal geht mein Dank an Maggie Keswick, deren Ansichten viele der meinen wandelten und erhellten. Ihr sei das Buch gewidmet, weil sie ausdauernd war in der Klärung mancher Stilfragen des Bauens und meiner unliebenswürdigen Prosa.

Ebenfalls dankbar bin ich für die Bemühungen von Haig Beck und Jackie Cooper um den Text, ersterem dafür, daß er das Buch initiierte und kritisierte, letzterer, weil sie über die Pflichtübungen hinausging und es las, langsam, mehrfach — um verborgene Druckfehler herauszufinden. Schließlich danke ich meinem Verleger Andreas Papadakis, der das Interesse an dem Buch beibehielt und diese neue Fassung anregte.

Anmerkungen

Die erste mir bekannte Anwendung des Begriffes „postmodern" im Zusammenhang mit Architektur erfolgte schon 1949 durch Joseph Hudnut in einem Beitrag „The Post-Modern House" in „Architecture and the Spirit of Man", Cambridge 1949, abgedruckt in Lewis Mumfords „Roots of Contemporary American Architecture", New York 1952. Wie Penny Sparke in einer Besprechung der ersten Auflage dieses Buches (in „Artscribe", Nr. 8) betonte, verwendete Nikolaus Pevsner den Ausdruck „postmoderner Stil". Aber er benutzte ihn nur einmal und um jene anzugreifen, die er auch „Neoexpressionisten" nannte. Da diese Architekten im großen und ganzen Architektur nicht als Sprache behandeln und sie auch nicht verwenden, um beabsichtigte Bedeutungen zu vermitteln, würde ich sie eher als Spätmoderne denn als Postmoderne bezeichnen (siehe oben). Pevsners Beitrag „Architecture in Our Time, The Anti-Pioneers" wurde in „The Listener" am 29. Dezember 1966 und am 5. Januar 1967 veröffentlicht.

Die Zeitschrift „Newsweek" benutzte den Begriff („Rise of the Come-Hither Look", 17. Januar 1977) mit Bezug auf die neuen, facettierten Glashochhäuser in Amerika mit ihren glatten, die Sinne ansprechenden Oberflächen — die ansonsten nicht von modernen zu unterscheiden sind. Paul Goldberger verwendete ihn in Beiträgen über Charles Moore, Hardy, Holzman, Pfeiffer und andere für eine an Symbolismus und historischen Anspielungen reiche Architektur. Bei einer Unterhaltung im Februar 1977 betonte er die Bedeutung des pittoresken Images — etwas, das ich als zu abwegig und als Randerscheinung betrachte, um als Definition zu dienen. Drexler stellte ebenfalls in einem Gespräch diese Anwendung des Begriffes auf Hardy, Holzman und Pfeiffer in Frage (siehe Goldbergers Beiträge im „New York Times Sunday Magazine" vom 16. Januar 1977, 20. Februar 1977 usw.).

Ich benutzte den Begriff erstmals im April 1975 und dann bei einem Seminar in Eindhoven, vgl. in „Architecture-inner Town Government", Technische Hogeschool, Eindhoven, Juli 1975, S. 78—100 meinen Artikel „The Rise of Post-Modern Architecture", später abgedruckt in den „Architectural Association Quarterly" zu diesem Thema, London, Nummer 4/1975. Weitere Beiträge waren „The Revisionists of Modern Architecture", die sich mit einem Tag der Konferenz des Royal Institute of British Architects im Juli 1976 befaßten, veröffentlicht in „Architecture: Opportunities, Achievements", herausgegeben von Barbara Goldstein, RIBA-Veröffentlichungen, London 1977, S. 55—62. Die Ausgabe der „Architectural Design", April 1977, ist dem gleichen Thema gewidmet, dort diskutiere ich die Genealogie der Entstehung, S. 269—271. Schließlich behandelt ein Artikel in der „Sunday Times", 27. Mai 1977, S. 30—1, „More Modern than Modern" drei Aspekte der Postmoderne (Partizipation, Ornament und Pluralismus in der Stadt).

Joseph Rykwert verwendete, in gewissem Sinne ähnlich wie Pevsner, den Begriff „postmoderner Stil" in „Ornament is No Crime", „Studio International", September 1975, S. 95.

Erwin Panofksy diskutiert Anwendungen des Begriffs „moderna" usw. in seinem Buch „Renaissance and Renascences in Western Art" (1960), aus dem diese Zitate entnommen sind (Paladin-Ausgabe, London, 1970, S. 19—21, 33—35).

Die „Harvard Architecture Review" veröffentlicht demnächst ihre erste Ausgabe über die Postmoderne, und Arthur Drexler plant eine Ausstellung über das Thema im Februar 1979 im Museum of Modern Art.

C. Ray Smith verwendet den Begriff bei seinem Buch „Supermannerism, New Attitudes in Post-Modern Architecture", New York 1977, aber nur im Titel. Er schreibt über mehrere der amerikanischen Architekten, die auch hier berücksichtigt sind. Verschiedene Vorlesungsreihen über postmoderne Architektur wurden an bedeutenden amerikanischen Universitäten gehalten.

TEIL I
Der Tod der modernen Architektur

Glücklicherweise läßt sich der Tod der modernen Architektur auf einen genauen Zeitpunkt datieren. Im Gegensatz zum juristischen Tod einer Person, der zu einer komplizierten Angelegenheit von Gehirnströmen kontra Herzschlägen geworden ist, trat die moderne Architektur mit einem Eklat ab. Daß viele es nicht bemerkten und keiner zu trauern schien, macht die Tatsache des Verschwindens nicht ungeschehen. Und daß manche Architekten immer noch versuchen, ihr Leben einzuhauchen, bedeutet nicht, daß sie auf wundersame Weise wiedererstanden wäre. Nein, sie erlosch endgültig und vollständig 1972, nachdem sie zehn Jahre lang von Kritikern wie Jane Jacobs unbarmherzig zu Tode geprügelt worden war. Daß viele sogenannte moderne Architekten immer noch ihr Gewerbe ausüben, als wäre sie noch am Leben, kann als eine der großen Kuriositäten unseres Zeitalters angesehen werden (etwa wie die britische Monarchie der „Royal Company of Archers" oder den „Extra Women of the Bedchamber" lebenserhaltende Spritzen zuführt).

Die moderne Architektur starb in St. Louis/Missouri am 15. Juli 1972 um 15.32 Uhr, als die berüchtigte Siedlung Pruitt-Igoe oder vielmehr einige ihrer Hochhäuser den endgültigen Gnadenstoß durch Dynamit erhielten. Vorher waren sie durch ihre farbigen Bewohner verschandelt, beschädigt und entstellt worden. Und obgleich Millionen Dollar hineingepumpt worden waren bei dem Versuch, sie am Leben zu erhalten (für Reparatur der Aufzüge, Ersatz zerbrochener Fenster, Anstriche), wurde sie schließlich von ihrem traurigen Dasein erlöst.

Zweifellos hätte man die Ruinen erhalten, sie unter Denkmalschutz stellen sollen, so daß wir eine lebendige Erinnerung an diesen Mißgriff in Planung und Architektur hätten. Entsprechend den künstlichen Ruinen auf dem Landsitz eines exzentrischen Engländers aus dem achtzehnten Jahrhundert, die ihm lehrreiche Erinnerung an Eitelkeiten und Ruhm früherer Zeiten sein sollten, müssen wir lernen, unsere früheren Mißgriffe hochzuhalten und zu schützen. Oscar Wilde sagte: „Erfahrung ist der Name, den wir unseren Fehlern geben." Es ist heilsam, sie bewußt in unserer Landschaft zu erhalten als beständige Ermahnungen.

Pruitt-Igoe war nach den fortschrittlichen Idealen der CIAM (Congrès Internationaux d'Architecture Moderne) gebaut und der Entwurf 1951 mit einem Preis des American Institute of Architects ausgezeichnet worden. Es bestand aus eleganten 14geschossigen Scheibenhäusern mit rationalen „Straßen im Freien", Erschließungsdecks (die zwar sicher vor Autos, aber, wie sich erwies, nicht sicher vor Verbrechen waren), „Sonne, Raum und Grün", die Le Corbusier als „die drei wesentlichen Freuden" des Städtebaus bezeichnete (anstelle von konventionellen Straßen, Gärten und halböffentlichen Bereichen, die er ablehnte). In der Siedlung gab es Trennung von Fußgänger- und Fahrverkehr, Spielplätze und Gemeinschaftseinrichtungen wie Wäschereien, Kinderkrippen und Bereiche zur Unterhaltung — alles rationaler Ersatz für traditionelle Verhaltensmuster.

Außerdem hatte man gedacht, daß ihr puristischer Stil, ihre saubere, gesunde Krankenhausmetapher durch gutes Beispiel entsprechende Tugenden bei den Bewohnern anregen würde. Die

gute Form sollte zum guten Inhalt führen oder zumindest zum guten Betragen. Die intelligente Planung des abstrakten Raumes sollte gesundes Verhalten fördern.

3 Minoru Yamasaki: Siedlung Pruitt-Igoe, St. Louis/Missouri, 1952 bis 1955.
Mehrere Hochhausscheiben dieser Bebauung wurden 1972 gesprengt, nachdem sie ständig verschandelt worden waren. Die Verbrechensrate war höher als in anderen Siedlungen. Oscar Newman schreibt dies in seinem Buch *Defensible Space* (New York 1972) den langen Korridoren, der Anonymität und dem Mangel an kontrollierten, halböffentlichen Bereichen zu. Ein weiterer Grund dafür ist, daß Pruitt-Igoe in einer puristischen Sprache entworfen wurde, die im Widerspruch zu den architektonischen Kodes seiner Bewohner stand.

4 Pruitt-Igoe als Ruine. Wie die Berliner Mauer und das 1968 zusammengebrochene Hochhaus Ronan Point in London ist diese Ruine zu einem wichtigen architektonischen Symbol geworden. Sie sollte als warnendes Mahnmal erhalten werden. Tatsächlich ist es einigen Farbigen — nach andauernden Feindseligkeiten und Meinungsverschiedenheiten — gelungen, eine Gemeinschaft in Teilen der verbliebenen bewohnbaren Häuser zu gründen: ein weiteres Symbol auf seine Weise, daß Umstände und Ideologie ebenso wie die Architektur das Funktionieren einer Umwelt bestimmen.

5 Richard Seifert: Penta-Hotel, London, 1972.
Die englische Regierung subventionierte diese Art von Hotels Ende der sechziger Jahre, um dem Ansturm der Touristen zu begegnen. Etwa zwanzig Häuser mit etwa 500 Betten entstanden an der Haupteinfallsstraße vom Flughafen. Von außen sind sie abweisender Internationaler Stil, innen „Ersatz" à la Lapidus.

6 Penta-Hotel: im Inneren ausgestattet im Vasarély-Flughafen-Warteraum-Stil. Die Ironie, daß die gleichen Innenräume dort zu finden sind, wo die Touristen ihre Reise begannen, ist vielen Kritikern nicht entgangen. Dennoch gedeiht diese Tradition weiterhin.

Aber leider erwiesen sich diese allzu vereinfachten Vorstellungen, übernommen von den philosophischen Doktrinen des Rationalismus, Behaviourismus und Pragmatismus, als ebenso irrational wie die Philosophien selbst. Die moderne Architektur als Kind der Aufklärung war Erbe der ihr angeborenen Naivität, einer zu gewaltigen und ehrfurchtgebietenden Naivität, als daß ihre Widerlegung in einem Buch, welches sich nur mit dem Bauen auseinandersetzt, gerechtfertigt wäre. Ich will mich hier im ersten Teil auf das Absterben eines kleinen Zweiges von einem großen, kranken Baum konzentrieren. Fairerweise sollte aber darauf hingewiesen werden, daß die moderne Architektur ein Ableger der modernen Malerei, der modernen Richtung in allen Künsten ist. Gleich dem rationalen Unterrichtswesen, dem rationalen Gesundheitswesen und der rationalen Gestaltung von Damenwäsche weist sie die Fehler einer Epoche auf, die versucht, sich selbst auf rationaler Grundlage vollkommen neu zu erfinden. Diese Unzulänglichkeiten sind inzwischen wohlbekannt dank der Schriften von Ivan Illich, Jacques Ellul, E.F. Schumacher, Michael Oakshott und Hannah Arendt. Mit der durchgängigen Fehlkonzeption des Rationalismus werde ich mich hier nicht befassen. Sie wird für meine Zwecke als erwiesen vorausgesetzt. Anstelle einer weit ausholenden Attacke auf die moderne Architektur oder unter Zuhilfenahme des Nachweises, daß ihre Mißstände in enger Beziehung zu der herrschenden Philosophie der modernen Zeit stehen, will ich eine Karikatur, eine Polemik versuchen. Der Vorzug dieser Form (ebenso wie ihr Nachteil) liegt in der Möglichkeit, die großen Verallgemeinerungen mit gewissem Eifer und Genuß zu sezieren, über alle Ausnahmen und Feinheiten in der Argumentation hinweggehen zu können. Die Karikatur ist natürlich nie die ganze Wahrheit. Daumiers Zeichnungen stellen nicht die wirkliche Armut des neunzehnten Jahrhunderts dar, vielmehr eine stark selektive Sicht *einiger* Wahrheiten. Lassen Sie uns also durch die Öde der modernen Architektur und unsere zerstörten Städte streifen, wie der Tourist vom Mars bei einem Ausflug zur Erde die archäologischen Stätten besucht: mit dem Abstand des Unbeteiligten, erheitert durch die zwar betrüblichen, aber lehrreichen Fehler einer frühen Baukultur. Schließlich darf man, da sie unwiderruflich tot ist, die Leiche fleddern.

Die Krise der Architektur

Im Jahr 1974 schrieb Malcolm MacEwen ein Buch mit diesem Titel, das die englische Sicht dessen zusammenfaßte, was als das Übel der Moderne betrachtet wurde (daß sie groß geschrieben wurde wie alle Weltreligionen) und was dagegen zu unternehmen sei. Seine Zusammenfassung war meisterhaft, aber seine Vorschläge gingen völlig am Ziel vorbei: Sein Heilmittel sollte die Erneuerung einer kleinen Institution sein, des Royal Institute of British Architects, indem hier ein Stil und dort ein Inhalt geändert wurde — als könnten solche Dinge die *vielschichtigen* Ursachen der Krise beseitigen. Wir wollen diese brauchbare Analyse anwenden, nicht die Lösung, und als typische Groteske der modernen Architektur dafür einen Bautyp auswählen: die modernen Hotels.

Das neue Penta-Hotel in London hat 914 Betten, etwa neunmal 5 soviel wie das durchschnittliche große Hotel vor fünfzig Jahren, und es ist im Internationalen Stil und einer Form ausgestattet, die als Vasarély-Flughafen-Moderne bezeichnet werden könnte. 6 Etwa zwanzig dieser Leviathane stehen dicht beieinander auf dem Weg zum Londoner Flughafen (in der Branche bekannt als „Hotellandia"), und sie erzeugen einen Bruch im Maßstab und im städtischen Leben, der einer Besetzung durch Invasionstruppen gleichkommt — eine Rolle, welche die Touristen übernehmen.

Zu diesen neuentstandenen Bataillonen mit ihren protzigen Namen gehören folgende Hotels: das Churchill (500 Zimmer, be- 7 nannt nach Sir Winston und im pompejanisch-palladianischen Stil beziehungsweise dem von Robert Adam), das Imperial (720 Zimmer, außen modern, innen Julius-Caesar-Stil in Glasfiber) und das Hotel Park Tower (300 Zimmer, im Maiskolbenstil, innen mit 8 verschiedenartigen Sonnenbanner-Motiven ausgestattet).

7 Churchill-Hotel, London, 1971.
Eine typische Kombination von Stilreproduktion mit modernem Service. Die Hotel-
beschreibung lautet: „Ihr Wagen gleitet zu einem Halt unter dem Schutz einer Porte
cochère. Die Tür wird geöffnet. Ihr flüchtiger Blick erspäht Gesichter . . . Uniformen
. . . eine Hand, die einen Hutrand fast salutierend berührt . . . Guten Abend, mein
Herr . . . hierher bitte . . ., und Sie betreten die Empfangshalle. Vor Ihnen erstreckt
sich ein Saal. Kühl, weitläufig, fast weiß. Kristallkronleuchter tauchen den Marmor-
fußboden und die Säulen in weiches, weißes Licht. Menschen sind da, aber es ist
sehr still. Verhaltene Gefühle. Und elegant. Das ist das Churchill-Hotel." Wenn Robert Adam nur Klimaanlagen und Strahler gehabt hätte, könnte damals vielleicht
auch etwas so Kühles und Zurückhaltendes entstanden sein.

8 Richard Seifert: Hotel Park Tower, London, 1973.
Dieses modellierte Äußere — das mit einem Gaskessel, übereinandergesetzten
Fernsehapparaten und einem Maiskolben verglichen worden ist — war ein Versuch, von der flachen Fassade wegzukommen. Innen ist das Gebäude mit im Handel erhältlichen Sonnenbanner-Motiven ausgestattet.

Der immer wiederkehrende Aspekt dieser zwischen 1969 und 1973 erbauten Hotels ist, daß sie hochmodernen Service, etwa Klimaanlagen, im Gewand traditioneller Stilformen anbieten, die von Gotik, Rokoko, Second Empire bis zu einer Kombination

9 aller drei Stile reichen. Das Rezept der Verbindung alter Stilformen mit moderner Sanitärtechnik hat sich in unserer Konsumgesellschaft als ungeheuer erfolgreich erwiesen, und dieser *Ersatz* ist zur entscheidenden kommerziellen Herausforderung an die klassische moderne Architektur geworden. Aber in einer entscheidenden Hinsicht, im Bereich der *Produktion* der Architektur, tragen der Ersatz und die moderne Architektur gleichermaßen zur Verfremdung bei und zu dem, was MacEwen als die „Krise" bezeichnet. Ich habe versucht, die verschiedenen Ursachen dieser Situation zu entwirren — es sind mindestens elf an der Zahl — und zu

10 zeigen, wie sie in zwei modernen Arten der Architekturproduktion (aufgeführt in den beiden rechten Spalten der Tabelle) wirken.

Zum Vergleich bezieht sich die erste Spalte links auf das alte System der *privaten* Architekturproduktion (die überwiegend vor dem Ersten Weltkrieg üblich war), als ein Architekt seinen Bauherrn persönlich kannte und vermutlich seine Wertvorstellungen und ästhetischen Kodes teilte. Ein extremes Beispiel dafür ist Lord Burlingtons Villa in Chiswick, eine ungewöhnliche Situation, da der Architekt der Erbauer (oder der Unternehmer) und gleichzeitig Bauherr und Nutzer in einer Person war. Daher gab es keinen Unterschied zwischen seinem stark elitären und abstrakten Kode (einer nüchternen, intellektuellen Version der palladianischen Formensprache) und seiner Lebensweise. Die gleiche Identität existiert heute — wenn auch in bescheidenerem Maßstab und als relative Seltenheit — bei den „handmade houses", die von ihren Bewohnern außerhalb urbaner Zentren in Amerika errichtet wurden, oder in der Hausboot-Siedlung in Sausalito in der Bucht von

9 Klimaanlage im Elizabetta-Hotel, London, 1972.
Die Aufnahme zahlreicher moderner Einrichtungen — elektrische Beleuchtungsanlagen, Musikübertragung, Überwachungssysteme, Telefon, Alarmanlagen, Fahrstühle — in den „Ersatz"-Stil bewirkt unvereinbare Zusammenstellungen. Ein surrealer Humor wird manchmal versucht, wenn auch nicht offen gezeigt. Der Einfallsreichtum ist nicht zu leugnen. Manche Hotels haben, wie das Elizabetta, den Mut zum Gewöhnlichen.

10 „Die Krise der Architektur", ein Diagramm dreier Produktionssysteme für Architektur. Die linke Spalte zeigt die Folgen der alten, privaten Produktionsweise, während die rechten Spalten die beiden modernen Methoden zeigen. Kritiker der modernen Architektur haben mehrere dieser elf Gründe für die Krise dargestellt. Aber die Gründe sind offenbar vielschichtiger Natur und fungieren als System, das im wirtschaftlichen Bereich verankert ist. Wie viele Variablen müssen verändert werden, damit sich das System ändert?

	SYSTEM 1 — PRIVAT privater Architekt / Bauherr ist Nutzer	SYSTEM 2 — ÖFFENTLICH Architekt im öffentlichen Dienst / Bauherr ist nicht Nutzer	SYSTEM 3 — SPEKULATIV für Spekulationsbauten tätiger Architekt / Bauherr ist nicht Nutzer
1 ÖKONOMISCHER BEREICH	**Minikapitalist** (beschränkte Mittel)	**Wohlfahrtsstaat-Kapitalist** (beschränkte Mittel)	**Monopolkapitalist** (Mittel vorhanden)
2 MOTIVATION	ästhetisch, ideologisch / bewohnen, nutzen	Problem lösen / Wohnungsbau für den Nutzer	Geld verdienen / Geld verdienen, um es zu nutzen
3 NEUESTE IDEOLOGIE	zu unterschiedlich, um aufgeführt zu werden	Fortschritt, Effektivität, großer Maßstab, Anti-Historie, Brutalismus usw.	siehe System 2 + pragmatisch
4 VERHÄLTNIS ZUM ORT	lokaler Architekt / Bauherr-Nutzer am Ort	entfernte Architekten / Nutzer ziehen an den Ort	entfernte und wechselnde Planer / nicht anwesende Bauherren
5 VERHÄLTNIS DES BAUHERRN ZUM ARCHITEKTEN	**Fachmann-Freund,** gleiche Partner, kleines Team	**anonymer Arzt,** wechselnde Planer, großes Team	**gedungener Diener,** kennt weder Planer noch Nutzer
6 GRÖSSE DER PROJEKTE	**klein**	**einige groß**	**zu groß**
7 GRÖSSE/TYP DES ARCHITEKTURBÜROS	kleine Partnerschaft	groß, zentralisiert	groß, zentralisiert
8 ENTWURFSMETHODE	langsam, individuell, innovativ, teuer	unpersönlich, anonym konservativ, preiswert	schnell, billig, nach bewährten Rezepten
9 VERANTWORTLICHKEIT	dem Bauherrn-Nutzer	dem Stadtrat und den örtlichen Behörden	den Aktionären, dem Spekulanten und dem Vorstand
10 GEBÄUDETYP	Wohnhäuser, Museen, Universitäten	Wohnungsbau und Infrastruktur	Einkaufszentren, Hotels, Bürobauten, Fabriken usw.
11 STIL	**vielfältig**	**unpersönlich,** sicher, zeitgemäß, unzerstörbar	**pragmatisch,** nach Klischee, bombastisch

11 San Francisco, wo jedes Boot den unterschiedlichen, persönlichen Stil seiner Besitzer ausdrückt. Diese selbstgebauten Häuser zeugen von der engen Beziehung, die zwischen Bedeutung und Form entstehen kann, wenn die Architekturproduktion in kleinem Maßstab erfolgt und von den Bewohnern selbst kontrolliert wird.

Andere Faktoren, die diese Art der Produktion in der Vergangenheit beeinflußten, brachte die *miniaturkapitalistische Ökonomie* mit ein, in der die Mittel beschränkt waren. Der Architekt oder der Spekulationsunternehmer plante relativ *kleine* Teile der Stadt in einem Zug. Er arbeitete *langsam,* entsprechend vorhandenen Bedürfnissen, und er war dem Bauherrn, der unweigerlich auch der Nutzer des Gebäudes war, *Rechenschaft* schuldig. Alle diese Faktoren und weitere, die im Diagramm gezeigt sind, verbanden sich zur Produktion einer Architektur, die vom Bauherrn verstanden wurde und sich in einer Sprache darstellte, an der andere teilhatten.

Die zweite und dritte Spalte beziehen sich auf die Art und Weise, wie Architektur heute entsteht, und zeigen, warum sie nicht mehr im Maßstab der historischen Städte ist und sich sowohl den Architekten als auch der Gesellschaft entfremdet hat. Als erstes, im wirtschaftlichen Bereich, wird sie entweder für eine öffentliche Wohlfahrtsorganisation produziert, der das notwendige Geld fehlt, um die sozialen Intentionen der Architekten zu realisieren, oder sie wird von einer kapitalistischen Organisation finanziert, deren Monopol gigantische Investitionen tätigt und entsprechend gigantische Bauten hervorbringt. Das Penta-Hotel zum Beispiel gehört der European Hotel Corporation, einem Konsortium von fünf Fluggesellschaften und fünf internationalen Banken. Diese zehn Gesellschaften erschaffen gemeinsam einen Monolithen, der nach seiner finanziellen Definition dem Massengeschmack auf Mittelklasseniveau entsprechen muß. Dieser Geschmackskultur haftet

12 nichts Minderwertiges an, es sind vielmehr die wirtschaftlichen Imperative, welche die Größe und die Vorhersehbarkeit des Ergebnisses bestimmen und die Architektur zwangsweise so unbarmherzig prätentiös und unnahbar werden lassen.

Als zweites ist bei dieser Art der Produktion die Motivation des Architekten entweder, ein Problem zu lösen, oder im Fall des für den Spekulationsbau tätigen Architekten, Geld zu machen. Warum die Motivation des letzteren keine effektive Architektur mehr hervorbringt wie in der Vergangenheit (sofern sie nicht dem zwingenden Druck voraussehbaren Geschmacks unterliegt), bleibt ein Rätsel. Aber es ist völlig klar, warum „Probleme" keine Architektur produzieren. Sie produzieren vielmehr „rationale" Lösungen in reinem Stil für allzu simplifizierte Fragestellungen.

Der Hauptgrund für die Verfremdung ist jedoch der Maßstab der gegenwärtigen Bauten: die Hotels, Parkhäuser, Einkaufszentren und Wohnsiedlungen, die „zu groß" sind — wie die Architekturbüros, die sie produzieren. *Wie groß ist zu groß?* Offenbar gibt es darauf keine allgemeingültige Antwort, wir warten noch auf detaillierte Untersuchungen verschiedener Bautypen. Aber die Gleichung kann generell aufgestellt werden und könnte bezeichnet werden als „das Ivan-Illich-Gesetz zur Verkleinerung der Architektur" (als Entsprechung zu seiner Vorstellung vom kontraproduktiven Wachstum). Das könnte auch wie folgt ausgedrückt werden: Bei jedem Bautyp gibt es eine obere Grenze für die Anzahl der Menschen, die damit bedient werden können, ohne daß die Qualität der Umwelt dadurch abnimmt. Der Service der großen Londoner Hotels hat abgenommen wegen Personalmangel und Ausbleiben der Kundschaft; die Qualität des Tourismus hat abgenommen, weil die Touristen wie Vieh behandelt werden, das von

13 Disneyland, eröffnet 1955 als Erfüllung eines Traums von Walt Disney, war der Anfang der neuen Form der Durchfahrtsparks, in denen die Menschen sich auf ein ständig bewegendes Montageband begeben und an „Erlebnissen" vorbeigeschoben werden. Manchmal ist die Fahrt mühelos, man wird der Mechanismen nicht gewahr. Zu anderen Zeiten bilden sich lange Schlangen, und man wird in Menschengehege geführt. Multinationale Konzerne, wie Pepsi Cola, Ford, General Electric und Gulf, haben viel in Disney-Unternehmungen investiert.

11 Hausboote in der Bucht von Sausalito, 1960.
Wie die Eigenbau-Häuser in Kalifornien beruhen diese Hausboote auf der ältesten Form der Architekturproduktion — sie sind selbstgemacht. Jedes einzelne ist handgeschneidert von seinen Bewohnern in einem anderen Stil. Man findet darunter, Seite an Seite liegend, ein Schweizerhaus, einen umgebauten Wohnwagen oder, wie hier, den Venturi-Stil neben dem A-Haus von Buckminster Fuller.

12 Penta-Restaurant: Innenraum mit königlichem Wappen aus Glasfiber: Dieu-et-mon-droit. Holiday Inns, der größte multinationale Hotelkonzern, fabriziert diese Glasfiber-Symbole vor und sendet sie an einige ihrer 1 700 Konzessionäre. Die Multinationalen haben wesentlich dazu beigetragen, den Weltgeschmack zu standardisieren und eine weltweite „Konsumgemeinde" zu schaffen. Für die National Biscuit Company ist es erklärtes Ziel, daß in Zukunft zwei Milliarden Menschen ihre Standard-Durchschnittskekse kauen.

13 einem Weideplatz zum anderen getrieben wird in einem ununter-
brochenen und stetigen Fluß. Programmierte ·Unterhaltung am
laufenden Band, Zusammendrängen der Menschen auf kleinstem
Raum, in langen Schlangen und sich vorwärts bewegenden Reihen — dieser Prozeß, der durch Walt Disney perfektioniert wurde,
ist heute auf alle Bereiche des Massentourismus übertragen worden und resultiert im total gesteuerten, bequemen Erlebnis. Was
als Suche nach dem Abenteuer begann, endete in totaler Vorhersehbarkeit. Exzessives Wachstum und Rationalismus stehen im
Widerspruch zu den eigentlichen Zielen, welche die Einrichtung
des Tourismus ursprünglich vermitteln wollte.

Das gleiche gilt für die großen Architekturbüros. Hier leidet die
Planung, weil niemand vom Anfang bis zum Ende die Kontrolle
über den ganzen Bau hat und weil das Bauwerk schnell und effi-
zient nach bewährten Rezepten erstellt werden muß (Rationalisierung des Geschmacks zu Klischees, die auf statistischen Durch-
schnittswerten für Stil und Bauaufgabe basieren). Außerdem muß
bei großen Gebäuden wie dem Penta-Hotel Architektur für einen
Auftraggeber produziert werden, den keiner im Büro kennt (in diesem Fall für die zehn Gesellschaften) und der in keinem Fall der
Nutzer ist. Kurz, die Bauten sind heute häßlich, brutal und zu groß,
weil sie produziert werden zum Profit unbekannter Spekulanten,
unbekannter Vermieter und unbekannter Nutzer, deren Geschmack als Klischee vorausgesetzt wird.

Es gibt also nicht nur *eine* Ursache für die Krise der Architektur,
sondern ein ganzes *System* von Ursachen, und mit Sicherheit wird
lediglich eine Änderung des Stils oder der Ideologie der Architekten, wie zahlreiche Kritiker es vorschlagen, die Gesamtsituation
nicht ändern. Kein Sturmlaufen gegen den Internationalen Stil
oder den Brutalismus, gegen Hochhäuser, Bürokratie, Kapitalismus, Gigantomanie oder was immer der neueste Prügelknabe
sein mag, kann die Dinge auf einen Schlag ändern und eine
menschliche Umwelt produzieren. Es scheint, als müßten wir das
ganze System der Architekturproduktion ändern, alle elf Ursachen
auf einmal. Und doch ist eine solch radikale Wendung vielleicht
nicht notwendig. Vielleicht sind einige Ursachen entscheidender

15, 16 Ludwig Mies van der Rohe: Seagram-Gebäude, New York, 1958.
Eckausbildung und Grundriß. Die Fläche der Doppel-T-Träger wird einige
Zentimeter vor die Linie der Stützen gezogen, so daß die Ecke mit Stahl-
winkeln klar artikuliert wird. Die innenliegenden Vorhangwände können
jetzt nur an vorher festgelegte, harmonische Positionen gehoben werden.
Mies hatte vollmaßstäbliche Doppel-T-Träger-Details neben seinem Zei-
chentisch stehen, um die Proportionen richtig zu erfassen. Er meinte, dieses Element sei das moderne Äquivalent für die dorische Säule. Aber, wie
Herbert Read es einmal formulierte: ,,Hinter jeder sterbenden Zivilisation
steckt eine verdammte dorische Säule.''

14 Ludwig Mies van der Rohe: Wohnhochhäuser am Lake Shore Drive,
Chicago, 1950.
Die erste klassische Anwendung des Curtain Walls setzte den Maßstab für
spätere Variationen, die Mies gegen Ende seines Lebens versuchte. Hier
ist die Front der schwarzen Stahlfassade ohne Tiefe, die Vorhangwände
hinter dem Glas durften beliebig angebracht werden — ,,Probleme'', die
Mies später ,,löste''. Das größere Problem, daß die Wohnbauten wie Bürogebäude aussehen, wurde nie erörtert.

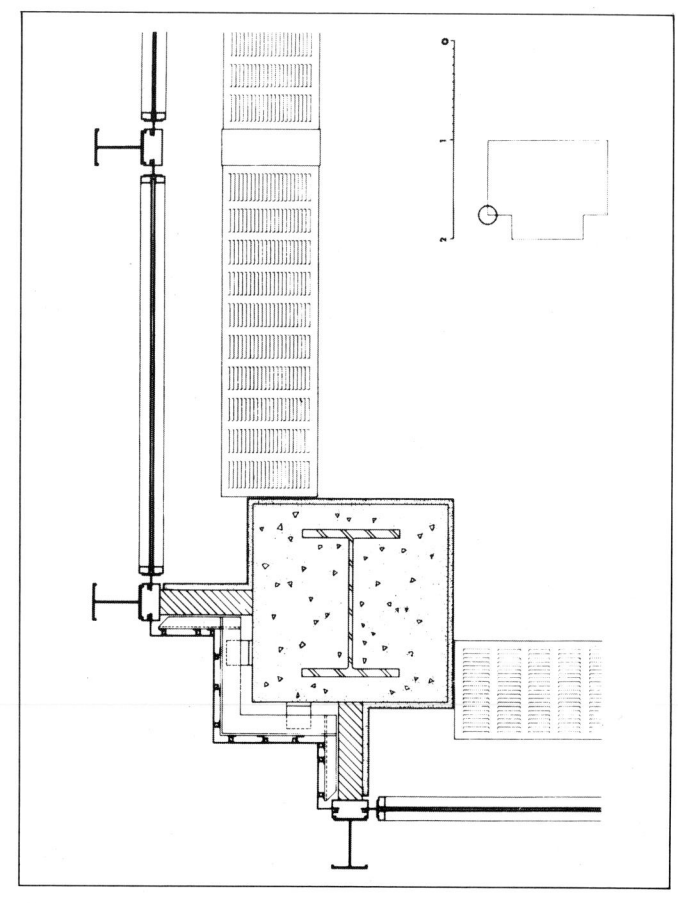

als andere. Wir müssen nur die Kombination einiger weniger ändern. Es könnte zum Beispiel genügen, wenn große Architekturbüros in kleine Teams aufgelöst würden, eine gewisse finanzielle und planerische Kontrolle vorausgesetzt, und in enger Beziehung mit den späteren Nutzern des Gebäudes arbeiteten. Wer weiß es? Die Experimente müßten mit verschiedenen Variablen durchgeführt werden. Alles, was zu diesem Zeitpunkt gesagt werden kann, ist, daß die Situation systemimmanente Ursachen hat, deren Struktur verändert werden muß, wenn tiefgreifende Veränderungen erfolgen sollen. Ich will nur zwei Ursachen der Krise verfolgen: einmal die Tatsache, daß die Moderne eine Verarmung der architektonischen Sprache auf der Ebene der Form bewirkt, und zum anderen, daß sie selbst eine Verarmung auf der Ebene des Inhalts erfahren hat, der sozialen Ziele, für die sie eigentlich baute.

Die univalente (einwertige) Form

Zur allgemeinen Betrachtung einer Architektur, die nach einer (oder einigen) vereinfachten Wertvorstellung geschaffen wurde, will ich den Begriff „Univalenz" benutzen. Zweifellos ist im Hinblick auf den Ausdruck die Architektur Mies van der Rohes und seiner Nachfolger das univalenteste formale System, das wir kennen, weil sie nur wenige Materialien verwendet und eine einzige rechtwinklige Geometrie aufweist. Es ist charakteristisch, daß dieser reduzierte Stil als rational gerechtfertigt wurde (wenn er unwirtschaftlich war) und als universal (wenn er nur geringe Funktionen erfüllte). Die Glas- und Stahlkiste ist zur einzigen, am meisten benutzten Form der modernen Architektur geworden und kennzeichnet in der ganzen Welt das Bürogebäude.

In den Händen von Mies und seinen Schülern ist dieses verarmte System jedoch zum Fetisch geworden bis zu dem Ausmaß, daß es alle anderen Belange überwältigte (in ähnlicher Weise, wie der Lederstiefel den Schuhfetischisten beherrscht und ihn von wichtigeren Belangen ablenkt). Sind Doppel-T-Träger und Glasplatten wirklich für den Wohnungsbau geeignet? Das ist eine Frage, die Mies als irrelevant abgetan hätte. Die gesamte Frage der Eignung, des „Dekors", die jeder Architekt, von Vitruv bis Lutyens, diskutiert hat, ist durch Mies' Universalgrammatik und Universalmißachtung des Orts und der Funktion ungültig geworden. (Er betrachtete die Funktion als so kurzlebig oder provisorisch, daß er sie für unwichtig hielt.)

14 Seine erste klassische Anwendung des Curtain Walls erfolgte beim Wohnungsbau, nicht an einem Bürogebäude — und nicht aus funktionalen oder ästhetischen Gründen, sondern weil er besessen war von der Perfektionierung bestimmter formaler Probleme. In diesem Fall konzentrierte Mies sich auf die Proportionen von Doppel-T-Träger zu dahinterliegender Wandplatte und ver-
15 glastem Bereich, tragenden Stützen und gliedernden Linien. De-
16 tails dieser Elemente im Originalmaßstab standen neben seinem Zeichenbrett, so daß er seine Lieblinge niemals aus dem Blickfeld verlor.

Die übergeordnete Frage stellte er demzufolge gar nicht: Was passierte, wenn Wohnungen wie Büros aussahen oder wenn die beiden Funktionen nicht unterscheidbar waren? Die logische Folgerung wäre, beide Funktionen zu verringern und einen Kompromiß zwischen ihnen zu schließen, indem man sie gleichstellte. Arbeiten und Wohnen würden dann auswechselbar auf der banalsten, der baulichen Ebene und unartikuliert auf einem höheren, metaphorischen Niveau. Die psychischen Hintergründe dieser beiden so unterschiedlichen Aktivitäten blieben unerforscht, vom Zufall abhängig und beeinträchtigt.

17 Ein anderes Meisterwerk der modernen Architektur, das Civic Center in Chicago, von einem Mies-Nachfolger entworfen, zeigt die gleiche Verwirrung im Erscheinungsbild. Die langen, horizontalen Elemente und der dunkle Cortenstahl stehen für „Bürogebäude", „Macht", „Stilreinheit", und die Variationen in der Außenhaut drücken die „technische Ausstattung" aus. Aber diese primitiven (und gelegentlich falsch verstandenen) Bedeutungen brin-

17 C.F. Murphey: Civic Center, Chicago, 1964.
Bei der Anwendung von Mies' Curtain Wall zeigt diese Lösung horizontale Betonung —– lange Spannweiten und zurückhaltende Vertikalen aus braunem Cortenstahl. Ohne die davorstehende Skulptur von Picasso würde man weder die städtische Bedeutung dieses Gebäudes erkennen noch die verschiedenen politischen Funktionen, die darin ausgeübt werden.

gen uns nicht weiter. Auf der Ebene im buchstäblichen Sinne des Wortes teilt das Gebäude seine bedeutende städtische Funktion nicht mit und, was noch schwerwiegender ist, nicht die soziale und psychologische Bedeutung dieser wichtigen Bauaufgabe (als Stätte der Begegnung für die Bürger Chicagos).

Womit konnte der Architekt ein solch ungegliedertes Gebäude rechtfertigen? Die Antwort erteilt eine Ideologie, die den Fortschritt preist, die nur die Veränderungen in der Technologie und im Baumaterial symbolisiert. Die Moderne erklärte die Produktionsmittel zum Fetisch, und Mies gab in einem jener seltenen kryptischen Aphorismen, die zu erheiternd oder vielmehr zu absurd sind, um an ihnen vorbeizugehen, diesem Fetisch Ausdruck:

„In der Industrialisierung des Bauwesens sehe ich das Kernproblem des Bauens unserer Zeit. Gelingt es uns, diese Industrialisierung durchzuführen, dann werden sich die sozialen, wirtschaftlichen, technischen und auch künstlerischen Fragen leicht lösen lassen[1]" (1924).

Was geschieht mit den theologischen und den gastronomischen „Problemen"? Die groteske Verwirrung, zu der dies führen kann, wurde von Mies selbst auf dem Campus seines Illinois Institute of Technology in Chicago gezeigt: einer für uns ausreichend großen Kollektion verschiedenartiger Funktionen, um sie als Mikrokosmos seiner surrealistischen Welt betrachten zu können.

Im Grunde hat er seine universale Grammatik des Doppel-T-Trägers mit einer Ausfachung aus beige Backstein oder Glas benutzt, um alle wichtigen Funktionen auszudrücken: Wohnen, Versammlung, Unterrichtsräume, Studentenverbindungen, Läden, Kapelle usw. Wenn wir eine Reihe dieser Bauten nacheinander betrachten, können wir sehen, wie verwirrend seine Sprache ist, sowohl im eigentlichen, als auch im metaphorischen Sinne.

Eine charakteristische rechtwinklige Form könnte als Unter- 18

18 Ludwig Mies van der Rohe: Siegelbau, Illinois Institute of Technology, Chicago, 1947.
Ist dies ein astrophysikalisches Forschungsinstitut? Der ganze Campus ist in der „universalen" Ästhetik von Stahl, Glas und beige Backstein gehalten mit Ausnahme des wichtigsten Gebäudes (siehe Abb. 22).

19 Die berüchtigte IIT-Ecke des vorhergehenden Gebäudes. Für Leslie Martin sah sie aus wie ein *visueller* Halt, doch Llewelyn-Davies argumentierte, sie sähe „endlos" aus, weil sie mit zwei Doppel-T-Trägern und einem L-Träger zurückgesetzt ist. Die Tatsache, daß das ganze Gebäude eine „Fabrik" darstellt, wo es doch für die Lehre bestimmt ist, wurde typischerweise in diesem Fetischismus der Details und abstrakten Deutungen übersehen.

20 Ludwig Mies van der Rohe: Kathedrale/Kesselhaus des Illinois Institute of Technology, Chicago, 1947.
Die traditionelle Form der Basilika mit Zentralschiff und zwei Seitenschiffen. Es gibt sogar Lichtgaden, regelmäßige Anordnung der Pfeiler und einen Kampanile, um zu zeigen, daß dies die Campus-Kathedrale ist.

richtsblock gedeutet werden, wo Studenten am laufenden Band einen ähnlichen Gedanken nach dem anderen ausstoßen — weil die Metapher der Fabrik diese Interpretation nahelegt. Das einzige erkennbare Zeichen in diesem Gebäude, die Scheibe auf dem Dach, läßt vermuten, daß die Studenten zu Astrophysikern ausgebildet werden, aber natürlich kann Mies keinen Anspruch auf dieses bißchen unmittelbarer Assoziation erheben. Jemand anders fügte die Scheibe hinzu und zerstörte damit die Reinheit seiner fundamentalen Aussage.

Worauf er Anspruch erheben kann und was eine große Architekturdiskussion ausgelöst hat (eine Debatte zwischen den Dekanen Sir Leslie Martin und Lord Llewelyn-Davies), ist seine Lösung des *Problems* der Ecke. Die beiden Hochschullehrer diskutierten mit mittelalterlicher Präzision und Weitschweifigkeit die Frage, ob die Ecke „Endlosigkeit" oder „Geschlossenheit" einer Renaissancesäule symbolisiert. Die Tatsache, daß sie beides oder keins davon symbolisieren könnte, abhängig vom Kode des Betrachters, oder daß die wichtigeren Themen des Fabriksymbolismus und der semantischen Verwirrung auf dem Spiel standen — solche Fragen wurden niemals aufgeworfen.

Nicht weit von dieser umstrittenen Ecke steht ein anderes architektonisches Vexierbild in Mies' universaler Sprache der Verwirrung. Hier finden wir alle Arten der konventionellen Gestaltungsmittel, die das Geheimnis preisgeben: die rechteckige Form einer

19

20

21 Ludwig Mies van der Rohe: Kesselhaus/Kirche des Illinois Institute of Technology, Chicago.
Eine törichte Kiste, zwischen Hochhäuser gestellt, die im gleichen Stil ge-

halten sind. Auf drei Seiten geschlossen und von einem Scheinwerfer beleuchtet — klar, das ist das Kesselhaus.

22 Ludwig Mies van der Rohe: Präsidententempel/Architekturgebäude des Illinois Institute of Technology, Chicago, 1962.
Der schwarze Tempel schwebt wundersam über einer Kolossalordnung von Stahlträgern und einer kleineren Ordnung von Doppel-T-Trägern. Die

weißen, horizontalen Stufen verletzen auch das Gesetz der Schwerkraft. Das Bauwerk nimmt einen wichtigen Platz auf dem Campus ein, wie es dem Haus des Präsidenten gebühren würde.

Kathedrale, eine zentrale Langhauskonstruktion mit zwei Seitenschiffen, abzulesen an der Ostfassade. Die religiöse Natur dieses Bauwerks wird verstärkt durch eine regelmäßige Anordnung der Stützen. Zwar gibt es keine betonten Bogen, aber es gibt Lichtgaden sowohl im Langhaus als auch in den Seitenschiffen. Schließlich bestätigt unsere Deutung, daß dies die Campus-Kathedrale sei, der Backstein-Kampanile, der Glockenturm, der die Basilika beherrscht.

Tatsächlich ist dies das Kesselhaus, ein Verstoß von solch umwerfendem Witz, daß er nicht wirklich gewürdigt werden kann, ehe man die eigentliche Kapelle sieht, die aussieht wie ein Kesselhaus. Sie ist eine anspruchslose Kiste in industriellem Material, bedroh-

lich eingezwängt zwischen scheibenförmige Wohntrakte, mit angefügtem Scheinwerfer — kurz, Zeichen, die eine Deutung prosaischer Sachlichkeit bestätigen.

Schließlich kommen wir zur wichtigsten Position auf dem Campus, zum zentralen Bereich, auf dem sich ein Tempel befindet, der sich durch Verwendung homogener Materialien auszeichnet, was ihn von den anderen Fabrikgebäuden unterscheidet. Dieser Tempel erhebt sich auf einem Sockel, er hat eine großartige Säulenreihe großer und kleiner Ordnung sowie eine grandiose Treppe aus weißen Marmorplatten, die wundersam im Raum schweben, als hätte der lokale Gott schließlich seinen Zauber walten lassen. Es muß das Präsidentenhaus sein oder zu allermindest das Verwal-

23 Frank Lloyd Wright: Geschäfts- und Verwaltungszentrum Marin County, San Rafael/Kalifornien, 1959—1964.
Der große „Pont du Gard" aus Pappkarton mit vergoldeten Spielereien, überragt von einem aztekischen Minarett, mit kegelbahnähnlichen Räumen im Inneren und einem babyblauen, durchscheinenden Dach mit ausgestochenen Halbkreisen. Ein ausgezeichnetes Stück modernen Kitsches — leider war das unbeabsichtigt.

24 Ioh Ming Pei: Everson-Museum, Syracuse/New York, 1968.
Kaum kommunikativ als Museum. Es könnte ein Lagerhaus sein, vier Theater oder eine Kirche, wenn man davon absieht, daß diese nackte Kiste mit komischen Formen um 1975 zu dem Zeichen für Museen in Amerika wurde. Durch Überbetonung der plastischen Übereinstimmung vor allen anderen Wertvorstellungen wird Peis Bauwerk irreal und in seiner Signifikanz reduziert.

25 Ioh Ming Pei: Kirchenzentrum der Christlichen Wissenschaft, Boston/Massachusetts, 1973.
Sehr scharfkantiger Le Corbusier — Chandigarh in Präzisionsbeton. Aus der Luft kann man erkennen, daß dieses Zentrum wie ein riesiger Phallus angelegt ist, der — zutreffend — in einem Springbrunnen gipfelt. Ledoux entwarf ein Gebäude mit phallusförmigem Grundriß für ein Bordell. Hier jedoch ist kein Hinweis gegeben, daß eine besondere Aussage beabsichtigt war.

tungszentrum. Tatsächlich ist es der Ort, wo die Architekten arbeiten — was sonst könnte es sein?

So sehen wir, daß die Fabrik ein Unterrichtsgebäude ist, die Kathedrale ein Kesselhaus und der Präsidententempel die Architekturabteilung. Mies sagt also, daß das Kesselhaus wichtiger ist als die Kapelle und daß die Architekten, wie heidnische Götter, über das Ganze herrschen. Natürlich hat Mies diese Auslegung nicht beabsichtigt, aber seine Verpflichtung gegenüber reduzierten formalen Wertvorstellungen verrät sie ungewollt.

Univalente Formalisten und ungewollte Symbolisten

Damit wir nicht Gefahr laufen, Mies als einen besonderen Fall oder gewissermaßen als uncharakteristisch für die Gesamtheit der modernen Architekten aufzufassen, wollen wir ähnliche Beispiele betrachten, die aus der Reaktion auf seine besondere Sprache hervorgegangen sind: Die formalistische Richtung in Amerika und die Kritik des Team 10 als Nachfolger der Congrès Internationaux d'Architecture Moderne in den sechziger Jahren waren beide gegen die Auffassung Mies van der Rohes gewandt.

Frank Lloyd Wrights letztes Werk, das Marin County Civic Center, ist ein charakteristisches Beispiel für die formalistische Architektur. Das Bauwerk basiert auf einer endlosen Wiederholung verschiedener Elemente (und ihrer Abwandlung), die unklar in ihren Hintergründen sind — in diesem Fall die babyblauen und goldenen Spielereien, die an ein Helena-Rubinstein-Ambiente erinnern, und darübergesetzte Rundbogen, die Assoziationen an einen römischen Aquädukt nahelegen. Die Rundbogen verleugnen ihre statische Druckfunktion und hängen, mit vergoldeten Verstrebungen, unter Zug. Ein goldenes Minarett oder ein Totempfahl, der auch Assoziationen an Azteken und Mayas auslöst, krönt das Gelände dieses Cityzentrums (dem lediglich seine City fehlt). Zur Verteidigung kann man sein gefälliges, surrealistisches Erscheinungsbild loben, das seine kitschige Extravaganz rechtfertigt — aber nicht viel mehr. Wie das bereits erwähnte Civic Center von Chicago sagt Marin County nichts Grundlegendes über die Rolle der Regierung aus. (Ist das nur ein Ausweichen, oder drückt es gar das Verhältnis der Bürger zu ihr aus?) 23

Im Werk von Ioh Ming Pei, Ulrich Franzen, Philip Johnson oder Skidmore, Owings und Merrill, der führenden amerikanischen Ar- 24 - 26

26 Skidmore, Owings und Merrill, Architekt Gordon Bunshaft: Beineke-Bibliothek, Yale University, New Haven/Connecticut, 1964.
Dieser pompöse Tempel wirkt nachts außergewöhnlich, wenn das Licht durch den transparenten Marmor schimmert. Die Tafeln sehen aus wie nicht funktionierende, gestapelte Fernsehapparate.

27 Gordon Bunshaft und Skidmore, Owings und Merrill: Hirschhorn-Museum, Washington/D. C., 1973.
Unbeabsichtigter Symbolismus — ein Betonbunker, dazu bestimmt, die Kunst vor den Menschen zu schützen? Ein marmorner Berliner Pfannkuchen?

chitekten, finden wir immer die gleichen irreführenden Erscheinungsmerkmale: eine auffallende Form, ein reduziertes, aber potentes Erscheinungsbild mit unbeabsichtigter Bedeutung. Zum Beispiel hat Gordon Bunshafts Hirschhorn-Museum, die einzige Sammlung moderner Kunst an der Mall in Washington, die sehr starke Form eines Zylinders aus weißem Mauerwerk. Diese vereinfachte Form, die sich letztlich von den „Modernisten" des achtzehnten Jahrhunderts, Boullée und Ledoux, ableiten läßt, sollte Kraft ausdrücken, Ehrfurcht, Harmonie und Erhabenheit. Und das tut sie. Aber „Time Magazine" und andere Zeitschriften wiesen darauf hin, daß sie vielmehr einen Betonbunker symbolisiere, einen Unterstand wie in der Normandie, mit sich verjüngenden Mauern, undurchdringlicher Schwere und einem ringsum laufenden Maschinengewehrschlitz. Bunshaft drückt — unbeabsichtigt — aus: „Haltet die moderne Kunst in diesem befestigten Bollwerk vom Publikum fern und schießt auf die Leute, die es wagen, sich zu nähern."

So viele Andeutungen in einem solch populären Kode verstärken diese Assoziation und machen sie offenkundig für jeden, der nicht im Kode der Architekten befangen ist. Der Bau hätte eine multivalente Aussage dieser Bedeutung sein können, hätte der Architekt das wirklich beabsichtigt und das Image des Unterstandes mit anderen ironischen Andeutungen verbunden. Aber diese Art Humor muß unbeabsichtigt sein.

Aldo Rossi und die italienischen Rationalisten versuchen mit viel Einfühlungsvermögen, die klassischen Strukturen italienischer Städte weiterzuführen, indem sie neutrale Bauten entwerfen, die einen „Nullwert" an historischer Assoziation besitzen. Aber ihr Werk erinnert unweigerlich an die faschistische Architektur der dreißiger Jahre — trotz zahlloser Dementis. Die semantischen Bedeutungen sind wiederum irreführend und legen so be-

28 Aldo Rossi: Wohnquartier Gallatarese. Mailand, 1969—1971.
Ein langer Wandelgang mit unzähligen Pfeilern unter endlos wiederholten rechteckigen Fenstern. Die Korridore im Inneren sind ebenfalls sterile Trichter der Leere. Weil die Formen „leer" sind, haben einige Kritiker angenommen, sie wären jenseits historischer Assoziationen. Aber die Zeichen sind konventioneller Art und die Bedeutungen in Italien wohletabliert.

29 Guerrini, Lapadula und Romano: Italienischer Kulturpalast EUR, Rom, 1942.
Mißbrauchter Klassizismus und sich endlos wiederholende, leere Formen. Dies ist die Architektur der Kontrolle. Zukünftige Untersuchungen mögen erweisen, daß formaler Zwang zu langweiligem Übermaß führt.

30 Herman Hertzberger: Altenheim, Amsterdam, 1975.
Ein raffiniertes Puzzle kleinmaßstäblicher Elemente: menschlicher Maßstab in den Details. Aber dieser ist auf riesige Ausmaße vervielfacht. Der
unaufhörliche Symbolismus der weißen Kreuze, die schwarze Särge ein-
fassen, ist ebenso unvorherbedacht wie unglücklich.

drückende Assoziationen nahe, weil das Bauwerk zu vereinfacht
und monoton ist. Ihre ernstzunehmenden Kritiker und Apologeten,
wie Manfredo Tafuri, umgehen das Auf-der-Hand-Liegende bei
ihrem Versuch, solche Bauten mit intellektueller Interpretation zu
rechtfertigen[2].

Diese Unvereinbarkeit von populären und elitären Kodes ist
überall in der Moderne zu finden, besonders bei den anerkannte-
sten Architekten, zum Beispiel bei James Stirling, Arata Isozaki,
Ricardo Bofill und Herman Hertzberger. Je besser der moderne
Architekt, desto weniger kann er auf der Hand liegende Bedeutungen kontrollieren. Hertzbergers Altenheim ist, auf intellektueller
Ebene, die reizvolle Kashbah, die er beabsichtigt hatte, mit vielen
kleinformatigen Plätzen und einem engmaschigen urbanen Gewebe, in dem das Individuum durch die Winkel und Durchgänge
psychologisch verborgen und geschützt ist. Als abstrakte Form
drückt sie Menschlichkeit, Fürsorge, Feinheit und Zierlichkeit aus.
Es ist das Merkmal des chinesischen Puzzles, daß die verschiedenen ineinandergreifenden Elemente und Räume diese Bedeutungen durch ihre Übereinstimmung gewinnen. Doch ist diese subtile
Übereinstimmung kaum ausreichend, wenn potentere metaphorische Bedeutungen Amok laufen. Denn was sind die augenfälligen
Assoziationen dieses Altenheims? Jeder Raum sieht aus wie ein

schwarzer Sarg, der zwischen weißen Kreuzen steht (in der Tat ein
veritabler Soldatenfriedhof!). Trotz seinem humanitären Engagement sagt der Architekt unbeabsichtigt, daß das Alter in unserer
Gesellschaft etwas Verhängnisvolles ist.

Nun, solche „Ausrutscher von der Metapher" werden von den
Toparchitekten der Moderne in zunehmendem Maße begangen,
und sie können auch solchen Architekten unterlaufen, die Architektur als eine Sprache auffassen, zum Beispiel Alison und Peter
Smithson. Es ist interessant, daß sie — wie andere Apologeten der
Moderne seit 1850 — ihr Werk in Begriffen linguistischer Analogie
rechtfertigen und in ihrer Lehre auf frühere Architektursprachen
zurückgreifen. Sie sagen von der Stadt Bath: „Sie ist einmalig wegen ihrer bemerkenswerten Geschlossenheit, wegen einer Formensprache, die von allen verstanden wird . . ., zu der alle beigetragen haben[3]." Ihre Analyse dieser Stadt des 18. Jahrhunderts
aus hellem und dunklem Naturstein zeigt, daß sie eine weithin gültige Sprache spricht, eine konsequente Sprache, von so unbe-
deutenden Details wie den Ablaufgittern bis zu den großen Gesten
wie den Säulenvorhallen. Diese Vorhallen charakterisieren die
Smithsons als Metaphern für große Eingänge und die Giebel als
Metaphern für billigere Eingänge. Kurz, sie sind sich der Tatsache,
daß die Architektursprache vom traditionellen Symbolismus abhängig ist, genau bewußt.

Das macht ihren eigenen Anti-Traditionalismus um so pointier-
ter und grotesker, aber als echte Nachfahren der Romantik müssen die Smithsons es jedesmal „neu machen", um den Vorwurf
des Konventionellen zu vermeiden. Dabei vermeiden sie natürlich
erfolgreich die Kommunikation, denn alle entwickelten Sprachen

31 Arata Isozaki: Museum der Präfektur Gumma, Takasaki/Japan, 1974. Eine dramatische Raumfolge wird überall durch Aluminiumquadrate und Gitter gehalten. Aber der technokratische Hintergrund ist unverträglich mit der Kunst, die darin ausgestellt wird, und der Gesamteindruck wird auf ei- nen einzigen Bedeutungsgehalt beschränkt: Präzision, Ordnung und die durchgehende Krankenhausmetapher, die in der modernen Architektur so häufig ist.

müssen einen hohen Anteil an konventioneller Überlieferung haben, wenn auch nur, um Neuerungen und Abweichungen von der Norm besser verständlich zu machen.

Wenn Peter Smithson über eine mögliche moderne Sprache spricht, zeigt er sich deutlich als Modernist der zwanziger Jahre, der die Maschinenästhetik verteidigt:

„. . . Denn für die durch Maschinen unterhaltenen heutigen Städte kann nur eine lebendige, kühle, stark kontrollierte Sprache den Grundzusammenhang verstärken, ihn in Einklang bringen mit der Kultur als Ganzem[4]."

Die Trugschlüsse dieser Auffassung sind wohlbekannt. Trotzdem sind viele Architekten noch heute aufgrund ihrer Ausbildung in Produktionsprozessen und ihrer Fortschrittsgläubigkeit diesen Vorstellungen verpflichtet. Sie glauben immer noch an den Zeitgeist, der durch Maschinen und Technologie bestimmt ist — so symbolisieren die Bauten, die sie produzieren, diese jetzt etwas aus der Mode gekommenen Dämonen.

Die große Ironie ist jedoch, daß sie auch glauben, zu entschei-

denden humanitären Wertvorstellungen von „Ort, Identität, Persönlichkeit, Heimatgefühl" beizutragen (ich zitiere aus mehreren Team-10-Quellen, Wertvorstellungen, denen die Smithsons anhängen). Wie kann man diese Bedeutungen vermitteln, wenn man eine neue Sprache benutzt, die auf der Maschinenmetapher basiert? Das wäre sehr schwierig, praktisch unmöglich, und die Smithsons haben dieses Wunder bisher nicht vollbracht. Bei ihrem Wohnkomplex Robin Hood Gardens in London ist es ihnen mit Sicherheit nicht gelungen.

Robin Hood Gardens ist keine moderne Version der Siedlung Royal Crescent in Bath, trotz der großen städtebaulichen Geste und dem V-förmigen Grundriß. Es betont nicht die Identität jedes Hauses, obgleich Smithson Bath bewundert, weil es „unverkennbar eine Kollektion separater Häuser" ist. Vielmehr ist die Identität unterdrückt zugunsten visueller Betonungen, eine teilweise zufällige Anordnung vertikaler Rippen und horizontaler Kontinuität — die Vorstellung von einem öffentlichen Straßendeck. Diese „Straßen im Freien" haben erstaunlicherweise alle Fehler, welche die

33

32 John Wood II.: Bebauung Royal Crescent, Bath/England, 1767 bis 1780.
Eins der ersten Beispiele für die Gestaltung von Wohnbauten in Form eines Palastes. Obgleich die Bebauung eine große urbane Geste macht, haben die einzelnen Häuser doch ihre Identität, sind gekennzeichnet durch vertikale Separation und verschiedene Variationen in der Gliederung. Die Smithsons sind sich dieses Symbolismus durchaus bewußt, was ihr Versagen, ein modernes Äquivalent dafür zu schaffen, um so bedauerlicher macht.

33 Alison und Peter Smithson: Bebauung Robin Hood Gardens, London, 1968—1972.
Eintöniger Beton (außer bei den Vorhangwänden), in der Volksmeinung heute gleichgesetzt mit dem Image eines industriellen Prozesses. Die Variationen durch die vertikalen Rippen sind nicht stark genug, um jeder Wohnung Identität zu verleihen. Der verpackte Maßstab vermittelt den Eindruck einer dichten Menschenmauer.

34, 35 Robin Hood Gardens, ,,Straßen im Freien" und kollektiver Eingang. Die langen, leeren Straßen im Freien bieten nicht das Leben und die Einrichtungen einer traditionellen Straße. Die Erschließungsgänge, von denen einer in Brand gesteckt wurde, sind dunkel und anonym, sie bedienen zu wenige Familien. Die Siedlung hat viele der Probleme, die Oscar Newman als Mangel an ,,zu verteidigendem Raum" bezeichnete. Hier mimt der Architekturkritiker Paul Goldberger einen Akt, der leider häufig Wirklichkeit ist.

34 Smithsons bei anderen ähnlichen Siedlungen entdeckt hatten. Sie
35 werden zuwenig genutzt, ihre kollektiven Eingänge sind schäbig, einige sind sogar zerstört worden. Tatsächlich sind es dunkle, übelriechende, dumpfe Korridore. Wenig Gefühl für den Ort, wenige Gemeinschaftseinrichtungen und noch weniger ,,Identifikationselemente", die, wie die Architekten einsichtig argumentiert hatten, in modernen Bauten benötigt werden.

Die Smithsons behaupten, sie hätten ein Gefühl für den Ort entwickelt: ,,Auf der Gartenseite ist das Gebäude einheitlich. Es ist ein städtischer Bereich, Teil der Definition einer Stadt, vorausgesetzt, es ist keine Wiederholung von Elementen, die einen eintönigen Raum erzeugt[5]."

Der Raum ist tatsächlich nicht eintönig, er hat Knicke und einen künstlichen Hügel etwa im Mittelpunkt. Aber diese Abweichungen von der Norm und die feinen Andeutungen visueller Separation sind schwerlich stark genug, um die Wiederholung der Elemente und die Eintönigkeit des Materials zu überwinden. Diese deuten in stärkerem Maße auf ,,sozialen Wohnungsbau", ,,Anonymität", ,,Die Behörden hatten nicht genug Geld für Holz, Verputz usw.", kurz, sie drücken ,,sozialen Abstieg" aus. Die lobenswerte Absicht der Smithsons, einen Gemeinschaftsbau im Maßstab des Bath Crescent zu schaffen und den gleichen Grad von individuellem

36, 37 Las Vegas und die Bebauung an der Kathedrale von Exeter. Zwei verschiedene Arten der gesellschaftlichen Manifestation, bei denen sich die Architektur für direkten symbolischen Ausdruck hergibt. Ungeachtet unserer Auffassung über beide gesellschaftlichen Gruppen muß gesagt werden, daß die modernen Architekten diese Ebene der symbolischen Details und Eigenheiten übersehen haben. In den meisten Städten gibt es ethnische Unterschiede. Aber welch große Entwicklung umfaßt das chinesische Restaurant, die Ladenfront des örtlichen Metzgers? Die Architekten haben sich zu weit von dieser Ebene des Details entfernt, und das wird so bleiben, bis sie zu Anthropologen oder Journalisten ausgebildet werden, um die soziale Realität zu erfassen.

Ausdruck und Identität zu bieten, in einer architektonischen Sprache, die von allen verstanden wird — diese positiven Ziele werden durch die gebaute Form verleugnet.

Die Widersprüche zwischen der Aussage und dem Ergebnis haben in der modernen Architektur eindrucksvolle Ausmaße erreicht. Man kann jetzt von einem „Mangel an Glaubwürdigkeit" sprechen, der seine Parallele im Vertrauensverlust zu den Politikern hat. Die Ursachen dafür sind, glaube ich, im Wesen der Architektur als Sprache begründet. Sie ist notwendigerweise *fundamental schizophren*: Teilweise wurzelt sie in der Tradition, in der Vergangenheit — eigentlich in jedermanns Kindheitserfahrung, auf ebenem Boden zu kriechen und die üblichen Architekturelemente, etwa vertikale Türen, wahrzunehmen —, und teils ist sie auch in unserer sich schnell verändernden Gesellschaft mit ihren neuen Funktionen, neuen Baustoffen, neuen Technologien und Ideologien begründet. Einerseits verändert sich die Architektur ebenso langsam wie eine lebende Sprache (wir können heute noch das Renaissance-Englisch verstehen) und andererseits ebenso schnell wie die moderne Kunst und Wissenschaft.

Anders ausgedrückt, lernen wir von Anfang an die kulturellen Zeichen, die jeden städtischen Ort für eine soziale Gruppe, eine wirtschaftliche Klasse und reale, historische Menschen auszeichnen, während die modernen Architekten ihre Zeit damit verbringen, alle diese spezifischen Zeichen zu verlernen bei dem Versuch, für den Universalmenschen oder für den Mythos vom modernen Menschen zu planen. Dieses Drei-M-Monstrum existiert natürlich nicht in Wirklichkeit, nur als historische Fiktion — als Schöpfung moderner Schriftsteller, Soziologen und idealistischer Planer. Herr Dreifach-M ist zweifellos eine logische Notwendigkeit für Architekten und andere, die einen statistischen Durchschnitt verallgemeinern wollen. Der amerikanische Journalist Tom Wolfe hat Schriftsteller kritisiert, weil sie über solche nicht existenten Kreaturen geschrieben haben. Die gleichen Vorwürfe könnten gegen die Architekten angeführt werden[6]. Sie versuchen, den modernen Menschen mit einem mythischen Selbstbewußtsein zu versehen, mit konsequenten Verhaltensmustern, die an Stammesgesellschaften erinnern, geläutert in ihrer Reinheit, voll geschmackvoller „Einheit in der Vielfalt" und anderer derartiger geo-

metrischer Harmonien. Dabei gibt es doch in Wahrheit den modernen Menschen nicht, und wenn er zufällig existierte, würde er realistische soziale Zeichen brauchen, Symbole des Status, der Geschichte, des Handelns, des Komforts, aus dem ethnischen Bereich, Zeichen für nachbarschaftliches Verhalten (wenn man auch ein wenig wohlhabender sein will als die Müllers nebenan). Die modernen Architekten sind in diesen Kodes nicht ausgebildet, sie wissen nicht, wie sie dicht an diese Realität herankommen können, und so liefern sie weiterhin eine mythische Integration in die Gemeinschaft (die heute oft eine Projektion von Mittelklasse-Wertvorstellungen ist).

Zu dumm, daß die Gesellschaft ohne Architekten weiterbestehen, ihre Wohnsiedlungen persönlicher machen, in die Luft sprengen oder Innenarchitekten beschäftigen kann. Es macht nichts (mit Ausnahme der Sowjetunion); es gibt immer andere realitätsbezogene Berufsgruppen, die bereit sind einzuspringen.

Auf jeden Fall sollten wir, bevor wir mit der Austeilung von Hieben gegen die moderne Architektur (einer Form des Sadismus, die einem allmählich allzu leicht gemacht wird) aufhören, ein Dilemma erwähnen, vor dem die Architekten stehen und das sie nicht allein verursacht haben, weil es eine Auswirkung auf die Sprache hat, die sie anwenden.

Der univalente Inhalt

Lassen Sie uns jetzt die großen Bauaufgaben untersuchen, die vorherrschenden Bautypen, welche die Leistung der Architekten in unserem Jahrhundert ausdrücken. Eine gewisse Gelassenheit ist dazu notwendig, weil die Wahrheit hart ist und die Erklärungen nicht auf der Hand liegen. Viele werden die gesellschaftlichen Realitäten, deren Ausdruck die Architektur ist, leugnen oder bemänteln, weil sie so trivial und bedrückend sind und weil keiner sie wollte und keiner schuld daran hat. Der größte Fehler, den die Architekten in diesem Jahrhundert begangen haben, ist vielleicht der, überhaupt geboren zu sein.

Wollen wir trotzdem die großen Monumente der modernen Architektur und die sozialen Aufgaben betrachten, für die sie erbaut wurden. Hier wird eine seltsame, wenn auch unbemerkte Abweichung des modernen Architekten von seiner *Rolle als Sozialutopist* erkennbar, denn wir sehen, daß er tatsächlich für die herrschenden Mächte einer wirtschaftlich etablierten Gesellschaft gebaut hat. Diese heimliche Liaison hat ihre Opfer gefordert, wie dies illegitime Liebesverhältnisse zu tun pflegen. Die moderne Architektur, gezeugt in den fünfziger Jahren des neunzehnten Jahrhunderts als ein Appell an die Moral und in den zwanziger Jahren dieses Jahrhunderts (ihrer großen Zeit) als ein Appell zu gesellschaftlicher Veränderung, sah sich ungewollt kompromittiert, zuerst durch ihre Praxis, dann durch ihre Billigung[7]. Diese Architekten wollten ihre dienende Rolle als „Konfektionäre" der Gesellschaft und das, was sie als „korrupten herrschenden Geschmack" betrachteten, aufgeben und anstelle dessen „Ärzte", Führer, Propheten oder zumindest Geburtshelfer für eine neue Sozialordnung werden. Aber für welche Ordnung haben sie tatsächlich gebaut?

1. Monopolgesellschaften und Big Business
Einige der anerkannten Klassiker der modernen Architektur wurden für Klienten gebaut, die heute multinationale Konzerne sind.
38 Die Turbinenhalle von Peter Behrens in Berlin entstand für die General Electric jener Tage, für die AEG. Dieses Bauwerk aus dem Jahre 1909 wird häufig als das erste große Werk der modernen Ar-

chitektur in Europa betrachtet wegen seinem klaren räumlichen Ausdruck, seiner reinen Anwendung von Glas und Stahl, beinahe ein Curtain Wall, und der darin erfolgten Entwicklung von Gebrauchsgegenständen — dem Beginn des industriellen Designs. Weitere Marksteine der Architektur, die eine geringe Veränderung der Sprache bewirkten, waren Frank Lloyd Wrights gekurvte Poesie aus feuerfesten Glasröhren und stromlinienförmigem Backstein, erbaut für eine große Wachsfirma; Gordon Bunshafts klassische Lösung für ein Bürohochhaus, zwei reine Scheiben, im rechten Winkel zueinander gesetzt, eine über der anderen, errichtet für den Multinationalen, der auf Seife gegründet ist; Mies van der Rohes dunkle Rolls-Royce-Lösung des Curtain Walls für den Seagram Whiskey-Riesen; Eero Saarinens Durchgangs-Raubvogel für die Trans World Airways und die zahlreichen Verfeinerungen des Curtain Walls durch die großen Architekturbüros wie Skidmore, Owings und Merrill, die für Alkoholfreie-Getränke-Firmen, Tabakketten, internationale Banken und Ölgesellschaften arbeiten. Wie sollte man die Macht und die Konzentration des Kapitals, die Handelsfunktion, die Ausbeutung der Märkte ausdrücken? Diese Bauaufgaben sind die Monumente unserer Zeit, weil sie der Architektur zusätzliches Geld bringen, und doch ist ihre potentielle Rolle als soziale Verhaltensmuster unglaubwürdig. 39 40 69

38 Peter Behrens: Turbinenhalle der AEG, Berlin, 1909.
Dieses Gebäude, häufig als eins der ersten großen modernen Bauwerke, auch als die Wiege des Industriedesigns betrachtet, setzte die Fabrik als Hauptmetapher für die spätere Bautätigkeit. Hier erfolgte die Verbindung von Big Business, gutem Design und dem Funktionalismus, die seinerzeit vom Deutschen Werkbund angestrebt wurde. Sie zeitigte sechzig Jahre später multinationale Ergebnisse.

39 Frank Lloyd Wright: Wachsfabrik Johnson, Racine/Wisconsin, 1938.
Pfeiler verjüngen sich nach unten und stehen in Messinghalterungen. Alles in diesem „totalen" Kunstwerk nimmt das Thema der Kurve auf. Die Idee eines einheitlichen Erscheinungsbildes wurde in den fünfziger Jahren zur Norm für multinationale Konzerne wie CBS, IBM, Olivetti usw.

Gegenüberliegende Seite:
40 Gordon Bunshaft und Skidmore, Owings und Merrill: Verwaltungsgebäude der Firma Lever Brothers, New York City, 1951/52.
Die erste überzeugende Anwendung des leichten Curtain Walls. Geschlossene Felder und Glas wechseln sich in horizontalen Bändern ab, die von einem neutralen Sprossennetz überzogen sind. In den sechziger Jahren errichteten viele multinationale Konzerne ähnliche Firmenkästen an der Park Avenue.

41 John Kibble: Botanischer Garten, Glasgow/Schottland, 1873.
Einem vor dem Kristallpalast in London entstandenen Bau nachgeschaffen, erinnert dieses Gewächshaus an indische Architektur und Zwiebeltürme. Die große, flache Kuppel im Hintergrund überspannte fast fünfzig Meter und hatte in der Mitte einen Teich mit Wasserlilien, an dem ein Orchester spielte. Die Decke öffnete und schloß sich zum Crescendo und Diminuendo.

2. Internationale Messen, Weltausstellungen
Eine andere Genealogie der modernen Architektur läßt sich vom
41 Kristallpalast aus dem Jahre 1851 in London zum Themenpavil-
42 lon in Osaka 1970 verfolgen. Dieser Stammbaum hat eine Reihe
technischer Triumphe zu seinen Gunsten zu verzeichnen, die zu
einer neuen Sprache führten: Fachwerkkonstruktionen, die freiliegenden Verstrebungen des Eiffelturms, die Paraboloide der Indu-
strieshedhallen, die durchscheinenden geometrischen Kuppeln
von Buckminster Fuller und die aufstrebenden Zelte von Frei Otto
(sie werden in der Architekturkritik immer als aufstrebend geschil-
dert). Diese Triumphe haben in der Tat viel dazu beigetragen, das
Erlebnis der Architektur zu ästhetisieren: Historiker und Kritiker
übersahen gern den Inhalt der Bauten, ihre propagandistische
Rolle, und konzentrierten statt dessen auf ihre räumlichen
und visuellen Qualitäten. Die Massenmedien taten in der Folge
das gleiche. Übersehen wurden der eklatante Nationalismus und
43 die „Ersatz"-Welt, die neunzig Prozent der Weltausstellungen aus-
machten. Warum? Weil dieser ignorierte Inhalt so augenfällig sin-
nenfreudig war und der Feinheiten ermangelte und weil keine große Einsicht vorhanden war, welche Auswirkungen dieser laute Inhalt auf die Kultur der Massen hat und daß er gelegentlich auch
humorvoll, kreativ und provokativ sein kann.

Gegenüberliegende Seite, oben:
42 Kenzo Tange: Themenpavillon, Weltausstellung Osaka/Japan, 1970.
Eine Megastruktur, die verschiedene Dienstleistungen enthielt, wurde schließlich erbaut, nachdem die Avantgarde zehn Jahre darüber gegrübelt hatte. Weltausstellungen ermöglichen häufig die Realisation grandioser und kreativer Ideen und haben daher eine wichtige Rolle in der Entwicklung der modernen Architektur gespielt.

Gegenüberliegende Seite, unten:
43 Der Pavillon von Kambodscha, Weltausstellung Osaka, 1970.
Entworfen unter der Beratung des Prinzen Norodom Sihanouk, gibt dieser typisch nationalistische Pavillon die Architektur der Khmer und von Angkor Vat wieder. Die meiste Architektur auf Weltausstellungen hat einen Anflug von Imitation, die überzeugte Nationalisten kränken könnte. Aber sie geht konform mit der Vorstellung der Massen vom Besitz. Diese Manifestation blieb selbst von ernsthaften Kritikern unbeachtet und wurde nie diskutiert.

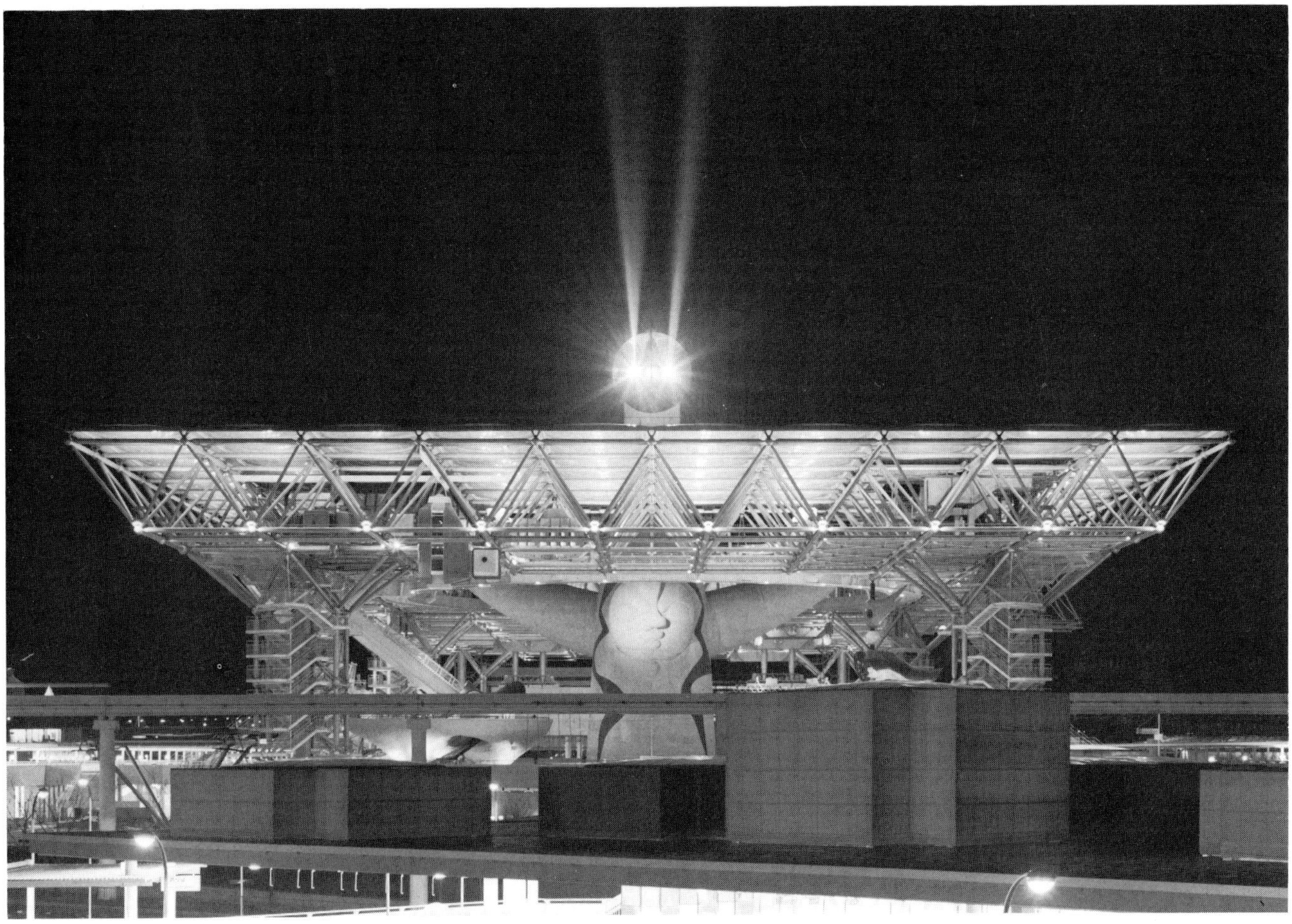

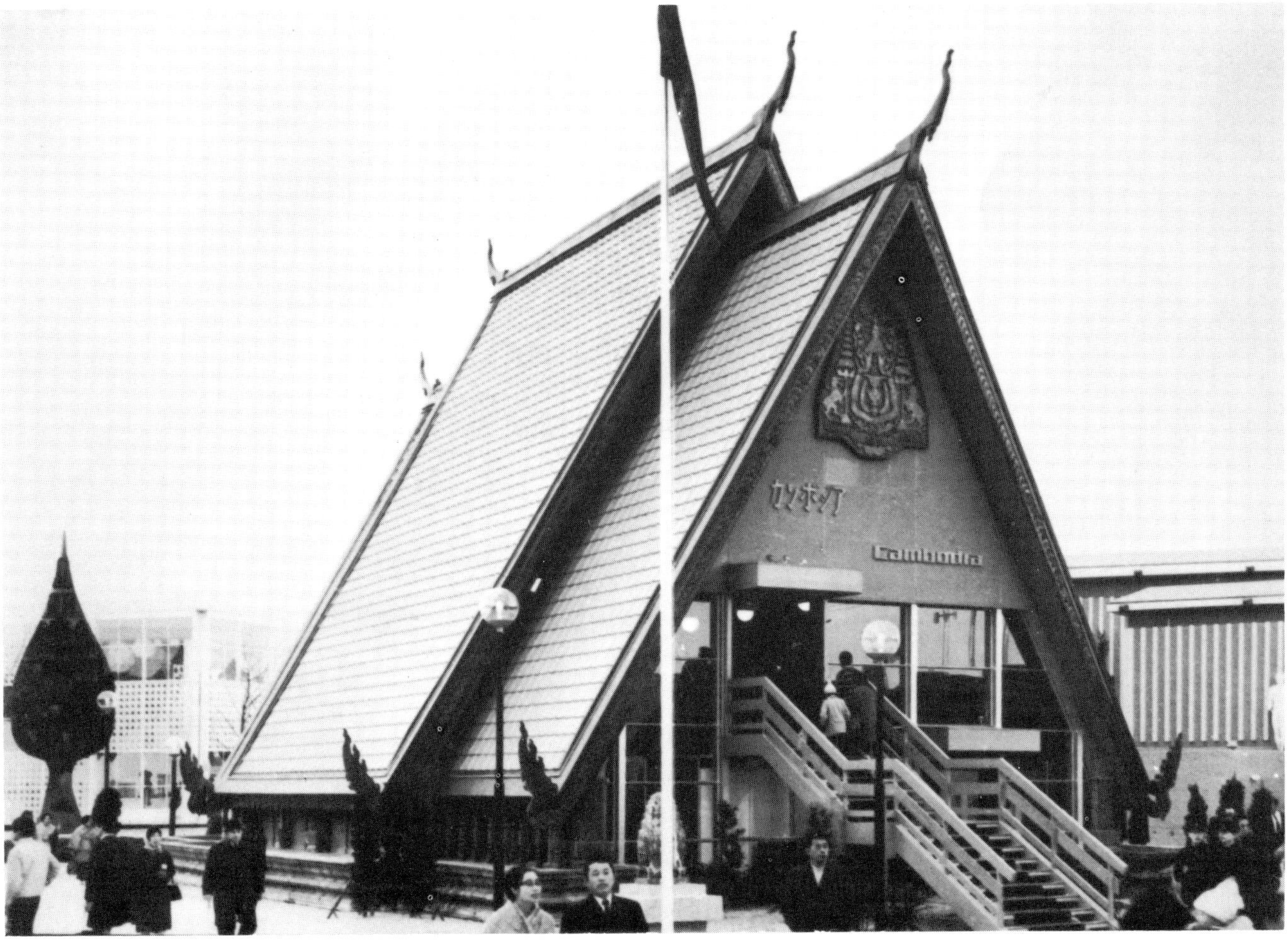

44 Patrick Hodgkinson: Wohnbebauung Foundling Estate, London, 1973.
Eine lange Reihe von Wohnhäusern mit wintergartenähnlichen Wohnräumen, die diagonal übereinandergestapelt sind. Der großartige öffentliche Eingang, der größte seiner Art in England, sieht aus, als führe er zu einem zeremoniellen Raum, zumindest zu einem Stadion. Tatsächlich gipfelt er aber in einer leeren Plaza. Die futuristische Gestaltung und semantische Verwirrung sind wiederum eine Folge der Ablehnung der Rhetorik und einer Kommunikationstheorie durch die moderne Architektur.

Unten:
45 Richard Rogers und Renzo Piano: Centre Pompidou, Paris, 1977. Gigantische Stahlträger, von Krupp hergestellt und in den frühen Morgenstunden durch die Straßen von Paris transportiert, stützen dieses kompromißlose Kulturzentrum. Das technologische Image ist überzeugend durchgehalten, besonders in den Versorgungsbereichen, die in starken Primärfarben gehalten sind. Durch Absenken des Gebäudes und Aufbrechen der Fassade wurde der Maßstab vereinbar mit dem traditionellen Straßensystem von Paris.

3. Fabriken und Ingenieurbauten

Von Walter Gropius' Faguswerken aus dem Jahre 1911 bis zu
Corbusiers Wohnmaschine von 1922 reichen Geburt und Etablie-
rung einer wichtigen Metapher der modernen Architektur: der Fabrik. Wohnungsbau wurde nach diesem Vorbild geplant, und die
Nazis hatten nicht völlig unrecht, das erste internationale Manifest
dieser Metapher, die Weißenhofsiedlung in Stuttgart, 1927, wegen
ihrer mangelnden Eignung anzugreifen. Warum sollten Wohnhäu-
44 ser die Formensprache der Massenproduktionsmethoden übernehmen und die weiße Reinheit von Krankenhäusern?

46 Der spätere Massenwohnungsbau in England, zum Beispiel in
London oder Milton Keynes, hat diese allgegenwärtige Metapher
des zwanzigsten Jahrhunderts übernommen. Daß keiner darum
gebeten hatte, in einer Fabrik zu wohnen, kümmerte den Doktor-
Architekten nicht, denn er war ausgezogen, die Krankheit der modernen Städte zu kurieren, egal, wie abscheulich die Medizin auch
schmeckte. Er fand es besser, sie schmeckte nach Getriebeöl und
rief Krämpfe hervor, denn dann war die Umwandlung der bürgerli-
chen Gesellschaft vermutlich vollkommener, der Patient würde
seine kleinlichen, gewinnsüchtigen Bestrebungen reformieren
und zum guten Kollektivbürger werden.

Solche Metaphern für den Wohnungsbau sind fast überall dort,
wo sie angewendet wurden, abgelehnt worden (mit Ausnahme
von Deutschland und der Schweiz), aber sie haben in geeigneten
Bereichen Fuß gefaßt: bei Stadien, Sportplätzen, Flugzeughan-
45 gars und all den weitgespannten Konstruktionen, die traditionell
47 mit dem Ingenieurbau in Verbindung gebracht werden. Hier ist die
Art des Vorgehens anregend, ohne durchaus unpassend oder ir-

46 Jeremy Dixon, Chris Cross und Ed Jones: Wohnbebauung Nether-
field, Milton Keynes/England, 1974
Wiederum eine lange Reihe, hier durch tragende Rippen und eine flache
Dachebene akzentuiert. Es ist die Apotheose der Montageband-Meta-
pher, angewendet beim Wohnungsbau.

47 Kenzo Tange: Nationale Sporthallen für die Olympischen Spiele, Tokio, 1964.
Zwei Bauten sind als kluge Gegenüberstellung auf ein Podest gesetzt. Die
Betonmasten, welche die hyperbolischen Kurven halten, enden in der typisch japanischen „Neigung", die fast zu einem Klischee geworden ist.
Die Zurschaustellung der Konstruktion ist ebenfalls ein traditionelles Zeichen.

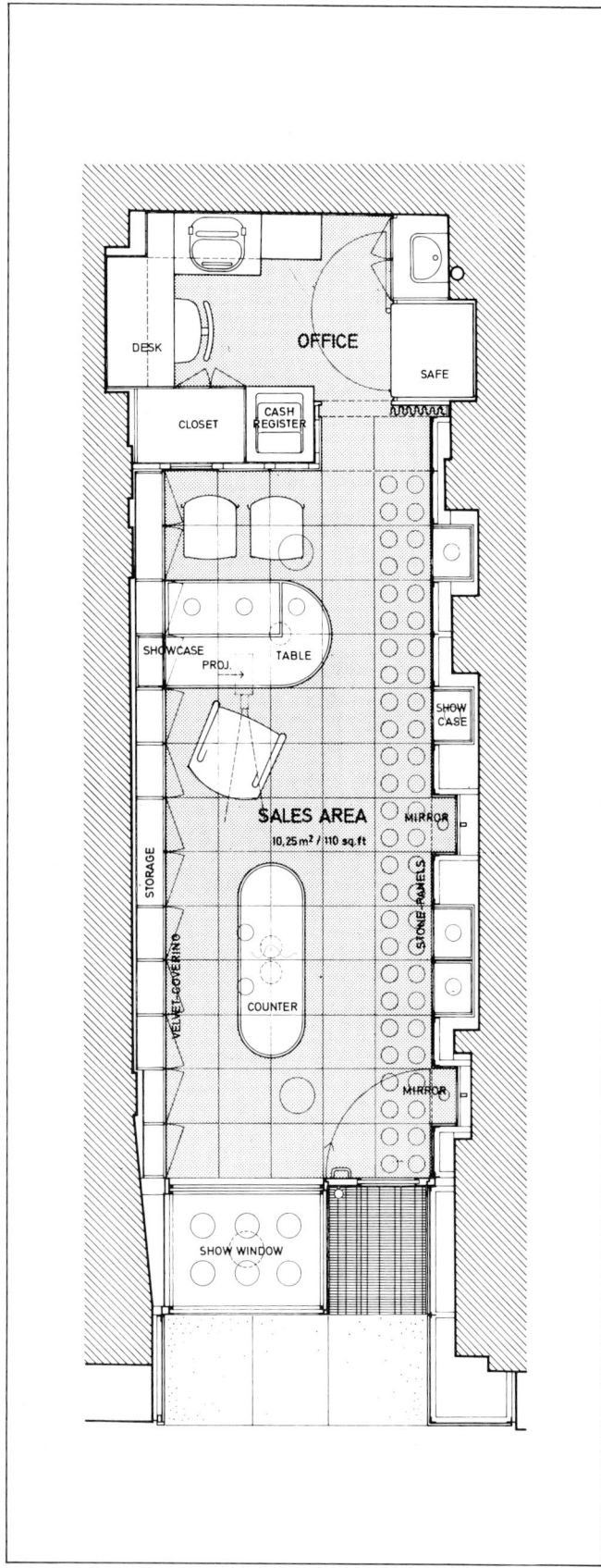

40, 49 Hans Hollein: Schmuckgeschäft, Wien, 1975.
Hollein verwendet kostbaren, schimmernden Marmor, um die polierte, handwerkliche Ausstattung hervorzuheben. Der Kontrast von Kreis und Spalt, von hautähnlichem Marmor und den leuchtenden, goldenen, geschlossenen Lippen ist deutlich ironisch und sinnlich. Der beengte Raum wird geschickt aufgeteilt, um die Begierde des Kunden zu wecken. Vielleicht konnte nur ein Wiener diese Mischung von Handel und Sinnlichkeit zustande bringen.

real zu sein, und wir können den einzigen ungeschmälerten Triumph sehen, den die moderne Architektur auf der Ebene des Inhalts für sich beanspruchen kann.

4. Tempel des Konsums — Kirchen der Zerstreuung
Jemand aus einem fremden Kulturkreis wäre, wenn er einen kurzen Hubschrauberausflug über irgendeine unserer auswuchernden Städte machte, erstaunt zu sehen, daß die Stadtbewohner ihre Andacht an Stätten verrichten, die kommerziellen Göttern gewidmet sind. Die modernen Architekten haben dieses Gebiet der Disneylands und Durchfahrtparks, der Königstraßen und Sunset-Strips noch keineswegs bewältigt. Aber sie sind dabei, es zu versuchen, und wir können die Erfolge schon aufzählen: die exquisiten technischen Juwele von Hans Hollein — Boutiquen, Kerzenlä- 48
den und Hochglanzmausoleen zum Verkauf religiöser Reliquien 49
für den Ringfinger. Der Aufwand von soviel Entwurfstalent und 50
Geheimkult für solch kleine Geschäfte würde einen Außenstehenden davon überzeugen, daß er endlich auf den wahren Glauben dieser Zivilisation gestoßen sei. Und wenn er bemerkte, daß die gleichen Kultzeichen in den großen Hotels, im theologischen Material der Spiegelplatte, Verehrung genießen, würde er seine An-

50 Hans Hollein: Schmuckgeschäft, Wien, 1975.

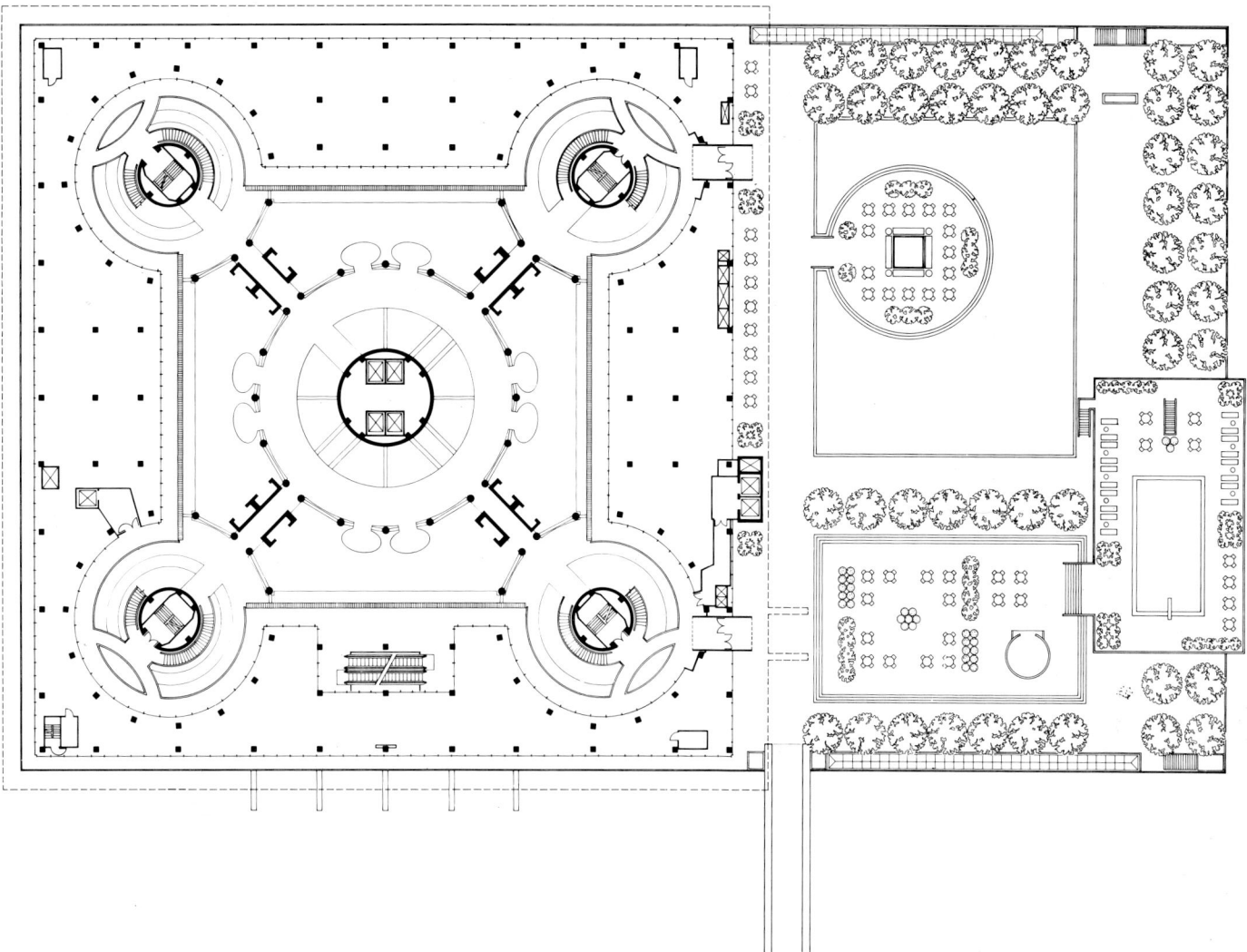

51, 52 John Portman: Hotel Bonaventura (Modell), Los Angeles, 1976. Portman hat mit seinen protzigen Regency-Hyatt-Hotels in mehreren amerikanischen Großstädten die Tradition des Grandhotels aus dem 19. Jahrhundert aufgenommen — zumindest ihren Kostenfaktor. Er gibt dem Äußeren ein absolut geometrisches Image, von dem Teile in Spiegelflächen reklektieren wie riesige Juwelen. Die Planung erinnert an die megalomanischen Entwürfe von Boullée.

nahme bestätigt finden. Diese Kultur erhebt Flitter, persönlichen Zierat, privaten Schmuck zum Idol. Je geschickter die modernen Architekten in der Verschönerung von Bauten werden (wobei sie natürlich in ungünstiger Position arbeiten, nachdem sie vorher „Ornament" mit „Verbrechen" gleichgesetzt haben), desto sichtbarer wird die Ungereimtheit. Ein Schmuckstück ist ein Schmuckstück und kein passendes Objekt für große Architektur. Die Banalität des Inhalts bleibt bestehen.

51
52 Architektur spiegelt bekanntlich das wider, was eine Gesellschaft für wichtig hält, worauf sie sowohl in geistiger als auch in materieller Hinsicht Wert legt. In der vorindustriellen Vergangenheit waren die wichtigsten Bereiche des Ausdrucks der Tempel, die Kirche, der Palast, die Agora, das Versammlungshaus, die Villa und das Rathaus, während heutzutage das große Geld in Hotels, Restaurants und all jene kommerziellen Gebäudetypen investiert wird, die ich vorher genannt habe. Der öffentlich geförderte Wohnungsbau und Bauten, welche die Stadt oder den öffentlichen Bereich ausdrücken, erfahren die Abstriche. In Bauten, die Konsumwerte repräsentieren, wird investiert. Wie John Kenneth Galbraith über den amerikanischen Kapitalismus sagt, führt das zum privaten Wohlstand und zur öffentlichen Armut.

Verschiedene moderne Architekten haben in dem verzweifelten Versuch, sich zu trösten, beschlossen, daß diese unvermeidliche Situation auch ihre guten Seiten haben muß. Kommerzielle Bauaufgaben sind demokratischer als die früheren aristokratischen und religiösen. „Die Main Street ist fast in Ordnung", meint Robert Venturi.

Als diese kommerziellen Bauaufträge erstmalig auftraten, etwa um die Jahrhundertwende, wurden sie vom Futuristen Sant'Elia mit einer Freude und in einem moralisierenden Ton gepriesen, die später allgemein üblich wurden. Er verglich die neuen Bauaufgaben für den Handel und die Energiewirtschaft mit früheren, die der Anbetung gewidmet waren — der Dynamo des neunzehnten Jahrhunderts kontra die Heilige Jungfrau des dreizehnten.

„Der schroffe Gegensatz zwischen der modernen und der antiken Welt rührt daher, daß es heute Dinge gibt, die es damals nicht gab . . . Wir haben in der Tat den Sinn für das Monumentale, das Wuchtige und Statische verloren und unser Empfinden durch den Geschmack *am Leichten und Praktischen, am Vergänglichen und Raschen* bereichert. Wir fühlen, daß wir nicht länger die Menschen der Kathedralen, der Paläste und der Gerichtshallen sind, sondern die Menschen der großen Hotels, der Bahnhöfe, der ungeheuren Straßen, der riesigen Häfen, der Markthallen, der er-

53 Las Vegas bei Nacht. Die weltlichen und kommerziellen Aktivitäten, die von den Futuristen gepriesen wurden, sind hier mit einer technologischen Perfektion realisiert, die ihnen gefallen, aber mit einem sozialen Inhalt, der ihnen den Atem benommen hätte.

54 Kleine Kapelle der Blumen, Las Vegas, 1960.
Drive-in-Hochzeit und -Scheidung — die alte New-England-Holzkirche mit Neonreklame und vollkommen automatisiertem Service, eine Kombination, die gleichzeitig viel zu alt und zu neu ist, die aber zahlreiche Menschen in der Konsumgesellschaft anspricht.

leuchteten Bogengänge, des Wiederaufbaus und der Sanierung[8]."

Kurz, dies umfaßt die gesellschaftlichen Aktivitäten der Wanderung eines Mittelklassetouristen vom Bahnhof zum Hotel, entlang breiter Super-Autostraßen, die gesäumt sind von planierten Baulücken und beleuchtet durch flimmernde Neonreklamen. Mit leichten Abwandlungen könnte Sant' Elia den Glanz von Las Vegas beschrieben haben oder, weniger modern, etwa die Hauptstraße von Warschau. In welchem Land oder in welchem wirtschaftlichen System auch immer — solche weltlichen Bauaufgaben sind heute die wichtigen, und viele Vertreter moderner Kunst und Architektur sehen diese Tatsache positiv. Der „Heroismus des Alltagslebens", diese von Picasso, Léger und Le Corbusier in den zwanziger Jahren geteilte Vorstellung, war eine Philosophie, die versuchte, banale Objekte auf ein Piedestal zu erheben, das früher besonderen Symbolen der Verehrung vorbehalten war. Der Füllhalter, der Aktenschrank, der Stahlträger und die Schreibmaschine waren die neuen Ikonen. Majakowski und die russischen Konstruktivisten trugen die Kunst auf die Straße und führten sogar eine große Sinfonie mit Sirenen und Dampfpfeifen auf, während sie farbige Fahnen auf Fabrikdächern schwenkten. Die Hoffnung dieser Künstler und Architekten war, die Gesellschaft auf einer neuen Klassen- und Funktionsbasis zu erneuern, Kathedralen durch Kraftwerke, Aristrokraten durch Technokraten zu ersetzen. Eine neue, kühne, demokratische Gesellschaft würde entstehen, angeführt von einer kraftvollen Rasse heidnischer Supermänner, der Avantgarde, der Techniker und Kapitäne der Industrie, der er-

leuchteten Wissenschaftler und Expertenteams. Welch ein Traum!

In der Tat fand die Revolution der Führungskräfte statt, und es gab auch sozialistische Revolutionen in einigen Ländern, aber der Traum wurde von der Madison Avenue (und ihren Entsprechungen) übernommen. Aus dem „kühnen Objekt des Alltagsgebrauchs" wurde das „neue, revolutionäre Waschmittel". Die Gesellschaften beteten weiterhin, mit nachlassendem Glauben, an ihren alten Altären und versuchten gleichzeitig, die neuen Wertvorstellungen zu übernehmen. Was ist das Ergebnis dessen? Eine Ersatzkultur, eine Karikatur der Vergangenheit und zugleich der Zukunft, eine irreale Phantasie, die sich weder die Avantgarde noch die Traditionalisten erträumt hatten und die von beiden verabscheut wurde.

Mit dem Triumph der Konsumgesellschaft im Westen und des bürokratischen Staatskapitalismus im Osten verblieb unserem unglücklichen modernen Architekten nicht viel an erhebendem Symbolgehalt zur Darstellung. Wenn es Aufgabe der Architektur ist, Lebensweise und öffentlichen Bereich zu symbolisieren, ist sie übel dran, sobald diese Dinge ihre Glaubwürdigkeit verlieren. Der Architekt kann nicht viel dagegen unternehmen, außer als Bürger zu protestieren und von der Norm abweichende Bauten zu entwerfen, welche die komplexe Situation ausdrücken. Er kann die Wertvorstellungen vermitteln, die fehlen, und jene ironisch kritisieren, die ihm mißfallen. Aber um das zu tun, muß er die Sprache des lokalen Kulturbereichs anwenden, anderenfalls trifft seine Botschaft auf taube Ohren oder wird entstellt, um sie dieser lokalen Sprache anzupassen.

55 Adolf Loos: Entwurf für den Wettbewerb der Chicago Tribune, 1922.

TEIL II
Die Arten der architektonischen Kommunikation

Monsieur Jourdain, Molières „Bürger als Edelmann", war recht erstaunt festzustellen, daß er „schon mehr als vierzig Jahre lang Prosa" gesprochen hatte, „ohne es zu wissen". Die modernen Architekten erleben einen ähnlichen Schock oder Zweifel, daß sie etwas so Erhabenes wie Prosa sprechen. Die Umwelt erkennen heißt ihre Zweifelhaftigkeit akzeptieren. Wir sehen ein Sprachge-

56 wirr, einen offenen Kampf persönlicher Idiolekte, nicht die klassischen Sprachen der dorischen, ionischen und korinthischen Ordnung. Während es einst Regeln der architektonischen Grammatik gab, haben wir jetzt gegenseitige Angriffe der Spekulationsbauträger. Wo einst ein vornehmer Diskurs zwischen den Houses of Parliament und der Westminster Abbey stattfand, schreit jetzt

57 jenseits der Themse das Shell-Gebäude die Hayward Gallery an, die wiederum eine stotternde und kichernde Royal Festival Hall anmault. Es herrscht nur Verwirrung und Streit, und doch ist diese Beschimpfung noch eine Sprache, auch wenn sie nicht sehr verständlich oder überzeugend ist. Es *gibt* verschiedene Analogien, welche die Architektur mit der Sprache gemeinsam hat, und wenn wir die Begriffe frei anwenden, können wir von architektonischen „Wörtern", „Sätzen", „Syntax" und „Semantik" sprechen[9]. Ich will einige dieser Analogien nacheinander abhandeln und zeigen, wie sie bewußter als Ausdrucksmittel genutzt werden können. Dabei beginne ich mit dem in der modernen Architektur allgemein am meisten vernachlässigten Aspekt.

56 Stadtlandschaft von San Francisco, 1973.
Unterschiedliche Hochhäuser, die einen rechteckigen Bau mit diagonalen Verstrebungen und ein dreieckiges Gebäude einschließen, das liebevoll „Pereiras Schwanz" genannt wird (er entwarf diesen Bau für die Transamerican Corporation).

57 South Bank, die Südufer-Bebauung der Themse, London, 1976.
Große Klötze für verschiedene Funktionen. Von links nach rechts: Queen Elizabeth Hall, Royal Festival Hall und Shell-Hochhaus führen ihre charakteristische Konversation. Jeder Klotz sendet die einzige, wenn auch stumme Botschaft aus, daß er ein „bedeutendes" Monument irgendwelcher unspezifizierter Art sei.

Die Metapher

Die Menschen betrachten ein Gebäude unweigerlich in Verbindung mit einem anderen Bauwerk oder einem ähnlichen Objekt, kurz, als Metapher. Je ungewohnter ein modernes Bauwerk ihnen erscheint, desto mehr werden sie es metaphorisch mit dem vergleichen, was ihnen vertraut ist. Diese Übertragung von einer Erfahrung auf eine andere ist Bestandteil allen Denkens — vor allem des kreativen. So wurden Ende der fünfziger Jahre die ersten vorgefertigten Betongitter als „Käsereiben", „Bienenstöcke", „Kettenzäune" bezeichnet. Dagegen benannte man sie zehn Jahre später, als sie zur Norm bei einem bestimmten Gebäudetyp geworden waren, in funktionalen Begriffen: „Es sieht aus wie ein Parkhaus." Von der Metapher zum Klischee, vom neuen Ausdruck durch ständige Verwendung zum architektonischen *Zeichen,* das ist der immer wiederkehrende Ablauf, dem neue und erfolgreiche Formen und Techniken folgen.

Typische negative Metaphern, die von der Öffentlichkeit und von Kritikern wie Lewis Mumford benutzt wurden, um die moderne Architektur zu verteufeln, waren „Pappschachtel", „Schuhkarton", „Eierkiste", „Aktenschrank", „kariertes Papier". Diese Vergleiche wurden nicht nur wegen ihrer pejorativen, mechanistischen Bedeutung gewählt, sondern auch, weil sie stark *kodiert* waren in einer Zivilisation, die sensibilisiert war auf das Gespenst von 1984 (George Orwell: 1984 [1949, dtsch. 1950]). Dieser naheliegende Aspekt hat, wie wir noch sehen werden, einige seltsame Zusammenhänge.

Ein Zusammenhang wurde offenkundig, als ich in Japan den Architekten Kisho Kurokawa besuchte. Wir besichtigten sein neues Appartement-Hochhaus in Tokio, das aus übereinandergestapelten Speditionscontainern mit einer sehr ungewöhnlichen Gesamtform besteht. Sie sehen aus wie gestapelte Zuckerwürfel oder eher wie Waschmaschinen, weil die weißen Kuben alle runde Löcher in der Mitte haben. Als ich sagte, diese Metapher hätte eine unglückliche Assoziation für das Wohnen, zeigte Kurokawa Erstaunen. „Es sind keine Waschmaschinen, es sind Vogelkäfige. In Japan bauen wir Vogelkäfige aus Beton mit runden Löchern und setzen sie in die Bäume. Ich habe diese Vogelnester für reisende Geschäftsleute gebaut, die Tokio besuchen, für Junggesellen, die immer wieder mit ihren Vögelchen hereinfliegen." Eine schlagfertige Antwort, vielleicht aus dem Stegreif erfunden, aber eine, die ausgezeichnet den Unterschied unserer visuellen Kodes betonte.

58 Betongitter, heute das Zeichen für Parkhäuser, wurden zuerst in Amerika Ende der fünfziger Jahre für Bürogebäude verwendet. Sie sind hier tragende Konstruktionen und verbergen die Autos. Während die „Käsereibe" heute nicht mehr als Metapher erkannt wird, nutzt man das vorgefertigte Gitter noch gelegentlich für Büros. Ob es Garage oder Büro bedeutet, hängt von der Häufigkeit seiner Anwendung in einer Gesellschaft ab.

Gegenüberliegende Seite:
59 Kisho Kurokawa: Appartementhaus Nagakin Capsule Building, Tokio, 1972.
140 Kisten wurden zur Baustelle gefahren und an den beiden Betonkernen befestigt. Jeder bewohnbare Raum hat ein eingebautes Badezimmer, eine Stereoanlage, Rechenmaschinen und andere Einrichtungen für Geschäftsleute. Die Metapher der Stapelung von Räumen wie Ziegelsteine oder Zuckerstücke taucht etwa alle fünf Jahre wieder auf, seit Walter Gropius sie im Jahr 1922 vorgeschlagen hatte. Die Assoziationen sind doppelsinnig: Dem einen bedeuten sie bereits Reglementierung, dem anderen die Einheit in der Vielfalt der italienischen Hügelstadt.

60 Eine bekannte optische Täuschung verdeutlicht das noch besser: die berühmte „Enten-Häschen-Figur", die man erst von der
einen, dann von der anderen Seite betrachten kann. Da wir alle gut
ausgebildete visuelle Kodes für *beide* Tiere haben und jetzt wahrscheinlich auch einen Kode für das Zwittermonstrum mit zwei
Köpfen, können wir es auf drei Arten betrachten. Eine Sicht kann
überwiegen, je nach Stärke des Kodes oder der Richtung, aus der
wir die Figur zuerst sehen. Weitere Deutungen („Blasebalg",
„Schlüsselloch" usw.) sind schwieriger, weil diese Kodes für diese Figur weniger stark sind, sie stellen sich weniger deutlich dar als
die beiden primären — zumindest in unserer Zivilisation. Der entscheidende Punkt ist also, daß Kodebeschränkungen, die auf Erfahrung beruhen, und der jeweilige Kulturbereich eine bestimmte
Deutung nahelegen sowie daß es Mehrfachkodierungen gibt, von
denen manche über Subkulturen in Konflikt zueinander stehen.
Sehr allgemein ausgedrückt, gibt es zwei große Subkulturen:
eine mit dem Kode der Moderne, der auf der Ausbildung und
Ideologie der modernen Architekten basiert, und eine andere mit
dem traditionellen Kode, der auf jedermanns Erfahrung mit allen
gewohnten Architekturelementen basiert. Wie schon erwähnt
(Seite 24), gibt es sehr elementare Gründe dafür, warum diese
Kodes unvereinbar und die Architektur absolut schizophren sein
können, sowohl in der Kreation als auch in der Interpretation. Da
einige Bauten häufig verschiedene Kodes in sich vereinigen, können sie als gemischte Metaphern mit gegensätzlichen Bedeutungen betrachtet werden; zum Beispiel werden die „wohlproportio-
nierten, reinen Baumassen" des modernen Architekten für die Öffentlichkeit zur „Schuhschachtel" oder zum „Aktenschrank".

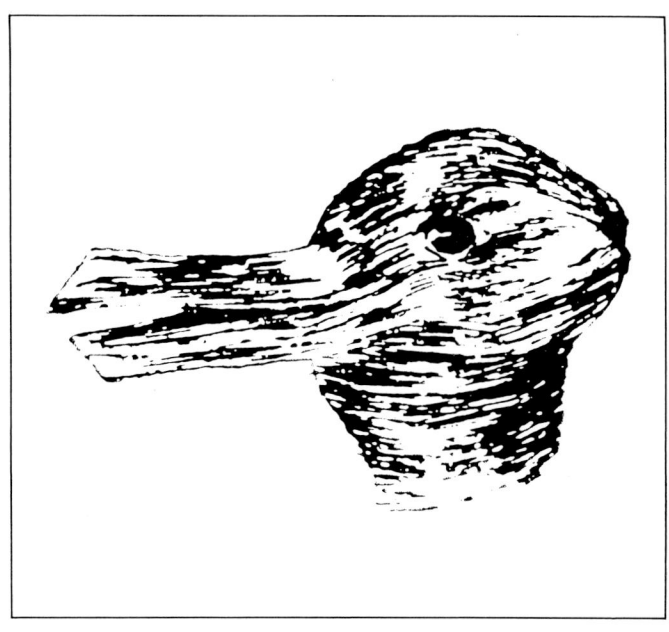

60 Die optische Täuschung Ente-Häschen, die von Entenjägern von links
nach rechts, von Mitgliedern des Playboy-Klubs von rechts nach links gelesen wird. Da diese Figur so bekannt ist, können wir sie jetzt als neues Tier
mit zwei Köpfen betrachten. Aber bitte zu beachten: Man kann sie nur auf
eine Weise auf einmal lesen, jeweils in dem Kode, für den man sich ent-
scheidet.

61 Jörn Utzon: Opernhaus Sydney/Australien, 1957—1974.
Eine gemischte Metapher: Die Schalen symbolisieren sich entfaltende
Blüten, Segelboote im Hafen, einander verschlingende Fische und jetzt,
wegen dem lokalen Kode, hohe Kosten. Wie beim Eiffelturm haben dop-
pelsinnige Bedeutungen schließlich alle möglichen funktionalen Erwägungen übertroffen. Das Bauwerk ist einfach zu einem nationalen Symbol geworden. Diese seltene Zeichenart ruft, wie beim Rorschach-Test, eine Antwort hervor, die das Interesse auf den Antwortenden, nicht auf das Zeichen
konzentriert. Sie könnte das „rätselhafte" Zeichen genannt werden, weil
auf sie, wie auf den Ozean, übertragene Bedeutungen von jedermann projiziert werden.

61 Ein modernes Gebäude, das Opernhaus in Sydney, hat eine Unzahl metaphorischer Auslegungen sowohl in der Publikums-
63 als auch in der Fachpresse erfahren. Die Gründe dafür sind wiederum, daß die Formen der Architektur nicht vertraut sind und Assoziationen an andere visuelle Objekte nahelegen. Die meisten Metaphern sind organischer Art. So zeigte der Architekt, Jörn Utzon, wie die Schalen des Gebäudes der Oberfläche einer Kugel (wie „Orangenschnitze") und den Schwingen eines Vogels im Flug entsprechen. Sie entsprechen offenbar auch weißen Seemuscheln, und diese letztere Metapher plus dem Vergleich mit den weißen Segeln im Hafen von Sydney sind zum journalistischen Klischee geworden.

Dies führt zu einer weiteren naheliegenden Feststellung mit unerwarteter Tragweite: Die Interpretation der architektonischen Metapher ist elastischer und abhängiger von *lokalen* Kodes als die Interpretation der Metapher der gesprochenen oder geschriebenen Sprache.

Einige Kritiker haben darauf hingewiesen, daß die übereinandergelagerten Schalen dem zeitlichen Wachstum einer Blume — dem Entfalten der Blütenblätter — ähneln, während australische Architekturstudenten die gleiche Ansicht des Gebäudes als
62 „Schildkröten beim Liebesakt" karikierten. Von verschiedenen Blickpunkten aus wird der Gewaltaspekt zerbrochener und zertrümmerter Formen sichtbar — „ein Verkehrsunfall ohne Überlebende", während wiederum die gleiche Ansicht mögliche organische Metaphern hervorruft — „Fische, die einander verschlingen". Die letztere Interpretation wird verstärkt durch die glänzenden, geschuppten Elemente der gekachelten Oberfläche, die aus

62 Cartoon, veröffentlicht von Architekturstudenten zur offiziellen Einweihung des Gebäudes durch Königin Elizabeth.

63 Opernhaus Sydney: Ansicht der aufragenden und stürzenden Schalen, wieder eine interessante Doppeldeutigkeit, die neben den anderen gemischten Metaphern stehen sollte. Zu beachten ist, wie das Gebäude glänzt und die Formation der Wolken aufnimmt.

der Nähe sichtbar sind. Aber die außergewöhnlichste Metapher und diejenige, welche die Australier mit einer gewissen amüsierten Sympathie anwenden, ist „Rauferei der Nonnen". Diese übereinandergeschobenen Schalen, die sich in zwei Hauptrichtungen gegenüberstehen, ähneln den Hauben und Kapuzen zweier verfeindeter Klosterorden, und die so unwahrscheinliche Vorstellung, daß dies eine Rauferei der Mütter Oberinnen darstellen könnte, beherrscht alle anderen Möglichkeiten.

Geist hat einmal jemand als „die ungewöhnliche Paarung von Ideen" definiert, und je ungewöhnlicher, aber erfolgreicher die Vereinigung, desto stärker beeindruckt sie den Betrachter und bleibt in seiner Erinnerung haften. Ein geistreiches Gebäude ist eins, das uns ausgefallene, aber überzeugende Assoziationen gestattet.

Hier erhebt sich die naheliegende Frage, wie diese Metaphern zur Funktion des Gebäudes und zu seiner symbolischen Rolle passen. Wenn man sich auf diesen Aspekt konzentriert und vorübergehend andere Dinge — etwa Kosten — unberücksichtigt läßt (die Australier bezahlten etwa das Zwanzigfache der Vorauskalkulation für ihre gemischte Metapher), könnten wir zu folgendem Schluß kommen: Einerseits sind die organischen Metaphern einem Kulturzentrum sehr angemessen. Ein Image, das Wachstum andeutet, ist besonders passend als Ausdruck für Kreativität. Das Bauwerk fliegt, segelt, spritzt, krümmt und entfaltet sich wie eine lebende Pflanze. So weit, so gut. Wenn man das Gebäude umbenennen würde in „Australisches Kulturzentrum" (anstatt Opernhaus Sydney) und es als Symbol der Befreiung Australiens von der angelsächsischen Abhängigkeit (dem beherrschenden Einfluß Englands und Amerikas) rechtfertige, dann könnte seine Interpretation klarer sein. Wir könnten dann diese außergewöhnlichen Metaphern in ihrem positivsten Licht sehen: als Symbole für Australiens Bruch mit kolonialem Konformismus und Provinzialismus.

Aber es erheben sich Zweifel daran. Wir wissen, daß das Gebäude von einem Europäer (nicht von einem Australier) entworfen wurde als *Opernhaus* — und eins, das weder wirtschaftlich noch technisch in der Weise funktioniert, wie es geplant wurde. Da ein solches Wissen Bestandteil des Kodes ist, mit dem wir das Gebäude interpretieren, läßt sich nicht vermeiden, daß unser Urteil durch eben dieses Wissen beeinflußt wird. Es geht uns fast so wie beim Anblick der Enten-Häschen-Figur: Unsere Wahrnehmung wird abgelenkt und geformt durch Kodes, die auf früheren Erfahrungen basieren. Es ist eigentlich unmöglich, das Gebäude zu betrachten, ohne den bekannten „Fall Opernhaus Sydney" — den Rausschmiß des Architekten, die Kosten usw. — zu kennen. So werden diese lokalen, besonderen Bedeutungen auch durch die „extravaganten" Schalen symbolisiert.

Mehrere Modernisten kritisierten das Opernhaus aus anderen Gründen: Als Gegenstand der Kommunikation des gesprochenen Wortes sagt das Gebäude wenig und verbirgt viel. Man kann die verschiedenen Theater, Restaurants und Ausstellungsräume nicht hinter den Schalen ablesen, daher ist es ein Ärgernis für Architekten, die in der Tradition des expressiven Funktionalismus aufgewachsen sind. Sie erwarten, daß jeder Funktion ein klares und getrenntes Raumvolumen zugestanden wird, das in der Idealvorstellung einen Umriß der Funktion darstellt — wie das Auditorium. Sie hätten das Bauwerk als eine Reihe von kastenförmigen Bühnentürmen und Keilen (das konventionelle „Wort" für Audito-

64 Konstantin Melnikow: Klub Russakow, Moskau, 1928.
Die Keilform mit rechteckigem Bühnenturm wurde eingeführt, als das „Wort" für Auditorium wegen diesem Gebäude in die Sprache der modernen Architektur einging. Die Formen folgen, mehr oder weniger, den für die Funktionen erforderlichen Volumen.

64

rium in der modernen Architektur) entworfen. Das Gebäude verletzt diesen Kode — wie es die klassische Architektur häufig tat —, indem es die tatsächliche Funktion hinter Gesamtordnungen verbirgt. Die Frage stellt sich dann, ob solches Verbergen gerechtfertigt ist durch den Geist und die Angemessenheit der organischen Metapher. Meiner Meinung nach ist das der Fall, aber andere würden es leugnen.

Einer von ihnen wäre vielleicht Robert Venturi, der auch davon ausgeht, daß Architektur als Mittel der Kommunikation betrachtet werden sollte. Er kommt aber zu Schlüssen, die von meinen abweichen. Venturi ist der Meinung, daß Gebäude wie ,,dekorierte Schuppen, aber nicht wie Enten" aussehen sollten. Der dekorierte Schuppen ist eine einfache Hülle mit aufgesetzten Zeichen, wie eine Anschlagtafel, oder mit Zufügung eines konventionellen Ornaments, etwa eines Giebels, der den Eingang symbolisiert. Eine Ente dagegen ist für ihn ein Gebäude in der Form seiner Funktion (zum Beispiel ein vogelförmiges Gebäude, in dem Lockenten verkauft werden) oder ein modernes Bauwerk, in dem Form, Konstruktion und Raum zur Dekoration werden. Es ist klar, daß für Venturi die Oper in Sydney eine Ente ist, und er möchte diese Ausdrucksform herunterspielen, weil er meint, sie sei von der Moderne überstrapaziert worden. Ich möchte dieser historischen Beurteilung nicht zustimmen und sogar gegen die Haltung protestieren, die dahintersteht. Venturi übernimmt, wie der typische Vertreter der Moderne, den er zu verdrängen sucht, die Taktik der aus-

schließlichen Umkehrung. Er nimmt einen ganzen Bereich der architektonischen Kommunikation aus, die Entengebäude (fachlich ausgedrückt: die *ikonischen Zeichen*), um die von ihm bevorzugte Bauweise auszuführen, nämlich die viel ausdruckskräftigeren dekorierten Schuppen (*symbolische Zeichen*). So werden wir wiederum von einem Modernisten aufgefordert, im Namen der Rationalität einem exklusiven, allzu vereinfachten Weg zu folgen. Mit Sicherheit benötigen wir alle Arten der Kommunikation zu unserer Verfügung, nicht nur eine oder zwei. Es ist des Modernisten Verpflichtung zum architektonischen Straßenkampf, die ihn zu solcher Übervereinfachung treibt anstelle einer ausgewogenen Theorie der Signifikanz.

Auf jeden Fall stellt die Oper in Sydney als Ente einige schwierige Probleme wegen ihrer Ermangelung eines allgemein übernommenen öffentlichen Symbolismus — ein Punkt, der Venturi zu seiner extremen Haltung führt. Während die organischen Metaphern geeignete Analogien für ein Kulturzentrum sind, werden sie hier nicht verstärkt durch konventionelle Zeichen, die dem australischen Regionalismus entstammen, und daher haben sie eine unbestimmte Bedeutung. Sie entstammen vielmehr der weitverbreiteten formalistischen Richtung in der modernen Architektur, einer Richtung, die man besser als surrealistisch bezeichnen könnte. Wie bei einem Gemälde von Magritte — der Apfel, der sich ausdehnt und einen ganzen Raum füllt —, ist die Bedeutung auffallend, aber rätselhaft und letztlich ausweichend. Was genau versucht Utzon auszudrücken außer dem Urtümlichen und Erregenden? Warum, abgesehen vom kreativen Moment, all diese Segel, Muscheln, Blumen, Fische und Nonnen? Unsere Gefühle werden um ihrer selbst willen gesteigert, es gibt keine exakte Bestimmung, auf die alle diese Bedeutungen zielen. Sie treiben in unserer Vorstellung umher und nehmen beliebige Verbindungen auf, wie in einem üppigen Traum, der übermäßigem Genuß folgt.

Sie beweisen jedoch einen allgemeinen Aspekt der Kommunikation: je mehr Metaphern, desto größer die Dramatik, und je mehr sie sich auf Andeutungen beschränken, desto größer die Ungewißheit. Eine gemischte Metapher ist stark, wie jedermann weiß,

65 66

65 Robert Venturi: Ente kontra dekorierter Schuppen. Venturi bevorzugt dekorierte Schuppen, weil er meint, sie würden effektiv vermitteln und die modernen Architekten hätten zu lange nur Enten entworfen. Die Ente ist, semiotisch ausgedrückt, ein *ikonisches* Zeichen, weil der Signifikant (die Form) gewisse Aspekte gemeinsam hat mit dem Signifikat (dem Inhalt). Der dekorierte Schuppen ist abhängig von erlernten Bedeutungen — Schrift oder Dekoration —, die *symbolische* Zeichen darstellen.

66 Security Marine Bank, Wisconsin, um 1971.
Der *symbolische* Schuppen, ein Teil Kommunikation von Status und Sicherheit, der andere Funktion. Kommerzielle Zwänge trennen auch heute natürlich den Signifikanten und das Signifikat, aber gewöhnlich nicht auf so deutlich sichtbare Weise.

45

der Shakespeare studiert hat, aber eine angedeutete ist mächtig. In der Architektur bedeutet die Benennung einer Metapher oft ihre Vernichtung, wie die Analyse eines Witzes diesen zerstört. Wenn
108 Würstchenstände die Form von Würstchen haben, lassen sie der Phantasie wenig Spielraum, und alle anderen Metaphern werden unterdrückt. Sie können belegte Brötchen nicht einmal andeuten. Dennoch hat sogar diese Art der univalenten Metapher, die Pop-Architektur von Los Angeles, ihre phantasievolle und kommunikative Seite. Zum einen werden der gewohnte Maßstab und Kontext gewaltsam verändert, so daß das gewöhnliche Objekt, zum Bei-
67 spiel der Berliner Pfannkuchen, eine Reihe möglicher Bedeutungen übernimmt, die üblicherweise nicht mit dem Gegenstand Nahrungsmittel assoziiert werden. Wenn er auf zehn Meter vergrößert, aus Holz gefertigt und auf ein kleines Gebäude gesetzt ist, wird er zum Magritte-Objekt, welches das Haus seinen Bewohnern weggenommen hat. Teils feindlich und bedrohlich, ist es dennoch Symbol für ein süßes Frühstück und für Behaglichkeit.

Zum zweiten teilt sich eine Architektur, die aus solchen Zeichen besteht, unzweideutig denen mit, die sich mit siebzig Stundenkilometern durch die Stadt bewegen. Im Gegensatz zu so vielen modernen Bauten sprechen diese ikonischen Zeichen mit Exaktheit und Humor über ihre Funktion. Ihre — wenn auch infantile — unmittelbare Wiedergabe drückt die Wahrheit der Fakten aus (die das Werk von Mies verschleiert), und es gewährt ein gewisses Vergnügen (das Kindern nicht entgeht), eine Reihe von ihnen zu betrachten. Entgegen Venturis Meinung brauchen wir mehr Enten; die modernen Architekten haben sie nicht genügend verbreitet.

Einer von denen, die das versucht haben, war Eero Saarinen, unmittelbar nachdem er Utzon als Preisträger des Wettbewerbs für die Oper in Sydney gewählt hatte. Er kehrte nach Amerika zurück und entwarf seine eigene Version der gekurvten Schale. Das Ab-
69 fertigungsgebäude der Trans World Airways in New York ist das ikonische Zeichen eines Vogels und — im erweiterten Sinne — der Flugreise. In den Details und in der Verbindung der Verkehrsströme, der Ausgänge und Kreuzungspunkte der Fluggäste ist es eine besonders intelligente Herausarbeitung dieser Metapher. Ein
70 tragender Pfeiler stellt sich als Ständer eines Vogels dar, der Regenwasserablauf wird zum drohenden Schnabel, eine innenlie-
71 gende Brücke, mit blutrotem Teppich belegt, wird, vermute ich,

67 Henry J. Goodwin: Großes Pfannkuchen-Drive-in-Restaurant, Los Angeles, 1964.
Ursprünglich gab es zehn dieser Riesen, heute leider nur noch drei. Die dort verkauften Berliner Pfannkuchen sind besonders groß.

68 Dinosaurier, Los Angeles, 1973.
Ein Raritätenladen, der tatsächlich unter anderem einige alte Knochen verkauft. Los Angeles hatte in den dreißiger und vierziger Jahren eine Menge Pop-Architektur, aber das meiste wurde durch die glatten, kommerziellen Symbole der Ladenketten verdrängt.

69 Eero Saarinen: Abfertigungsgebäude der Trans World Airways, New York, 1962.
Geplant, nachdem Saarinen als Preisrichter beim Wettbewerb für die Oper in Sydney gewirkt hatte. Hier sind die Betonschalen klar als Metapher des Fliegens erkennbar, obgleich auch andere Tiere angedeutet sind.

70 TWA-Gebäude: Der Ständer des Vogels ist gleichzeitig eine schöne Abstraktion der statischen Kräfte.

71 TWA-Gebäude: Der rote Teppich läuft durch den Eingangsbereich. Kurve und Gegenkurve verstärken den Eindruck der ständigen Bewegung — passend für ein Verkehrsgebäude.

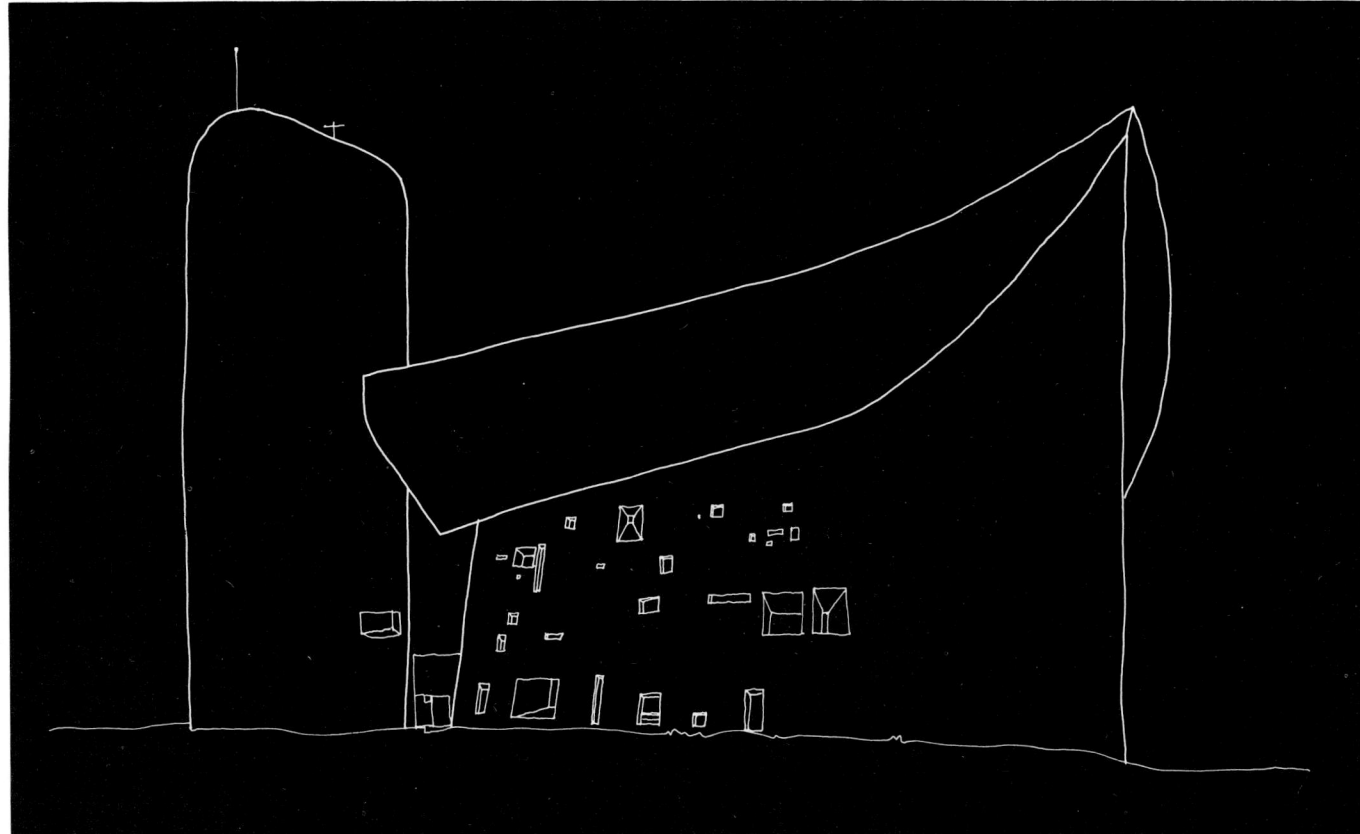

zur Lungenarterie. Hier summieren sich die imaginativen Bedeutungen auf eine angemessene und geplante Weise, die auf eine gemeinsame Metapher des Fluges hinweist. Die Wechselwirkung dieser Bedeutungen erzeugt ein multivalentes Werk der Architektur.

Die gelungenste Anwendung der *angedeuteten* Metapher, die ich in der modernen Architektur kenne, ist Le Corbusiers Kapelle in Ronchamp, die mit allen möglichen Dingen verglichen wurde: von den weißen Häusern der Insel Mykonos bis zum Schweizerkäse. Ein Teil ihrer Ausdruckskraft ist diese Vieldeutigkeit: verschiedene Dinge zugleich zu meinen, den Geist anzusetzen auf die Jagd nach einer Wildgans, bei der die Gans — unter anderen Tieren — tatsächlich gefangen wird. Eine Ente zum Beispiel (um wieder dieses berühmte Merkmal der modernen Architektur zu zitieren) ist in der Südansicht vage angedeutet, aber ebenso könnte sie ein Schiff sein oder, noch passender, betende Hände. Die visuellen Kodes, die hier sowohl elitäre als auch populäre Bedeutungen annehmen, wirken überwiegend auf unbewußter Ebene, im Gegensatz zum Würstchenstand. Wir lesen die Metaphern unmittelbar, ohne uns die Mühe machen zu müssen, sie zu benennen oder zu zeichnen (wie es hier geschehen ist). Das Talent des Künstlers ist abhängig von seiner Fähigkeit, unseren reichen Bestand an visuellen Vorstellungen anzusprechen, ohne daß wir seine Absicht wahrnehmen. Vielleicht ist es auch für ihn ein unbewußter Vorgang. Le Corbusier bekannte sich zu nur zwei Metaphern, die beide esoterischer Art sind: zur „visuellen Ästhetik" der gekurvten Wände, welche die vier Horizonte darstellen, als wären sie „Klänge" (respondierend im Wechselgesang), und zur „Krabbenschalen"-Form des Daches. Aber das Gebäude hat sehr viel mehr Metaphern als diese, so viele, daß es überkodiert ist, durchsetzt mit möglichen Interpretationen. Das erklärt, warum die Kritiker Nikolaus Pevsner und James Stirling das Bauwerk als so verwirrend empfinden und es anderen als so rätselhaft erscheint. Es scheint präzise rituelle Bezüge anzudeuten, es sieht aus wie der Tempel einer geistig sehr anspruchsvollen Sekte, die einen hohen Grad metaphysischer Abgeklärtheit erreicht hat — während wir *wissen*, daß es nur eine Wallfahrtskapelle ist, geschaffen von einem, der

72, 73 Le Corbusier: Kapelle in Ronchamp/Frankreich, 1955. Ansicht von Südosten. Das Gebäude ist mit visuellen Metaphern überkodiert, aber keine ist sehr explizit, so daß das Bauwerk uns immer etwas zu sagen scheint, das wir nicht einordnen können. Die Wirkung ist ähnlich, als wenn einem ein Wort auf der Zunge liegt, an das man sich nicht genau erinnern kann. Aber die Vieldeutigkeit kann anregend sein und nicht frustrierend — man sucht im Gedächtnis nach möglichen Anhaltspunkten.

an eine Naturreligion, einen Pantheismus, glaubte. Anders ausgedrückt: Ronchamp erzeugt die Faszination der Entdeckung einer neuen archaischen Sprache; wir glauben, auf den Stein von Rosette zu stoßen, jenes Fragment einer verlorengegangenen Zivilisation. Und jedesmal, wenn wir seine Außenmauern entschlüsseln wollen, begegnen wir neuen, einleuchtenden Bedeutungen, von denen wir doch wissen, daß sie keiner präzisen gesellschaftlichen Realität zugehörig sind — obgleich es den Anschein hat. Le Corbusier hat sein Bauwerk so überkodiert mit Metaphern und Element für Element so korrekt aufeinander bezogen, daß die Bedeutungen wirken, als wären sie festgeschrieben durch zahllose,

72
73

74–
78

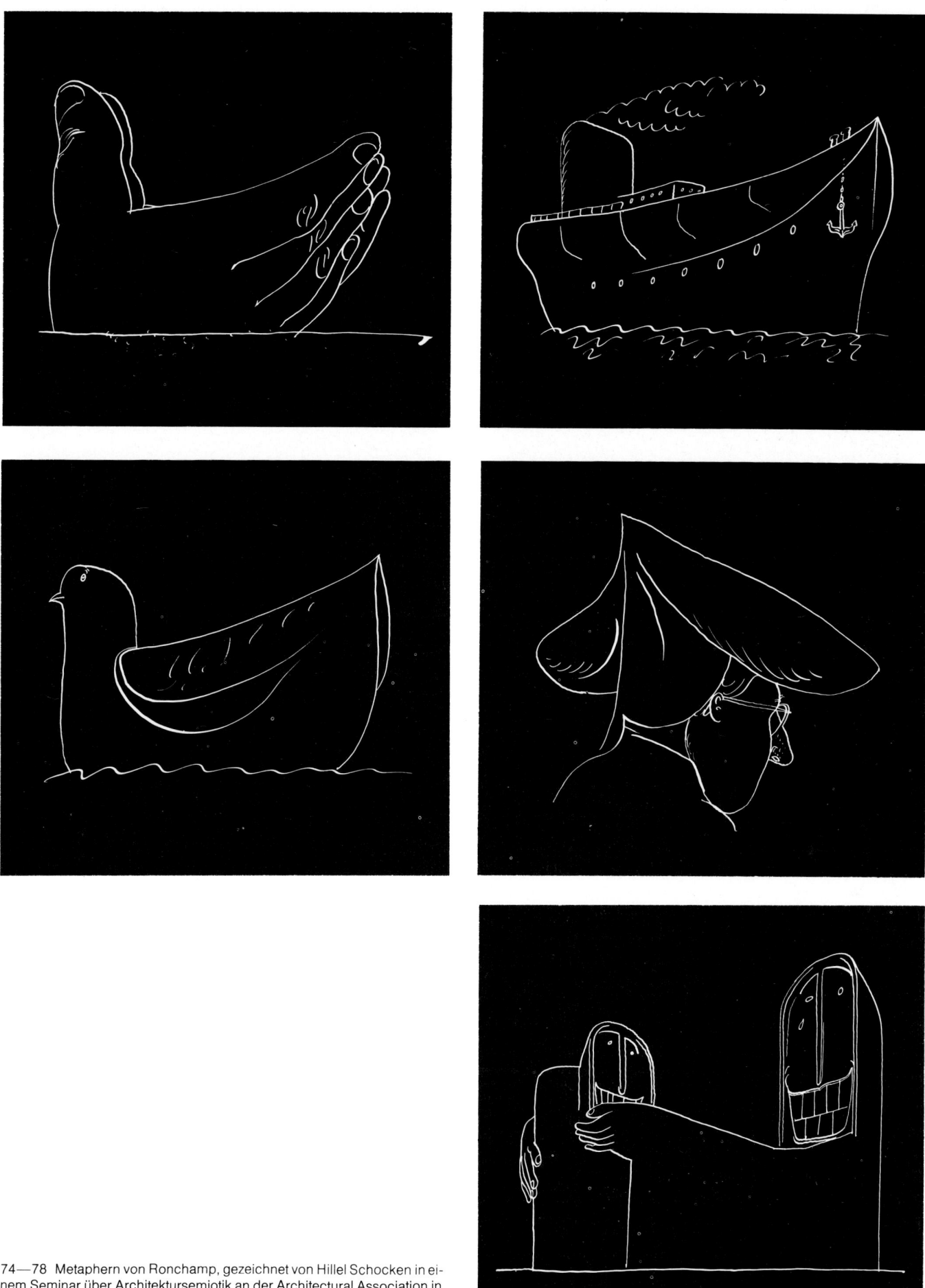

74—78 Metaphern von Ronchamp, gezeichnet von Hillel Schocken in einem Seminar über Architektursemiotik an der Architectural Association in London. Die Wiedergabe ist erstaunlich ähnlich im Vergleich mit den wirklichen Ansichten der Kapelle.

79 Cesar Pelli: Pacific Design Center, Los Angeles, 1976.
Ein langer, hoher Bau, der unter anderem wie eine extrudierte Zierleiste aussieht, weil der Schnitt durch das gesamte Gebäude und die Außenseiten projiziert ist. Diese Metapher paßt zur Funktion des Gebäudes, weil es die der Innenarchitekten (neben anderen Produkten) zur Schau stellt. Sein blaues Äußeres aus durchscheinendem, durchsichtigen und reflektierendem Glas verleiht ihm auffallende Präsenz in Los Angeles. Wegen seiner Größe wird es „Blauer Wal" genannt.

Gegenüberliegende Seite:
80 Pacific Design Center — Metaphern aus der Sicht von Studenten aus einem Seminar über Architektursemiotik an der University of California in Los Angeles, gezeichnet von Kamran. Die Metaphern wurden von der Gruppe in nachstehender einleuchtender Reihenfolge ausgewählt: 1) Flugzeughangar, 2) extrudierte Zierleiste, 3) Stations- oder Empfangsgebäude, 4) Architekturmodell, 5) Lagerhaus, 6) blauer Eisberg, 7) Gefängnis, 8) Bausteine oder Puzzle für Kinder. Die Tatsache, daß sich so viele Metaphern ergaben, die wirkliche Gebäudetypen sind (zum Beispiel Stations- oder Empfangsgebäude), zeigt, daß das Pacific Design Center stark an andere Architektur erinnert.

dem Ritual verhaftete Generationen: Der Reichtum etwa der feinen Muster des Islam, die exakte Ikonologie des Shinto werden angedeutet. Wie anregend, wie unterhaltsam ist das Erlebnis dieses Spiels der Ausdruckskraft, von dem wir doch wissen, daß es vorwiegend auf der brillanten Phantasie des Architekten beruht.

Ein anderes modernes Gebäude, das wegen seiner ungewöhnlichen Form eine Reihe von Metaphern in sich vereint, ist Cesar Pellis Pacific Design Center in Los Angeles — dort bekannt als „Der blaue Wal". Im Gegensatz zu Ronchamp und dem TWA-Gebäude hat es rechtwinklige Formen und einen Curtain Wall aus drei verschiedenen Arten von Glas. Aber diese vertrauten Elemente rufen wegen ihrer besonderen Behandlung dennoch keine vertrauten Assoziationen hervor: „Eisberg", „Registrierkasse", „Flugzeughangar" und — am treffendsten — „extrudierte Zierleiste" (es ist ein Zentrum für Innenarchitekten und Designer).

Diese Metaphern können im buchstäblichen Sinne aufgezeichnet werden mit Umrissen und Schnitten, aber nicht das Image des „blauen Wals", das nur in Begriffen von Farbe und Masse einen Bezug dazu hat. Und doch ist dies der bevorzugte Spitzname. Warum wohl? Weil dort zufällig ein Restaurant ist, dessen Eingang das Maul eines großen blauen Wals darstellt, und der Bau wird als Leviathan inmitten der kleinmaßstäblichen Bebauung angesehen, der alle kleinen Fische schluckt (in diesem Fall die kleinen Dekorationsgeschäfte). Mit anderen Worten: Zwei lokale einschlägige Kodes, der große Maßstab und die Verbindung mit dem Restaurant, rangieren vor den plausibleren Metaphern des Gebäudes: dem Flugzeughangar und der Zierleiste — ein gutes Beispiel da-

für, daß die Architektur mehr von der Gunst des Betrachters als von der Kunst des Erzeugers abhängig ist.

Die Sprache der Architektur ist viel gefügiger als die gesprochene Sprache und mehr der Veränderung durch kurzlebige Kodes unterworfen. Ein Gebäude kann dreihundert Jahre bestehen, aber die Art, wie Menschen es betrachten und nutzen, kann sich alle zehn Jahre ändern. Es wäre pervers, Shakespeares Sonette umzuschreiben, Liebesgedichte in haßerfüllte Briefe zu verwandeln, eine Komödie als Tragödie zu lesen. Aber es ist vollkommen akzeptabel, Wäsche auf dekorative Balustraden zu hängen, eine Kirche in eine Konzerthalle umzuwandeln und ein Gebäude täglich zu nutzen, ohne es anzuschauen (was tatsächlich die Norm ist). Architektur wird häufig unbeteiligt oder mit den größten Vorurteilen je nach Stimmung und Wunsch erlebt — genau entgegengesetzt dazu, wie man gewöhnlich eine Sinfonie oder ein Kunstwerk genießt[10]. Eine Folgerung daraus für die Architektur ist, unter anderem, daß der Architekt seine Bauten überkodieren muß, indem er ein Übermaß an populären Zeichen und Metaphern verwendet, wenn sein Werk sich, wie beabsichtigt, mitteilen und die Transformation schnell veränderlicher Kodes überstehen soll

Erstaunlicherweise leugnen viele modernen Architekten diese wichtigste metaphorische Stufe der Bedeutung. Sie empfinden sie als unfunktional und subjektiv, literarisch und vage, gewiß nicht als etwas, das sie bewußt kontrollieren und sinnvoll anwenden können. Statt dessen konzentrieren sie sich auf vermeintlich rationale Aspekte des Entwurfs — auf Kosten und Funktion, wie sie es eng definieren. Das Ergebnis ist, daß ihre unbeabsichtigten Metaphern

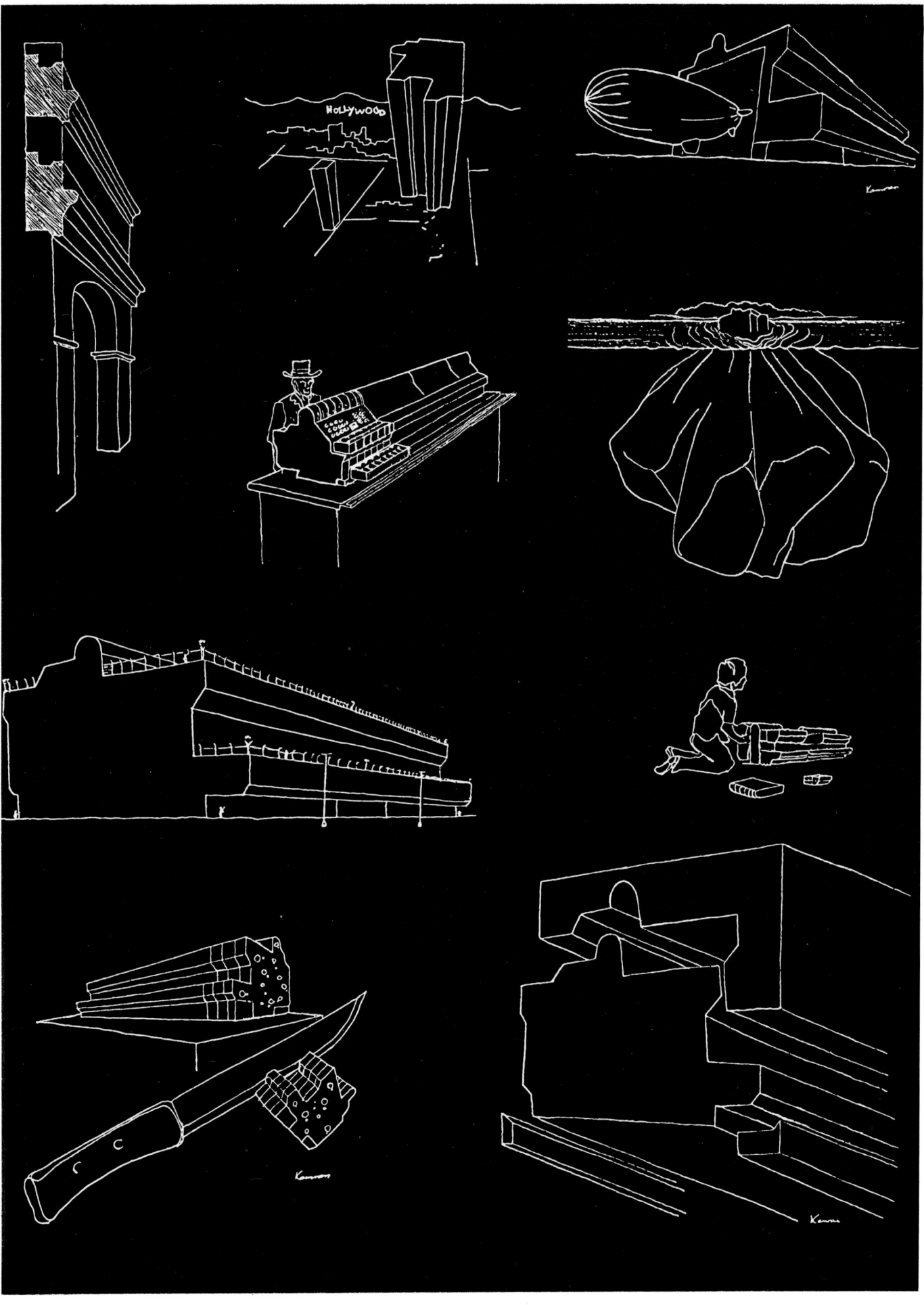

81 Verwaltungsgebäude Manufacturers Hanover Trust, New York, 1970.
Diese Art von Gebäuden an der Park Avenue und anderswo wird häufig
satirisch dargestellt von Karikaturisten wie Saul Steinberg und Kovarsky,
die sie als kariertes Papier, Bankauszug oder steigende und fallende Wirt-
schaftskurven darstellen.

81 metaphorische Rache üben und sie in den Hintern treten: Ihre
Bauten sehen schließlich aus wie Metaphern für Funktion und
Wirtschaftlichkeit und werden als solche verdammt. Die Situation
wird sich jedoch ändern, weil sowohl die Sozialforschung als auch
die Architektursemiotik die allgemeine Reaktion auf die Metapher
darstellen. Diese ist weit besser vorhersehbar und kontrollierbar,
als die Architekten es gedacht hatten, und da die Metapher eine
entscheidende Rolle für die Annahme oder Ablehnung eines Gebäudes durch die Öffentlichkeit spielt, werden die Architekten das
mit Sicherheit bald erkennen, wenn auch nur in ihrem eigenen Interesse. Die Metapher, durch konventionelle visuelle Kodes gesehen, unterscheidet sich von Gruppe zu Gruppe, aber sie kann im
großen und ganzen, wenn nicht sogar exakt, für alle Gruppen einer Gesellschaft umschrieben werden.

Wörter

Vielem von dem, was ich bisher gesagt habe, liegt die Klischee-
vorstellung zugrunde, daß die Sprache der Architektur, wie die gesprochene Sprache, bekannte Bedeutungselemente anwenden
muß. Um die linguistische Analogie zu vervollständigen, könnten
wir alle diese Elemente als architektonische „Wörter" bezeichnen.
Es gibt Wörterbücher der Architektur, welche die Bedeutung dieser Wörter definieren: Türen, Fenster, Pfeiler, Zwischenwände,
Auskragungen usw. Offenbar sind diese wiederholbaren Elemente eine Notwendigkeit der architektonischen Praxis. Die Bauindu-
strie standardisiert zahllose Produkte (es gibt in England über 400
Bausysteme), und in jedem Architekturbüro werden die jeweils
bevorzugten Details wiederholt.

Wie in der Sprache wird die kreative Metapher von gestern
durch ständige Anwendung heute zum konventionellen Wort. Ich

habe bereits erwähnt, daß die Keilform zum Zeichen für das Auditorium und das Betongitter — die Metapher der Käsereibe — zum
Zeichen für Parkhäuser wurde („Bürobau" ist seine andere Anwendung). Doch gibt es einen entscheidenden Unterschied zwischen den „Wörtern" der Architektur und denen der Sprache. Betrachten wir den Fall der Säule. Eine Säule an einem Gebäude ist
eine Sache für sich, die Nelsonsäule auf dem Trafalgar Square in 82
London eine andere, die Säulenschornsteine des Kraftwerks Bat- 83
tersea sind ein Drittes, und der Entwurf von Adolf Loos für den 84
Wettbewerb der Chicago Tribune ist ein Viertes. Wenn die Säule 85
ein „Wort" ist, dann ist das Wort zur Redewendung, zum Satz und
schließlich zu einem ganzen Roman geworden. Architektonische 86
Wörter sind mit Sicherheit elastischer und vielgestaltiger als die
der gesprochenen oder geschriebenen Sprache und basieren
wegen ihrer spezifischen Bedeutung stärker auf ihrem physischen
Kontext und dem Kode des Betrachters. Um festzustellen, was die
Nelsonsäule bedeutet, muß man den sozial-physischen Kontext
analysieren (den Trafalgar Square als Zentrum für politische Ver-
sammlungen), den semantischen Hintergrund von Nelson (sieg-
reiche Seeschlachten, historische Figur usw.), die syntaktischen
Merkmale (freistehend, umgeben von Freiraum und Springbrunnen) und die historischen Kennzeichen der Säule an sich (Anwendung an Tempeln, drei Ordnungen, phallisches Symbol usw.).
Eine derartige Analyse geht über den Rahmen dieses Buches hinaus, aber der Beginn eines Versuchs ist mit der allgemeinen Analyse der Säule gemacht. Sie zeigt, wie gewinnbringend das sein
kann[11]. Wir können eine Teilanalyse der architektonischen Elemente durchführen und herausfinden, welches die unterschiedlichen Elemente jeder Kultur sind.

Die modernen Architekten haben sich nicht immer der Frage
nach dem tieferen Sinn der Klischees oder der überlieferten Wör-

82—86 Die Säule als „Wort" wandelt ihre Bedeutung in verschiedenen Kontexten.

Bei der Kirche St. Martin-in-the-Fields, London, 1726, an einer Vorhalle mit anderen Säulen der gleichen Ordnung steht sie klar für „Säulenreihe", „Eingang", „öffentliches Gebäude" ebenso wie für historische Assoziationen.

Die Nelsonsäule auf dem Trafalgar Square in London, 1860, verschiebt die semantischen Hintergründe auf die Erinnerung an „Sieg", „Politik", „freistehend" usw.

Die Säulenschornsteine des Kraftwerks Battersea, London, 1929 — 1955, haben völlig andere Assoziationen wegen ihrer syntaktischen Eigenschaften. Sie sind an den vier Ecken des Gebäudes auf eine massive Basis gesetzt (übrigens ist dies *heute* das Zeichen für ein Kraftwerk). So sieht das Bauwerk, gelinde ausgedrückt, wie ein umgekehrter Tisch aus. Rauch-

schwaden am oberen Ende der Säulen — die kein Kapitell oder Gebälk haben —, „So hat man den kannelierten Säulen Gewalt angetan".

Adolf Loos' Säule für die Chicago Tribune, ein Wettbewerbsentwurf für ein Zeitungsgebäude, war ein doppeltes Spiel mit dem Wort Säule („Kolumne" = Textspalte, „Tribüne" = der Name der Zeitung). Loos meinte, daß die dorische Ordnung die grundlegende Aussage der architektonischen Ordnung darstellte und daher passend für ein Denkmal wäre.

Als letztes zeigt der Kenton-County-Wasserturm, Ohio, 1955, wiederum den mehrwertigen Aspekt dieser vertikalen Form, wie sie für Aufzugsschächte, Kamine, Raketen-Abschußbasen und Bohrtürme benutzt werden kann. Wegen der positiven Assoziationen der Säule an die Antike dient sie häufig als Verkleidung für solch „praktische und prosaische" Funktionen.

87, 88 Le Corbusier: Siedlung Pessac bei Bordeaux, damals und heute, 1929 und 1969. Die Erdgeschoßwohnungen wurden zugemauert, geneigte Dächer hinzugefügt, die bandartigen Fenster aufgeteilt, Terrassen in zusätzliche Schlafräume verwandelt und eine große Zahl von Zeichen, die „Sicherheit", „Heim", „Besitztum" ausdrücken, überall außen angebracht und damit die puristische Sprache gründlich zerstört.

ter gestellt. Sie haben im großen und ganzen versucht, die Wiederverwendung *symbolischer Zeichen* zu vermeiden (das ist der Terminus technicus für Bedeutung, die durch konventionelle Anwendung bestimmt wird), weil sie meinten, die Anwendung dieser historischen Elemente würde einen Mangel an Kreativität darstellen. Für Frank Lloyd Wright und Walter Gropius bedeutete sie sogar einen Mangel an Integrität und Charakter. Ein Architekt, der das symbolische Zeichen anwendete, war in ihren Augen unaufrichtig und mit Sicherheit snobistisch — die klassischen Ordnungen waren eine Art anmaßendes Latein, der alltägliche, einheimische Industriebau und die nüchterne Sachlichkeit im Gegensatz dazu nicht. Aus diesen letztgenannten Bauaufgaben könnte, so hofften sie, eine universale Sprache konstruiert werden, eine Art Esperanto in Anwendung über die unterschiedlichen Kulturen hinweg, basierend auf funktionalen Typen. Diese Zeichen würden *indexikalisch* sein (unmittelbar auf ihre Anwendung hindeutend, wie zum Beispiel Pfeile, gerade Korridore) oder andernfalls *ikonisch*, in diesem Fall eine Darstellung ihrer Funktion (die von der Statik bestimmte Form einer Brücke oder sogar Venturis Ente). Die Wörter der modernen Architektur wären begrenzt auf diese Zeichentypen.

Das einzige Problem dieser Auffassung ist jedoch, daß die meisten architektonischen Wörter symbolische Zeichen sind. Mit Sicherheit sind diejenigen die stärksten und überzeugendsten, die erlernt und konventionell sind, nicht die „natürlichen". Das symbolische Zeichen beherrscht das indexikalische und das ikonische, und selbst diese letzteren sind zur korrekten Interpretation in gewisser Weise vom Wissensstand und von der Konvention abhängig. Es gab daher einen verheerenden theoretischen Irrtum gleich an der Basis der Sprache der Moderne. Sie konnte nicht funktionieren, wie die Architekten es erhofften, weil keine lebende Sprache das kann: Alle basieren überwiegend auf erlernten Konventionen, auf symbolischen Zeichen, nicht auf solchen, die direkt und ohne Ausbildung verstanden werden können.

Ein gutes Beispiel für die irrige Haltung der Architekten gegenüber dem symbolischen Zeichen ist ihre Behandlung des geneigten Daches, das konventionellerweise in den nördlichen Ländern „Heim" bedeutet. Der moderne Architekt mißachtete diesen Brauch aus funktionalen und ästhetischen Gründen und schuf Dachgärten, mehr Raum, rechtwinklige Formen. (Walter Gropius gab sechs rationale Begründungen für den Entwurf von Flachdächern.) Es ist nicht verwunderlich, daß diese flach abschließenden

87
88

Bauten als fremdartig, als unsicher, sogar als unfertig und „ohne Kopf" empfunden wurden. Die Häuser waren enthauptet. Viele Bewohner von Le Corbusiers Siedlung Pessac meinten, daß ihren harten, weißen, kubischen Formen der natürliche Ausdruck von Schutz und Schirm abging. So verkürzten sie die Fensterbänder, fügten Läden und weitere Verstrebungen hinzu; sie gliederten die reine, weiße Außenfläche durch Blumenkästen, Simse und Wasserspeier, und einige fügten das alte Zeichen von Bordeaux für Schutz hinzu, das geneigte Dach. Kurz, sie mißverstanden systematisch die puristische Sprache, sie planten die Siedlung systematisch um und fügten ihre konventionellen Zeichen für das Heim hinzu.

Trotz der zahlreichen neuen Flachdachsiedlungen beharren gewisse Leute, die sich nicht umgestellt haben, auf ihrer unverbesserlichen Art des Denkens, daß geneigte Dächer Schutz und psychologische Abgeschirmtheit bedeuten. Zahlreiche Untersuchungen haben das bewiesen. Eine große Baugesellschaft in England, die diese Tatsache erkannte, hat als ihr Symbol ein archetypisches Paar gewählt, das Arm in Arm unter einem Schirm in Form eines geneigten Daches spaziert. Da dieses Zeichen existiert und wiederholte Anwendung immer das symbolische Zeichen erzeugt, kann es sein, daß der moderne Architekt seine Haltung gegenüber diesen Konventionen ändern wird. Er könnte sie als starke Bedeutungen betrachten, die normalerweise auf direkte Weise angewendet werden, wenn auch nur, um die Aufmerksamkeit eines Publikums zu fesseln, das er überzeugen will.

Wenn jemand Geschmack und Verhalten eines Kulturkreises verändern oder zumindest beeinflussen will, was die modernen Architekten ausdrücklich zu einem ihrer Ziele erklärt haben, dann muß er zuerst die dieser Kultur gemeinsame Sprache beherrschen. Verändert man die Sprache und die Botschaft gleichzeitig, so werden beide systematisch mißverstanden und neu interpretiert, um den konventionellen Kategorien zu entsprechen, den gewohnten Verhaltensmustern. Das ist genau das, was mit den modernen Wohnsiedlungen geschah. Pruitt-Igoe und Pessac sind die beiden bekanntesten Beispiele. Ein vielversprechenderer Ansatz für den modernen Architekten oder den Sozialforscher wäre es, das volkstümliche Wohnhaus in all seiner Vielfalt zu untersuchen und festzustellen, wie es eine unterschiedliche Lebensweise für unterschiedliche Geschmackskulturen und ethnische Gruppen ausdrückt.

Grob gesprochen, werden diese Gruppen durch Soziologen und Marktforscher in sozio-ökonomischen Begriffen klassifiziert, obgleich es eine Menge Überschneidungen und Entlehnungen innerhalb der Gruppen gibt und auch andere Kräfte am Werk sind[12]. Der Einfluß der Klassen auf den Geschmack ist nur einer von zahlreichen Einflüssen. Es erscheint mir exakter, von semiotischen Gruppen als von auf Klassen basierenden Geschmackskulturen zu sprechen. Gruppen, welche die gleiche *Bedeutung* bevorzugen, haben eigenes Leben und eigenen Bestand, die nur in geringem Maße durch den sozio-ökonomischen Hintergrund bestimmt sind. Im Grunde befinden sich semiotische Gruppen in verschiedenen Bedeutungswelten und haben sehr unterschiedliche Ansichten vom Leben. Ich will drei Versionen des volkstümlichen Wohnhauses erwähnen, die diesen unterschiedlichen Gruppen entstammen.

1. Die Idealvorstellung vieler Arbeiterfamilien ist ein freistehendes, eingeschossiges, kleines Haus, ähnlich den anderen in dem Gebiet, das ihnen vertraut ist. Die mit diesen Häusern ausgedrückten Wertvorstellungen sind Sicherheit, Besitz, Abgeschlossenheit und eine Art konservativer Anonymität (repräsentiert durch mehr oder weniger Anpassung an den örtlichen Standard). Levittown in Amerika und die Ausstellung „Ideal Home" in England ebenso wie die meisten Häuser in beiden Ländern buhlen um diese semiotischen Gruppen. Sie könnten als konservativ oder konformistisch bezeichnet werden, nüchtern oder kleinbürgerlich, je nachdem, welche Werte betont werden und wer die Wertung vornimmt, weil

89
90

89 „Volkstümliches Eigenheim", Wales, 1975.
Spekulationsgesellschaften beherrschen diesen Markt, seit Levittown, die bekannte und berüchtigte Satellitenstadt von Philadelphia, den Maßstab für die untere Mittelklasse gesetzt hat. Offenkundige Zeichen sind immer integriert, die in ihrer Herkunft variieren: georgianische Erkerfenster gegen Kamine aus Mauerwerk, Plastikschindeln gegen Zeichen der Hütte, Zurschaustellung des Autos gegen Vorgarten — im Abstand von der Gruppe, aber im Stil der Nachbarn. Diese kleinen Widersprüche bilden genau die richtige Mischung von Individualismus und Konformismus.

90 Eton-Haus, Ausstellung „Ideal Home", London 1974.
Die Metapher des Gesichts ist auf der Ausstellung „Ideal Home" häufig vertreten mit zwei oder drei um die Eingangstür (den „Mund") streng symmetrischen Beispielen. Verschiedene Statussymbole sind angebracht (wie die Glasfiber-Details im Adam-Stil), aber der Snobismus ist mehr scheinbar als wirklich: Er soll nicht die Nachbarn davon überzeugen, daß man seinen Sohn nach Eton schickt, sondern einfach nur das Haus vom „sozialen Wohnungsbau" unterscheiden. Dies ist vielleicht die stärkste soziale Motivation, die Unterscheidung zwischen „unsereins" und „jenen" (die von der Regierung kontrolliert werden). Daher sind die Ideal-Home-Stile relativ tolerant und schließen sogar das Schweizerhaus und die amerikanische Ranch ein. Tatsächlich war das Modell „Ideal British Home" für 1976 im Kolonialstil eine unvorhergesehene Konsequenz der Zweihundertjahrfeier der Unabhängigkeit Amerikas.

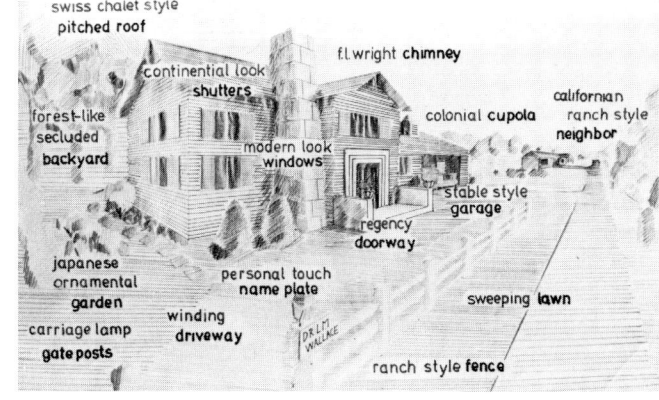

91 Kevin Fisher: Analyse des volkstümlichen englischen Hauses, 1976.
Diese Synthese mehrerer vorherrschender Trends auf dem Markt zeigt, wie eklektisch und tolerant das populäre englische Haus geworden ist. Eine Mischung aus Japanisch, Amerikanisch und Englisch, aus Modern und Traditionell, Städtisch und Ländlich. Wenige Architekten würden es wagen, eine solche unreine Sprache anzuwenden. So bleibt der Markt frei für die Spekulanten. Es ist natürlich möglich, *alle* Sprachen für *alle* Botschaften zu benutzen.

alle diese Aspekte deutlich durch die Sprache bezeichnet sind. Der Prototyp ist ein zweigeschossiges Haus mit zentralem Eingang, symmetrischer Anordnung der Fenster auf beiden Seiten, einem Schornstein und geneigtem Dach — all das erinnert vage an ein Gesicht mit zwei Augen (obere Fenster), Nase (Vorhalle) und Mund (Tür).

Der Grünstreifen vor dem Haus könnte der Hemdkragen oder der Schnurrbart sein, der symbolische „Burggraben" oder der „Wald", je nachdem, welche anderen Zeichen bemüht werden. Da diese Gruppe häufig ihre neuerworbene Unabhängigkeit zu signalisieren wünscht, neigt die Bedeutung dazu, die alte angelsächsische Maxime zu unterstützen: „Jedermanns Haus ist jeder-

manns Burg" — und die Burg mag verteidigt werden durch einen Staketenzaun oder durch Gartenzwerge. Es gibt eine herrschaftliche Avenue, die zur Eingangstür führt — den gewundenen Fußweg — , und statt poetischer Wälder einige Büsche.

2. Die nächste semiotische Gruppe neigt dazu, die vorher genannten Wertvorstellungen für gegeben zu halten, da sie gerade das verlassen hat, was man die Hektik der Großstadt nennt. In Amerika kann man diese Gruppe als schwer zufriedenzustellende Mittelklasse bezeichnen, da der geschorene Rasen und die Statussymbole der kolonialen Abstammung (die fast nie zutrifft) den Vorübergehenden feierlich ansprechen wie ein Redner zur Zweihun-

92, 93 Haus Lucille Ball, Beverly Hills/Kalifornien, um 1955.
Der Besuch von Filmstarhäusern ist seit den zwanziger Jahren zu einem Gewerbezweig geworden, und dankenswerterweise gibt es Karten für die besuchenden Anthropologen. Wohnform und Anlage dieser Häuser sind so konventionalisiert worden, daß sie eine Norm darstellen: zuerst die öffentliche Straße mit Bürgersteig, dann eine Reihe beschnittenes Grün, das diskret Privatheit ausdrückt. Dann das weitläufige Haus in einem von fünf akzeptierten Stilen, die Garage an einer Seite. Dahinter Tennisplatz, Swimming-pool und das Heiligtum, in dem die früheren Triumphe des Stars geladenen Gästen gezeigt werden. Zu diesem Filmvorführungsraum kommt häufig noch ein Gymnastik- oder Spielraum, da körperliche Fitness und Erholung die beiden Hauptziele dieser Sippschaft sind. Der „kalifornische Kolonialstil" von Lucille Balls Haus mit den Dachfenstern als „hochgezogenen Augenbrauen" ist am populärsten, dicht gefolgt vom Pseudo-Tudorstil.

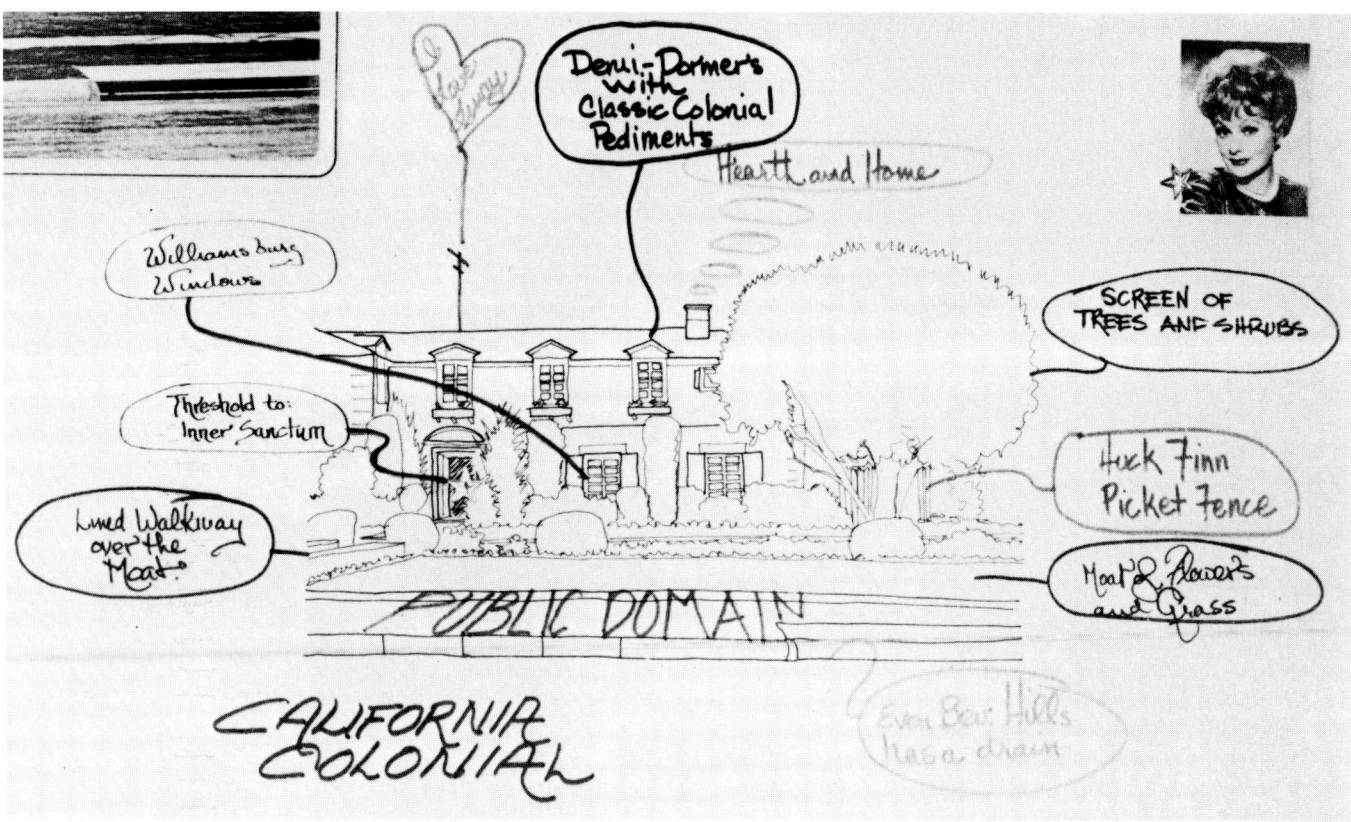

dertjahrfeier in einem Anfall von Nationalismus. In der Tat sind Sauberkeit und Zurückhaltung, harte Arbeit und Diskretion, Wohlstand und Nüchternheit — all diese Erfolgsbilder der amerikanischen Führungsschicht — vorhanden, um dies als den letzten burgeoisen Traum zu kennzeichnen. Das einige Problem dieser Klassifikation ist, daß die Wirkung dieser Wertvorstellungen weit über die Mittelklasse hinausreicht.

Zum Beispiel fällt der vorherrschende Stil bei Filmstarhäusern, jenen in Beverly Hills und Bel Air, die für eine Viertelmillion bis zu drei Millionen Dollar gehandelt werden, in diese Kategorie. Die Filmstars gehören sicherlich nicht zur Mittelklasse, selbst wenn ihr Geschmack danach aussieht und sie von diesem Hintergrund

92–
95

herkommen. Passen sie sich einer niedrigeren Gesellschaftsschicht an, oder haben sie nur eine früher existierende semiotische Tradition angenommen und sie dann erweitert? Häufig werden sie die „Aristokratie Amerikas" genannt, weil ihre Wertvorstellungen und ihre Art zu leben zum Standard der Nacheiferung für die Massen in Amerika geworden sind. Filme und zahllose Ausflüge mit Besichtigungen der Filmstarhäuser (ein Gewerbezweig seit 1922) haben erreicht, daß diese Bauten den volkstümlichen Geschmack noch heute am meisten beeinflussen. Sie sind im allgemeinen in einem der folgenden sechs Stile gehalten: 1. Herrenhaus aus den Südstaaten, 2. altenglisch, 3. Kolonialhaus aus New England, 4. französisch-provinziell/Régence, 5. spanisch-kolonial,

94, 95 Haus Jimmy Stewart, Beverly Hills/ Kalifornien, um 1940.
Eine sehr eigene Mischung aus Tudorstil und japanischer Architektur mit Schweizer Akzenten. Die Klarheit der Silhouette, der Wechsel von Schwarz und Weiß, die sehr bewußte Ungezwungenheit der Massierung und Bepflanzung machen eine klare Aussage. Solche Häuser, häufig in Filmen gezeigt, haben das amerikanische Traumhaus bestimmt, wenn nicht gar erzeugt. Ähnliche Beispiele sind am Rande jeder größeren Stadt von Boston bis Los Angeles zu finden. Da die Norm so unveränderlich ist, stellt sie beinahe eine „Sprache ohne Worte" dar. Umgekehrt könnte man sagen, daß die Sprache selbst redet und der Architekt der Wortführer dieser Sprache ist.

6. Mischung aus modern und kolonial. Dies sind auch die sechs vorherrschenden Stile für das volkstümliche Vorstadthaus. Eine genauere Untersuchung wird ergeben, daß die meisten dieser Häuser einen Ersatz darstellen. Das heißt, nur wenige von ihnen sind ernsthafte, intellektuelle Stilreproduktionen; sie erheben keinen Anspruch auf historische Genauigkeit oder ernstzunehmenden Eklektizismus. Die Stile sind imaginär, sind *Zeichen* des Status und historischer Wurzeln — aber Zeichen, die einen an die Vergangenheit erinnern sollen, jedoch nicht davon überzeugen, daß das Bauwerk in der Gegenwart lebendig ist. Es gibt auch erheiternde Fälle, wenn die Zeichen zum ganzen eigentlichen Gebäude werden.

96–
98

3. Eine weitere semiotische Gruppe unterscheidet sich von der vorhergehenden dadurch, daß sie diese Zeichen und Wertvorstellungen in das Gegenteil umkehrt. Eine gesuchte Lässigkeit wird dem Wählerischen, eine Art schäbiger, unbefangener Komfort der aufdringlichen Ordentlichkeit vorgezogen. Der abgerissene Aristokrat und der Intellektuelle, der Außenseiter und der vornehme Anhänger des linken Flügels — sie alle vereinigen sich gegen das, was sie für die Vulgarität der früheren Vertreter des ,,guten Geschmacks'' halten. Selbst der moderne Architekt vereint sich mit ihnen auf dieser Linie.

So sehen wir eine Betonung von Natur und *Natürlichkeit,* das Bauwerk wird isoliert und in richtigen Wäldern versteckt (im Ge-

96, 97 Verbreitung der Filmstarsprache. ,,Gay Eclectic House'' auf der bescheideneren Seite von Beverly Hills, Umbau um 1975. Analyse von Arloa Paquin.
In diesem Bereich haben Innendekorateure und andere begonnen, ihre Bungalows aus den dreißiger Jahren zu verändern. Beginnend mit einer sieben Meter langen, verputzten Kiste, fügen sie eine falsche Backsteinfassade hinzu (wie in diesem Fall), Autoabstellplatz, Gitterwerk, ,,falsche'' Schindeln und mexikanische Balken. Einige dieser Kodeumwandlungen sind amüsant, andere kreativ, die meisten abscheulich. Aber die Sprache wird zumindest benutzt, anstatt daß sie den Sprecher völlig beherrscht.

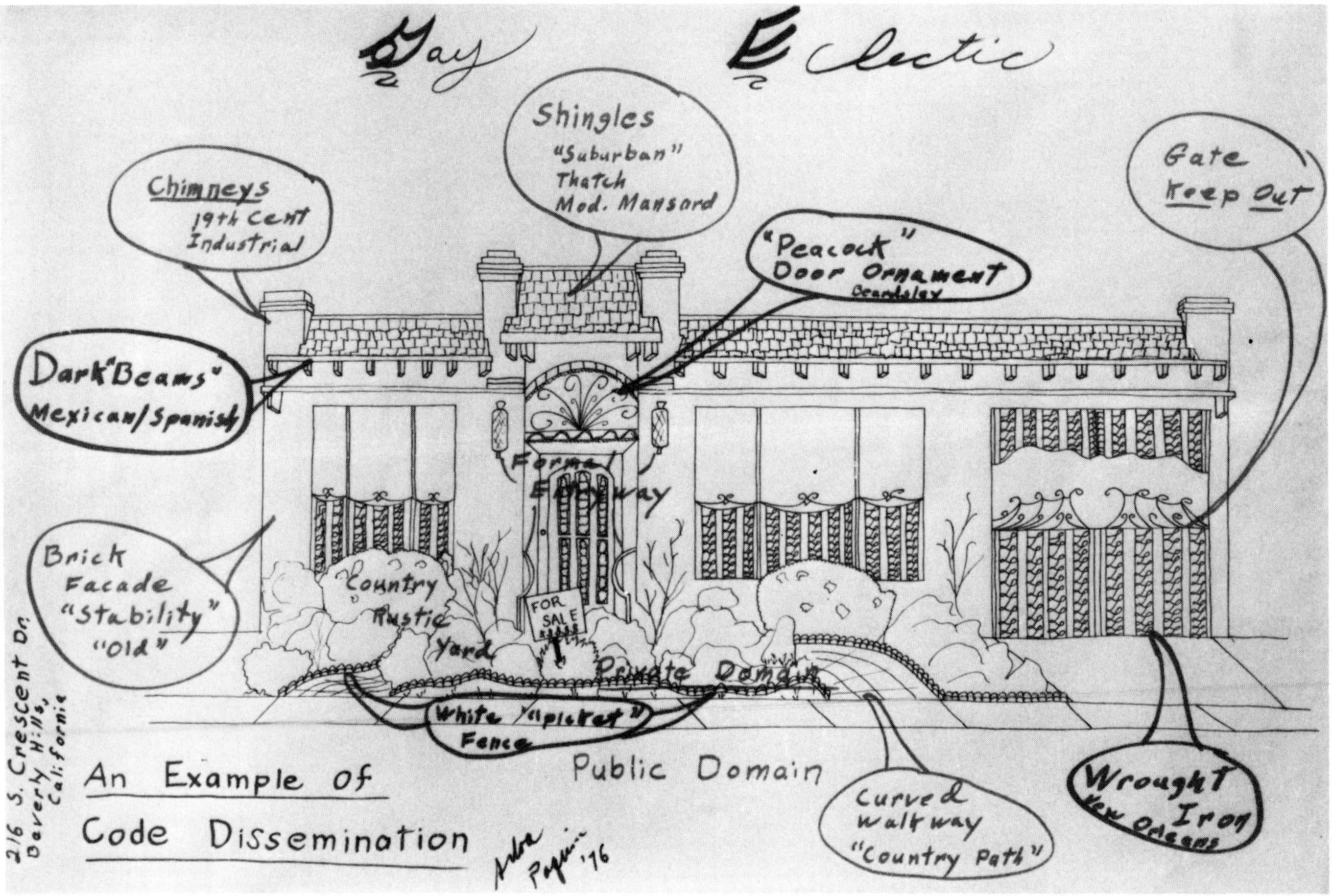

98 „Heckenhaus", Beverly Hills/Kalifornien, um 1965.
Hier ist nicht viel von der alten modernen Architektur geblieben, gegen die
der Besitzer eine Abneigung hatte und die er mit verschiedenen „natürlichen" Zeichen von Bepflanzung verdeckte. Diese gekappten Büsche, die
so beschnitten werden, daß sie in das verbliebene Abschlußband passen,
betonen den Akt des Eintretens und „schützen" die Tür. Sie sind zu vorge-
schriebenen, konventionellen Zeichen für alle Filmstarhäuser geworden.

gensatz zu den vorhin erwähnten Büschen), die *nicht* fast bis zur Perfektion zurechtgestutzt sind. Man läßt sie frei wachsen, schneidet sie nur an bestimmten Punkten zurück, um hier die Sicht auf einen Giebel, dort auf ein Dach freizulegen, wie durch einen glücklichen Zufall. In der Tat ist es unser alter Vertrauter, die pittoreske Tradition, die Lobpreisung des sorgfältig-sorglosen und konstruierten Zufalls in einer Vielfalt neuer Gewänder. Es kann die weiße, moderne Architektur der zwanziger Jahre sein (der Stil Corbusiers ist in der Gestaltung von Richard Meier tatsächlich zu einem populären Statussymbol geworden), der „Stab- und Schindelstil" der sechziger Jahre oder der „Haus-und-Garten-Stil" (nach der populären amerikanischen Zeitschrift „House and Garden") der späten siebziger Jahre, repräsentiert auf kollektiver Ebene durch Ferienorte wie Portmeirion und Port Grimaud.

99

100
101

Portmeirion ist eine an die reizvolle Küste von Wales versetzte italienische Hügelstadt, umgeben von drei Kilometern Rhododendron und anderer üppiger exotischer Bepflanzung. Jeder Ausblick ist sorgfältig als ein Landschaftsbild komponiert, jeder Weg führt perfekt um jeden Felsvorsprung herum, jeder Busch und jede Blume stehen in wundersamer Beziehung zu nahen und entfernt liegenden Bauten, und der Raum steigt und fällt wie Wasser in kleine, eingefaßte Teiche und dramatische, offene Kaskaden. *Trompe l'œil*, blinde Fenster, auf fünf Sechstel der normalen Grö-

101 Portmeirion, Blick auf den Battery Square, der Küstenarchitektur und einen italienischen Kampanile aufweist. Diese Kulissenarchitektur ist — nicht verwunderlich — für verschiedene Filme und kommerzielle Zwecke genutzt worden. Dies war die erste Schöpfung nach einem Rezept, das später, in billigerer Version, für Ferienorte wie Port Grimaud und Durchfahrtparks wie Disneyland verwendet wurde.

100 Sir Clough William-Ellis: Pantheon, Portmeirion, 1926—1966.
Eine pittoreske Massierung von Laubwerk und eklektischen Fragmenten, ausgeschlachtet aus zerstörten Baudenkmälern. Hier erhebt sich eine englische Laterne über einer florentinischen Kuppel, die leuchtend grün gestrichen ist und hinter einem echten Kamin von Norman Shaw (durch den man eintritt) auf palladianisch rosa Mauern ruht.

ße geschrumpfte Gebäude, optische Täuschungen, genau kalkulierte Naivitäten, ausgefallene Spielereien (ein Segelboot, in Beton gegossen, dient als Stützmauer) — solche billigen Einfälle sind bei Schriftstellern und Touristen beliebt. Der Erbauer, Sir Clough William-Ellis, hat alte Gebäude ausgeschlachtet und Teile davon in seine neue Konfektion übernommen.

Die Pflege des Alten und Traditionellen ist auffallend, man kann sie als charakteristisches Zeichen dieser semiotischen Gruppe werten. Das Althergebrachte wird nicht so sehr um seiner selbst willen, sondern als Zeichen der Kontinuität zwischen den Generationen und als eine Verbindung mit der Vergangenheit geschätzt. Die erste Vermutung, daß solche Wertvorstellungen und Understatements nur elitären Geschmack ansprechen, hat sich jedoch nicht als richtig herausgestellt. Zum Beispiel kommen Hunderttau-

Gegenüberliegende Seite:
99 Richard Meier: Haus Douglas, Harbor Springs/Michigan, 1971 bis 1973.
Die Villa in der freien Natur, eingeschlossen, geschützt und doch als von Menschen gemachtes Element herausragend. Diese italienische Tradition, von Le Corbusier ebenso wie von den oberen Klassen übernommen, kontrastiert das Unberührte und das Perfektionierte. Hier benutzt Meier eine Syntax von Corbusier, um den Innenraum darzustellen, der sowohl horizontal als auch vertikal durch vier Geschosse ausgelegt ist.

sende von Besuchern jährlich nach Portmeirion, in dieses weiter-
entwickelte Disneyland, und Millionen besuchen Landsitze in
England, vorwiegend wegen ihrer reichen historischen Assoziationen.

Diese drei semiotischen Gruppen, die Konservativen, die Anspruchsvollen und die „Natürlichen", erschöpfen kaum die Plura-
lität der Geschmackskulturen, die in jeder großen Stadt existieren.
In Amerika gibt es auch die Main-Street-Tradition, die Robert Venturi und Denise Scott Brown als eine Reihe von Zeichen analysiert
haben; England hat sein Gegenstück in der High Street.

Venturi, Scott Brown und ihr Team haben auf diesen weiten Bereich des Symbolismus aufmerksam gemacht und eine Ausstel-
102 lung mit dem Titel „Zeichen des Lebens: Symbole der amerikanischen Stadt" zusammengestellt. Sie präsentiert einige dieser Images, die zu einer populären Sprache gehören. Ihre eigenen Ent-
103 würfe schließen, soweit möglich, diese Zeichen ein, meist auf iro-
104 nische und übertragene Weise. Während manche Kritiker das
Werk der Venturis als unnötig banal, häßlich oder herablassend
bezeichnen — das heißt alles andere als populär —, ist ihre ge-
wollt ausdruckslose Lösung doch nicht unbedingt schlecht.
Schließlich kann ein Architekt eine Sprache anwenden, ohne die
herkömmlichen Botschaften auszustrahlen, und wenn er „das
Häßliche und das Gewöhnliche" mit dieser Sprache ausdrücken

will, hat er das absolute Recht, das zu tun. Die Venturis rechtfertigen ihre Lösung als Sozialkritik; sie wollen — auf sanfte Art — eine
bedingte Wertschätzung der amerikanischen Lebensweise ausdrücken. Widerwilliger Respekt, keine totale Anerkennung. Sie teilen nicht alle Wertvorstellungen der Konsumgesellschaft, aber sie
wollen diese Gesellschaft ansprechen, trotz einiger Meinungsverschiedenheiten. Auch ist ihr Bewußtsein durch und durch modernistisch, ihre Ausbildung erfolgte in der Sprache von Le Corbusier
und Louis Kahn. So sind sie nicht fähig, populäre Zeichen lässig
und üppig anzuwenden — auf einer Ebene mit den Künstlern der
Las-Vegas-Schilder, die sie bewundern. Aber wie sollten sie das
auch? Es braucht Jahre, vielleicht eine ganze Generation, um die
unbewußte und bewußte Anwendung einer neuen Sprache zu beherrschen, und so sind diese Architekten — um einen den Futuristen entliehenen Ausdruck zu verwenden — „die Primitiven
einer neuen Empfindsamkeit".

Es ist zu erwarten, daß die nächste Generation von Architekten
die neue Sprachkreuzung vertrauensvoll anwendet. Diese wird
mehr dem Jugendstil als dem Internationalen Stil ähneln. Sie wird
den reichen Bezugsrahmen des ersteren enthalten, seine große
metaphorische Reichweite, seine geschriebenen Zeichen und
seine Vulgarität, seine symbolischen Zeichen und Klischees —
die volle Stufenleiter des architektonischen Ausdrucks.

102 Robert Venturi, Denise Scott Brown und Mitarbeiter: „Die Straße",
Teil der Ausstellung „Zeichen des Lebens: Symbole der amerikanischen
Stadt", Renwick Gallery, Washington/D.C., 1976.
Öffentliche Bauten, Regierungssitze und Gerichtsgebäude im klassizistischen Stil sind gemischt mit der landesüblichen kommerziellen Architektur. Die Ausstellung dokumentierte populären Symbolismus in drei wichtigen Bereichen: dem Haus, der Hauptstraße und dem kommerziellen
„Strip". Die „Lehre", die diese Architekten erteilten, begünstigte symbolische anstelle von plastischer Architektur, „dekorierte Schuppen" anstelle
von „Enten".

103, 104 Venturi und Rauch: Haus Tucker, Katonah/New York, 1975. Das Äußere betont in starkem Maße Elemente des populären Kodes — überhängende Dachtraufen und breite Fenster —, während im Inneren der weiße, flächige Internationale Stil als Hintergrund für Kitsch und andere Objekte vorherrscht. Der Kamin mit einem runden Spiegel ist eigentlich eine Miniatur des Hauses, ein geistreicher Beitrag zu der traditionellen Vorstellung von Nischen, Miniaturmodellen und Puppenhäusern.

Die Syntax

Ein weiterer Aspekt, den die Architektur mit der Sprache gemeinsam hat, ist noch konkreter als Metaphern und Wörter. Ein Bau muß nach bestimmten Regeln oder Methoden erstellt werden. Die Gesetze der Schwerkraft und der Geometrie diktieren das Aufwärts und Abwärts: ein Dach, Fußboden, verschiedene Geschosse dazwischen, genauso wie die Gesetze des Klangs und des Sprachaufbaus bestimmte Vokale, Konsonanten und Aussprachen bedingen. Diese bestimmenden Kräfte erzeugen das, was als Syntax der Architektur bezeichnet werden könnte — das heißt die Regeln für die Kombination der verschiedenen Wörter Tür, Fenster, Wand usw. Die meisten Türen zum Beispiel folgen der syntaktischen Regel, daß sie auf beiden Seiten einen notwendigerweise ebenen Fußboden erfordern. Was passiert, wenn diese Regel ständig durchbrochen wird? Der Unterhaltungspalast im Amüsierpark profitiert von der Tatsache, daß das Nervensystem unbewußt die syntaktischen Regeln kennt und es genießt, wenn sie von Zeit zu Zeit durchbrochen werden. Unsinnige Wortsalate, die Sprache von Schizophrenen und die Poesie — sie alle verdrehen die konventionelle Grammatik. Das ist offensichtlich ein typisches Merkmal aller Zeichensysteme, die in ästhetischer Weise angewendet werden. Sie machen auf die Sprache aufmerksam

105

durch Mißbrauch, Übertreibung, Wiederholung und alle anderen Mittel der Rhetorik.

Michael Graves spricht vom „In-den-Vordergrund-Stellen" der architektonischen Elemente, indem man sie auf die Seite legt, sie aus ihrem üblichen, funktionalen Kontext herausnimmt und sie anmalt wie eine kubistische Komposition von Juan Gris. Seine Häuser sind poetische Verdrehungen einer kubistischen Syntax, ihre einzigen Nachteile, in Begriffen der Kommunikation, die Wahl einer beschränkten Syntax und Unterkodierung. Man braucht einen Führer, um zu erkennen, daß ein blaues Geländer eine liegende Säule ist. Die Eigenbau-Häuser an der Westküste Amerikas verwenden eine leichter zugängliche Syntax auf ähnliche Weise. Schindeln, Holzverkleidung, verschiedene Arten von Normfenstern übereck gestellt, an der Ecke des Gebäudes plaziert, Dächer mit ungewöhnlichen Neigungswinkeln, unbehandelte Hölzer — diese syntaktischen Tricks haben eine reichere Bedeutungsresonanz, mit Ausnahme natürlich in den Augen derjenigen, die im synthetischen Kubismus ausgebildet sind.

Wiederum handelt es sich um eine Frage der Kodierung und ihrer Fülle, nicht um einen absoluten Unterschied in der Bedeutung.

Die Syntax der Architektur hat die Moderne bis zur Besessenheit beschäftigt — ein Grund dafür, daß sie hier nicht besonders betont wird. Beginnend mit den Theoretikern des neunzehnten Jahrhunderts, Viollet-le-Duc, Semper und Choisy, wurde das Interesse daran bald zum Idol und zum beherrschenden Ausdruck der Architektur. Es ist, als ob alle Architektur plötzlich über ihren Konstruktionsprozeß, über die Art, wie sie zusammengesetzt war, reden mußte. Louis Kahn schrieb über die *Form* des Gebäudes, als ob sie der architektonische Retter wäre, der ihn von allen anderen Sorgen befreien würde.

Der Architekt Peter Eisenman stellt schöne syntaktische Verbindungen her, die das Auge blenden, den Geist verwirren und schließlich für *ihn* den Prozeß bedeuten, der sie erzeugte. Wie verführerisch — und wie banal! Vom Geist des Prozesses wird erwartet, daß er einen himmelan hebt, so daß man die prosaischen Voraussetzungen übersieht. Wieder, wie bei Mies, soll die Analogie der schönen, konsequenten Form für die fehlenden Wertvorstellungen eintreten, den Geist über gewöhnliche Belange erheben. Aber diese architektonische Himmelfahrt ist nicht wundersam genug: Es gibt — syntaktisch gesprochen — keine Erhebung vom Boden. In semantischer Hinsicht (eine Art der Kommunikation, die Eisenman ablehnt) übermitteln seine Bauten das scharfe, weiße Licht der Rationalität und die Vorzüge der geometrischen Komposition, die erregenden „Brücken zum Überqueren", die überraschenden ausgestanzten „Raumlöcher", die eingerahmten „Aussichten", das chinesische Puzzle der Struktur. Soweit man diese semantischen Bedeutungen erkennen und sie mit anderen Assoziationen verbinden kann (dem Protestantismus, der weißen Architektur der zwanziger Jahre), haben diese Bauten eine umfassendere Bedeutung. In anderen Worten: Die reine Syntax ist nur wahrnehmbar wirksam, wenn sie in semantische Bereiche eingefügt ist.

Die Semantik

Als im neunzehnten Jahrhundert verschiedene Architekturstile wieder auflebten, gab es eine relativ einheitliche Doktrin der Semantik, die erklärte, welcher Stil für welchen Bautyp anzuwenden war. Ein Architekt wählte die dorische Ordnung für ein Bankge

109–111

112 113

Gegenüberliegende Seite, oben:
107 „Schuhmobil", Los Angeles, 1976.

Gegenüberliegende Seite, unten:
108 Würstchenstand, Los Angeles, um 1938.
Verstärkt durch zusätzliche Zeichen wie triefender Senf, „Hundeschwänzchen" usw. Diese Architektur scheint eindeutig zu sein, dennoch ist sie an der Architectural Association in London, wo ich lehre, in der Diasammlung als „Hamburgerstand" klassifiziert. Wieder einmal zeigt es sich, daß visuelle Kodes vorwiegend lokaler Art sind (siehe S. 46).

106 Eigenbau-Häuser an der Westküste Amerikas, um 1970.
Traditionelle Holzkonstruktion und Fertigfenster und -türen werden entgegen ihrer üblichen syntaktischen Position angeordnet, um wiederum auf sich aufmerksam zu machen: „Fensterhaus".

105 Ezra Ehrenkrantz, SCSD (Schools Construction System Development), Kalifornien, um 1960.
Die Syntax der Architektur hat offenbar Bezug zu funktionalen Belangen, wie diese Zeichnung zeigt. Sechs wichtige Elemente: 1) Mischkästen, 2) starre Schächte, 3) flexible Schächte, 4) Austritte, 5) Beleuchtung, 6) Dachraum sind die notwendigen Voraussetzungen für die Klimatisierung. Diese Elemente wurden verbunden mit dem Dach, dem Fußboden und einem Trennwandsystem, wodurch eine flexible Syntax entsteht, die auf verschiedene Weise verändert werden kann.

Get a BOOT out of
QUALITY
SHOE
Sales – Service
CALIFORNIA
VASQUE
BOOTS

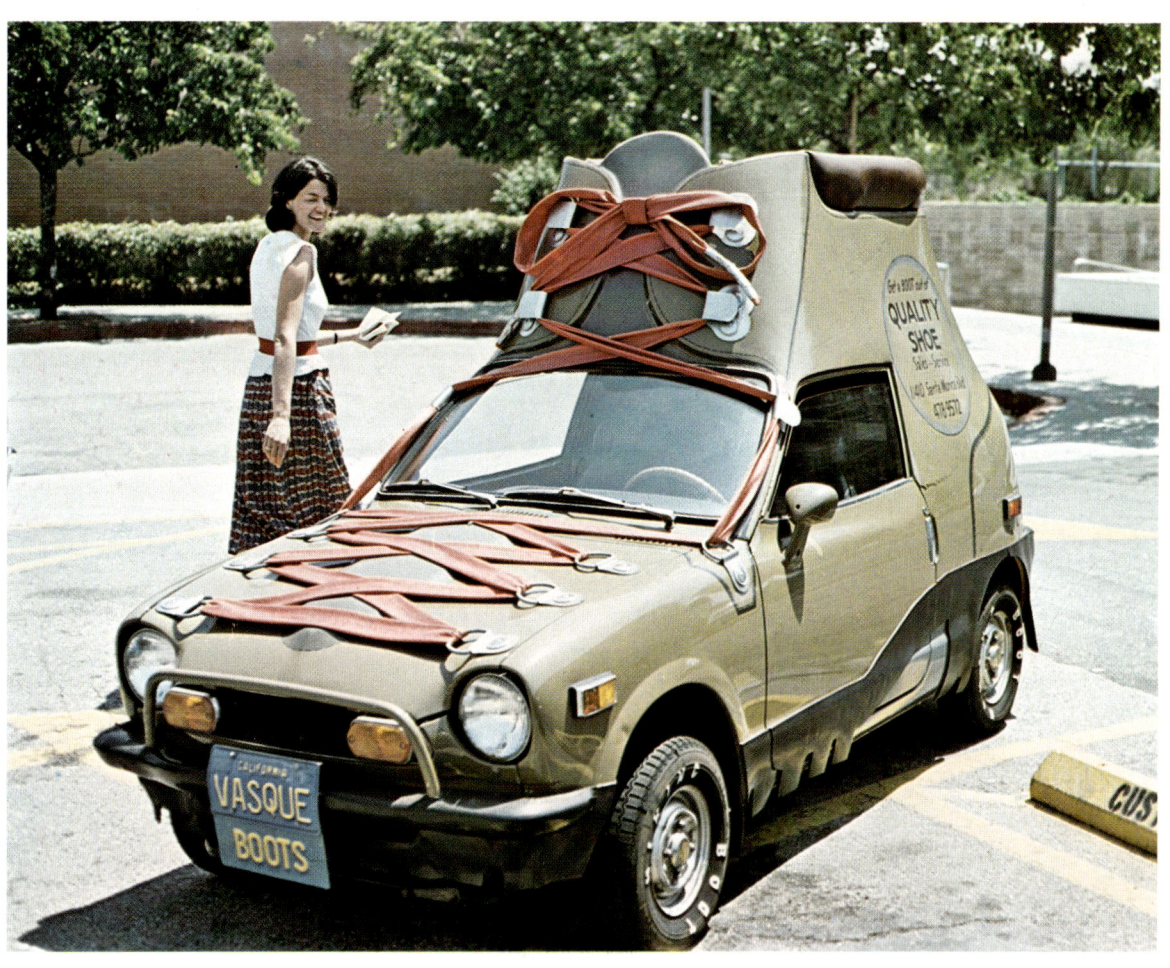

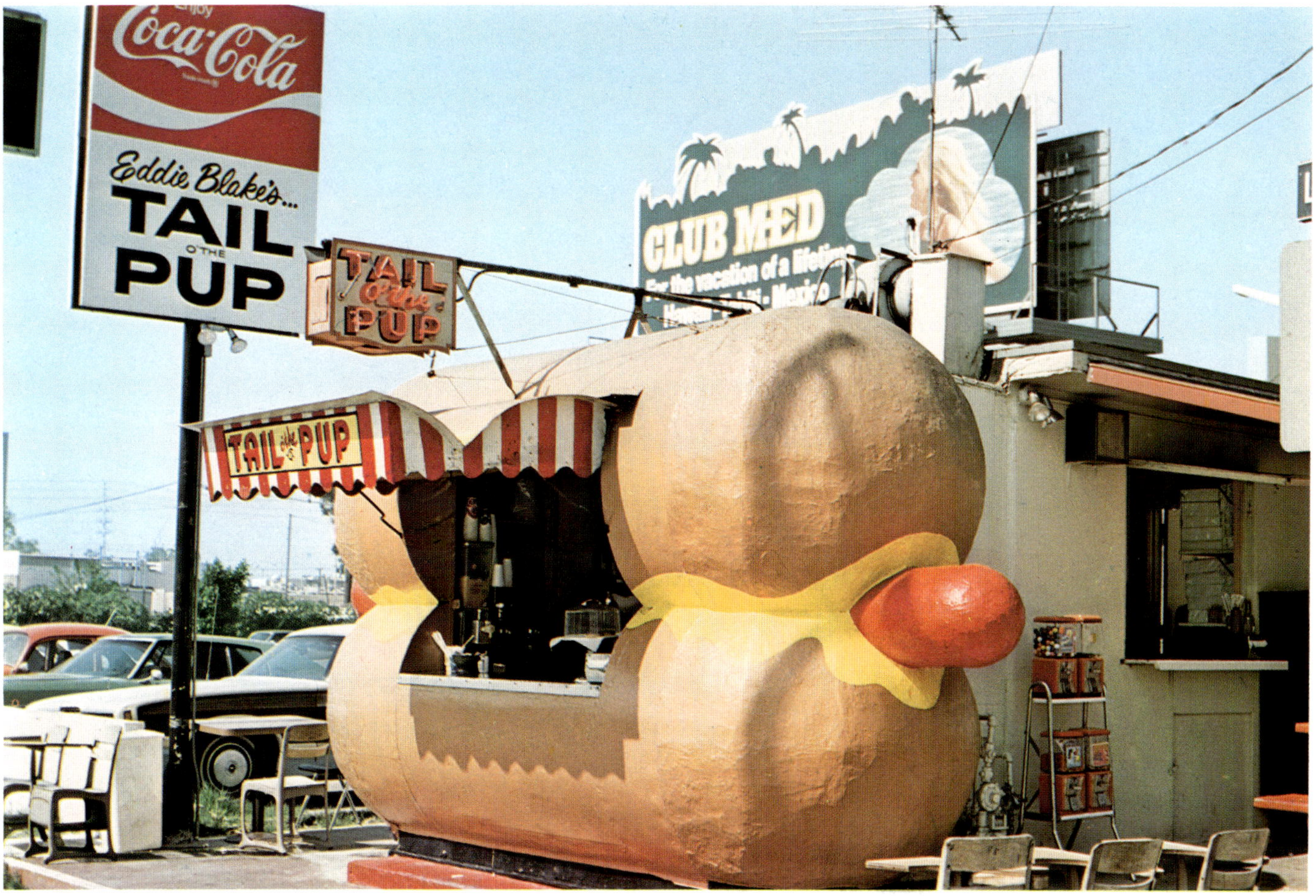
Coca-Cola
Eddie Blake's...
TAIL
O'THE
PUP
TAIL O'the PUP
CLUB MED
For the vacation of a lifetime
TAIL O'the PUP

Gegenüberliegende Seite, oben:
109 Michael Graves: Anbau Haus Benacerraf, Princeton/New Jersey, 1969.
Eine kubistische Syntax wird verwendet, um auf sich selbst aufmerksam zu machen. Diese Verstärkung unserer Wahrnehmung von Türen, Treppen, Balustraden und Ausblicken von einer Terrasse ist komplex und meisterhaft. Sie ist hier so reich, daß man vergißt zu fragen, welches die eigentlichen Funktionen sind (eine offene Terrasse oben, ein Spielraum und ein Frühstückszimmer unten). Beachten Sie, wie die Konstruktion, manchmal unnötigerweise, von der Wand freigestellt ist. Geländer und aus der Wand ausgeschnittene Platten dienen auch zur Erzeugung eines rechteckigen Raumnetzes. Das Geländer im Vordergrund ist als eine liegende Säule aufzufassen — ein Spiel mit syntaktischer Bedeutung wie der gesamte Anbau (siehe S. 64).

Gegenüberliegende Seite, unten links:
110 Michael Graves: Haus Hanselmann, Fort Wayne/Indiana, 1967/68.
Der Eingang zu diesem Haus ist im buchstäblichen Sinne erhöht, indem er angehoben wurde, im metaphorischen Sinne durch die vordere Treppe, die direkte frontale Zufahrt und verschiedene Artikulationen über oder nahe beim eigentlichen Eingang. So wird der Akt des Eintretens zu einer Prozession über eine Brücke und dann durch eine Reihe übereinanderliegender Räume und erfährt eine fast sakrale Bedeutung. Der Blick auf Bäume und den Himmel ist ebenfalls durch Rahmen oder Ausbuchtungen verstärkt. Das gekurvte Geländer, die drei überhöhten Stützen und die Diagonale (Treppe) lenken die Aufmerksamkeit auf syntaktische Merkmale.

Gegenüberliegende Seite, unten rechts:
111 Michael Graves: Haus Synderman, Fort Wayne/Indiana, 1972.
Durch Überschneidung zweier verwandter Syntaxen, Corbusier und Rationalismus, entstehen wirkliche semantische Bedeutungen, zum Beispiel ,,ein Krieg zwischen Mondrian und Juan Gris", ,,ein Stuckgebäude, das einer Gefängniszelle zu entspringen versucht", ,,ein Zusammenstoß von zwei Schiffen", ,,ein Baugerüst" usw. Diese Übernahme einer Syntax aus den zwanziger Jahren ist barock in jeder Beziehung mit Ausnahme der Verwendung geschwungener Elemente.

112, 113 Peter Eisenman: Haus III für Robert Miller, Lakeville/Conncecticut, 1971.
Einige der Zeichnungen, nach denen dieses Haus entstand, zeigen die Gegenüberstellung von zwei Rastern in einem Winkel von 45 Grad (Schritt 6), die Vorstellung eines Rasters aus kistenförmigen Elementen (Schritt 7), ein Stützenraster (Schritt 3) und schräge Wandflächen (Schritt 5). Brücken und Lufträume verbinden und trennen die Raumfunktionen. Die Fassaden ,,kennzeichnen" gewisse innere Veränderungen, wenn man sie mit den Zeichnungen in der Hand betrachtet und lange Zeit nachdenkt. Diese Architektur erfordert, wie die Programmusik des neunzehnten Jahrhunderts, ergänzende Erläuterungen, um wirklich verstanden zu werden.

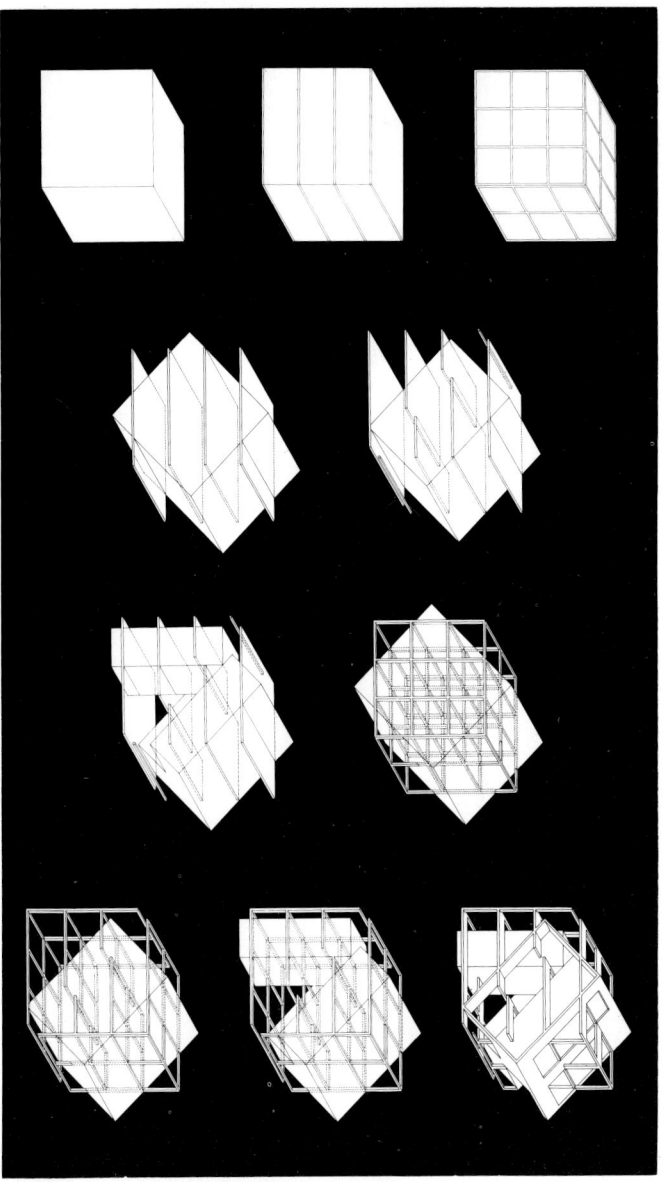

114 J. C. Loudon: Wie man ein Häuschen verkleidet. Skizzen aus Lou-
dons Enzyklopädie. Ein Grundkubus mit Walmdach wird verwandelt: mit
Veranda und Terrasse, mit Gitterwerk, mit einer mit Zinnen versehenen gotischen Verkleidung, mit einem klösterlichen Gewand und mit elisabetha-
nischer Fassade. Die Eignung des Stils hängt vom Status des Besitzers
und seinem Wohnort ab.

115 Thomas Ustick Walter: Gefängnis Moyamensing, Philadelphia, 1835.
Der ägyptische Stil mit sich nach oben verjüngenden Mauern, schweren
Pfeilern und kleinen Öffnungen ist der natürliche Ausdruck für einen Bau.
aus dem schwer zu entkommen war.

bäude, weil diese Ordnung und die Funktion der Bank gewisse
gemeinsame Hintergründe hatten: Nüchternheit, Unpersönlichkeit, Männlichkeit und Rationalität. (Eine Bank sollte streng genug
aussehen, um Einbrecher zu entmutigen, und sachlich genug, um
Kunden zu ermutigen.) Diese semantischen Eigenschaften wurden durch Vergleich festgelegt, indem man die Ordnungen einander und anderen Stilen gegenüberstellte. Das gleiche gilt für eine
Menge syntaktischer Aspekte: die Größe des dorischen Kapitells,
das Verhältnis der Säule zu anderen Säulen und ihre Proportionen
zu Sims, Fries und Basis. Da diese Formen und Relationen einheitlich angewendet wurden, fühlten sich die Menschen in der
Lage, ein Urteil über ihre *Eignung* abzugeben. Sie konnten erkennen, was das Gebäude bedeutete, und sie konnten einen
leichten Wechsel der Betonung, eine Variation der Proportionen
ebenso wie einen Wechsel in der Bedeutung wahrnehmen.

Natürlich idealisiert dies die Situation, da nur ein kleiner Teil der
Gesellschaft diese Unterschiede wahrnehmen konnte. Aber zumindest einige konnten es, und diese hielt der Architekt für empfänglich für das ganze vergnügliche Spiel des Ausdrucks. Er wuß-
te, daß seine Kommunikation auf primitive Gesten reduziert würde, wenn man das semantische System gewaltsam umstürzte
oder es zu kompliziert werden ließ. Tatsächlich war um 1860 das
Spiel des Eklektizismus allzu kompliziert geworden. Aus diesem
Grunde wurde es umgestürzt und sechzig Jahre später verteufelt,
weil es nicht vermocht hatte, jene Bedeutungen auszudrücken, die
Architekten für wichtig hielten. Aber es hätte nicht zusammenbre-
chen müssen, wenn es eine entsprechende Theorie des Eklektizismus gegeben hätte. (Ich kann nichts aus dieser Zeit entdecken,

das weit über den Begriff Synkretismus hinausgeht; das heißt, daß
man die besten Elemente von verschiedenen Bauten kombiniert.)

Dennoch rechtfertigten diejenigen Architekten, die alte Stile
wiederaufnahmen, wenigstens ihre Wahl eines Stils als angemessen, als geeignet, und das gab ihrer formalen Entscheidung eine
gewisse Logik. Ein Architekt, J.C. Loudon, schlug eine Theorie
des „Assoziationismus" vor, die auf der Vorstellung der „Assoziation von Ideen" basierte. Er ging sogar so weit zu sagen, daß jedes
Haus auf seine Weise den Charakter und die Rolle seines Besitzers ausdrücken sollte[13]. Wenn der Bewohner ein Landpfarrer
war, sollte das Haus gotisch und mit Zinnen und Türmchen oder   114
entsprechender Verkleidung versehen sein. Dadurch würde die
Umwelt — mit zunehmender Differenzierung der Gesellschaft —
besser ablesbar werden.

Bis zu einem gewissen Grade wurde diese Doktrin im neunzehnten Jahrhundert gefolgt. Man kann feststellen, daß mit der
Einführung eines neuen Stils seine Angleichung an das dazugehörige semantische Feld erfolgte. Der neo-ägyptische Stil, populär um 1830 wegen dem Fund des Steins von Rosette in Ägypten
(1799) und durch Napoleons frühe Feldzüge, wurde bewußt ge-   115
nutzt für Banken, Grabmäler, Gefängnisse und medizinische Aus-
bildungsstätten. Das Argument für ihre Verwendung beruhte entweder auf *konventionellen* oder auf *natürlichen* Bedeutungen. Erstens war neo-ägyptisch passend, weil die Pharaonen ihre Schät-
ze in Tempeln dieses Stils verbargen oder berühmte ägyptische
Ärzte oder sonstwie medizinisch Tätige manchmal auch Architekten waren. Daher konnte man durch Ideenassoziation durchaus
den ägyptischen Stil für Banken und Apotheken benutzen. Zweitens vertrat dieser Stil die natürlichen Bedeutungen der Schwere,
Undurchdringlichkeit und Massivität. Die Mauern verjüngen sich,
die Öffnungen sind klein — also verwende man ihn für Gefängnisse; „natürlich" bedeutet er große Sicherheit[14].

Bei ähnlicher Argumentation hatte der Neobarock oder Second-Empire-Stil um 1860 eine Reihe natürlicher Assoziationen. Er
war massiv, überladen, prächtig, kräftig, ungestüm, bombastisch,

116, 117 Charles Garnier: Pariser Oper, 1861—1874.
Die kolossale, kühne Ordnung in doppelter Größe ist gegen eine kleinere
ausgespielt. Die Flächen sind mit Skulpturen und viel Farbe bedeckt.
Überall nehmen die Statuen opernhafte Haltung ein, lassen ihre Muskeln
spielen — selbst die Frauen sehen einschüchternd aus. Das große Treppenhaus im Inneren stellt die Menschen zur Schau, als beträten sie eine
Bühne. Die Ecke im Treppenhaus mit einspringenden Winkeln, Medaillons
und allgemeinem Prunk übertrifft ihre Zeit. Der Stil des Second Empire
drückt natürlich Macht aus: Er kostete eine Menge!

verspielt, überschwenglich, prätentiös und sehr teuer zu bauen. Wo konnte er angewendet werden? Natürlich für ein Opernhaus. Garniers Pariser Konfektion der siebziger Jahre des vorigen Jahrhunderts war ein sehr passendes Gewand, und es war kein Zufall, daß Hitler nach der Eroberung Frankreichs auf den Stufen dieses Opernhauses einen Freudentanz aufführte. Seine Wahl dieses Stils für das Dritte Reich (ein Imperium, das länger dauern sollte als die französischen Versuche) war sowohl passend als auch unbedacht. Er symbolisierte Stärke; aber wie bei so vielen Regierungen, die sich für diesen Stil entschieden hatten, war es eine Stärke, die ihren Führer nicht überlebte. Heute symbolisiert der Stil aus diesem historischen Grunde ,,verlorene Stärke'' oder ,,unwirksame Diktatur'' und wird in zahllosen Filmen und Fernsehspielen benutzt, um dieses ambivalente Pathos auszudrücken. Die kurzlebige Natur von Architekturkodes und ihre Verzerrung durch historische Ereignisse erweisen wiederum die Vorherrschaft konventioneller Bedeutung über die natürliche Ausdruckskraft.

Dieser Ablauf läßt sich erklären, wenn wir die klassische Sprache der Architektur betrachten, die Art, wie die drei Ordnungen ein semantisches System konstituieren und wie dieses System unter dem Druck des Eklektizismus sich wandelte. Vitruv charakterisierte die dorische Ordnung als kühn, streng, einfach, derb, wahr, aufrichtig, schlicht und — in geschlechtlichen Begriffen — maskulin. Zum Teil entstammte diese Charakterisierung den natürlichen Metaphern, die in dieser Form enthalten sind, aber sie entstammte auch dem historischen Zufall (oder zumindest Vitruvs Beitrag zur Entstehung der dorischen Ordnung).

Die korinthische Ordnung war im Gegensatz dazu zart, elegant, schlank, ornamental und, geschlechtlich gesehen, eine Jungfrau. Man sollte annehmen, die mittlere Ordnung, die ionische, wäre eine Art architektonischer Hermaphrodit, ein Neutrum — tatsächlich war sie für Vitruv eine mütterliche Ordnung, denn sie war etwas femininer als maskulin (mit Voluten, die elegant aussehen). Aber diese Charakterisierungen haben, wie Gombrich nachgewiesen hat, erst einen Sinn, wenn die Ordnungen einander gegenübergestellt werden:

,,So scheinen die stereotypen Säulenordnungen der klassischen Architektur auf den ersten Blick ein mehr als sprödes Material für die Wiedergabe psychologischer oder physiognomischer Kategorien. Das hindert jedoch nicht, daß wir die Empfehlungen des Vitruvius als sinnvoll empfinden, wonach der dorische Stil für die Tempel von Minerva, Mars und Herkules und der korintische für die der Venus, Flora oder Proserpina zu verwenden sei, während andere Gottheiten, die zwischen diesen Extremen stehen, also etwa Juno oder Diana, jonische Heiligtümer erhalten sollen. Innerhalb der beschränkten Möglichkeiten, die den Architekten zur Verfügung stehen, ist der dorische Stil bestimmt männlicher als der korinthische. Wir sagen daher, die dorische Ordnung drücke die Strenge der Gottheit aus. Aber daß wir imstande sind, so etwas zu behaupten, beruht ausschließlich darauf, daß sie am strengeren Ende einer bestimmten Skala steht und nicht auf einer irgendwie gearteten inneren Verwandtschaft zwischen dem Kriegsgott und der dorischen Ordnung.'' (E. H. Gombrich: Kunst und Illusion, Köln 1967, S. 414/415)

Gewiß bestehen keine Gemeinsamkeiten zwischen Kriegführung und der dorischen Ordnung, mit Ausnahme gewisser vergleichbarer Dinge oder Elemente: Beide nehmen gleichwertige semantische Bereiche ein. Mit anderen Worten, wenn wir die drei Ordnungen in einem semantischen Raum darstellen, ist es die Relation (r 1, r 2, r 3), die wirkliche Bedeutung hat, nicht die ,,natürliche'' Bedeutung der Formen, auch nicht die Art der semantischen Achsen, die wir wählen (ob nun die Vitruvs oder unsere eigenen).

Solange wir die klaren Unterschiede zwischen den Elementen wahrnehmen können, macht es nicht allzuviel aus, welcher Art diese Unterschiede sind, weil Gewohnheit und Anwendung sie erst in einen semantischen Raum setzen und sie dann auf einen anderen übertragen werden. Das läßt sich im neunzehnten Jahr-

116

117

119

117 Charles Garnier: Pariser Oper.

hundert mit seiner schnellen Verschiebung stilistischer Bedeutungen beobachten. Zum Beispiel wurde der Begriff der Staatsmacht, allgemein gesprochen, nacheinander ausgedrückt durch den römischen und den griechischen Neoklassizismus, die Neugotik (zumindest im House of Parliament in London), die italienische Hochrenaissance, den Rundbogenstil, die hochviktorianische Gotik und schließlich, in den siebziger Jahren, durch den Second-Empire-Stil. Es gab in dieser Entwicklung einen allgemeinen Trend zu immer mehr Überschwang und Artikulation, verstanden als Metaphern der Macht. Aber ganz plötzlich konnte das semantische System umgestoßen werden. Einfachheit konnte zum Korrelat der Stärke werden, wie im Neoklassizismus und beim Internationalen Stil. Es gibt nichts, was eine Epoche davon abhalten könnte, den semantischen Raum ihrer Vorgänger umzukehren. Die Beziehung zwischen Form und Ausdruck ist meist konventioneller Art.

Wir können diesen Wandel der Bedeutungen beobachten im Sprung von der klassischen Sprache der Architektur zum Eklektizismus und im Werk eines Architekten: John Nash. Nikolaus Pevsner hat die Art, wie Nash einen unterschiedlichen ,,Stil für die jeweilige Aufgabe'' anwendete, folgendermaßen zusammengefaßt:

,,Gedankliche Assoziationen, für die er viel Verständnis hatte, bestimmten ihn dazu, die antikisierende Manier für sein Stadt-

118

118 John Nash: Reihenbebauung Chester Terrace, Regent's Park, London, 1825.
Die korinthische Ordnung, Triumphbogen und endlos wiederholte weiße Formelemente wurden für diese städtischen Häuser verwendet und verliehen ihnen entsprechende Unpersönlichkeit und Geradlinigkeit. Die Detaillierung war allgemein gehalten und symbolisch, schnell erdacht für Spe-

kulationsbauherren. Wegen dieser Art von Opportunismus wurde Nash von ernsthaften Klassizisten angegriffen. C. R. Cockerell: „Vom Griechischen besessen — perspektivische Tricks, hastig erdacht, hastig ausgeführt . . ." Der Vorwurf mag begründet sein, aber die Bereitschaft von Nash, sich dem geeigneten semantischen System anzupassen, hat größere Bedeutung.

haus, die gotische für sein Landhaus zu bevorzugen, wobei es im letzteren Falle auch zu einem gotischen Gewächshaus kommen konnte. Der 1802 erbauten Villa Cronkhill in Shropshire gab er die Gestalt einer italienischen Villa mit rundbogiger, von leichten Säulen getragener Loggia und weit vorspringendem Dach (Roscoes ‚Lorenzo Medici' war 1796 erschienen). Aber damit nicht genug: in Blaise Castle (1809) bei Bristol erneuerte er den Stil altenglischer Bauernhäuser mit ihren Strohdächern und geschnitzten Giebeln. Man fühlt sich an Goldsmiths ‚Vicar of Wakefield' erinnert, an Marie-Antoinettes Schweizerhäuschen im Park von Versailles und an die verniedlichten und sentimentalisierten Bauernkinder von Gainsborough und Greuze. Bei der Vollendung des
121 königlichen Sommerpalastes in Brighton erging Nash sich schließlich in indischem Stil, einer ‚Hindu-Manier', die übrigens schon kurz nach 1800 auf englischem Boden begegnet, und zwar in Sezincote in den Cotswold-Bergen, wo der Bauherr aufgrund persönlicher Erinnerungen diesen Stil gewünscht hatte . . ." (Nikolaus Pevsner: Europäische Architektur, München 1963, S. 419/420)

Nash hat im wesentlichen eine Stilwiederaufnahme an die Stelle
120 jeder der drei Ordnungen gesetzt. Grob gesprochen, wurde Korinthisch durch Hindu ersetzt, Ionisch durch Gotisch und Dorisch durch Klassizistisch. (Altenglisch und italienische Stile nehmen besondere Stellungen ein.)

Bezeichnender ist, daß eine einzelne Form in dem System ihre gegensätzliche Bedeutung übernommen hat. Die korinthische (oder Nashs klassizistische) Ordnung ist maskulin, einfach und schlicht, weil sie jetzt in Gegensatz zu anderen formalen Elementen gesetzt wird. Diese Umkehr ist eine gute Illustration der semiotischen Regel, daß die Beziehungen zwischen den Elementen mehr zählen als die ihnen anhaftenden Bedeutungen. Wir könnten ungezählte weitere Beispiele quer durch die Architekturgeschichte finden: die pittoreske Ästhetik, die um 1840 „funktional" und in den zwanziger Jahren dieses Jahrhunderts „anti-funktional" war; einfache, platonische Formen, die um 1540 Wahrheit und Aufrichtigkeit symbolisierten und Täuschung und List um 1870, und so weiter. Obwohl wir unsere Intuition und Wahrnehmung der Form als originär und „natürlich" empfinden mögen, basieren sie auf einem komplizierten System sich wandelnder Konventionen. Die Unterschiede nebeneinandergestellter Elemente bilden eine der Grundlagen für ihre Bedeutung — nicht die natürlichen Assoziationen, die den Elementen selbst innewohnen.

Wenn auch heute ästhetische und technische Erwägungen die Architekten beherrschen, widmen sie doch ein gewisses Maß an Aufmerksamkeit der Semantik. Ein Architekt wird einen Curtain Wall für ein Bürogebäude wählen, weil Glas und Stahl kühl wirken, unpersönlich, korrekt und geordnet — die Assoziation methodischer Arbeit, rationaler Planung, geschäftlicher Transaktionen.

122

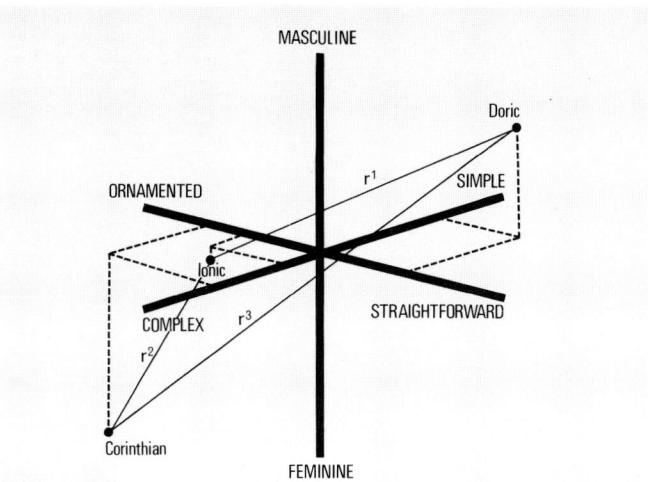

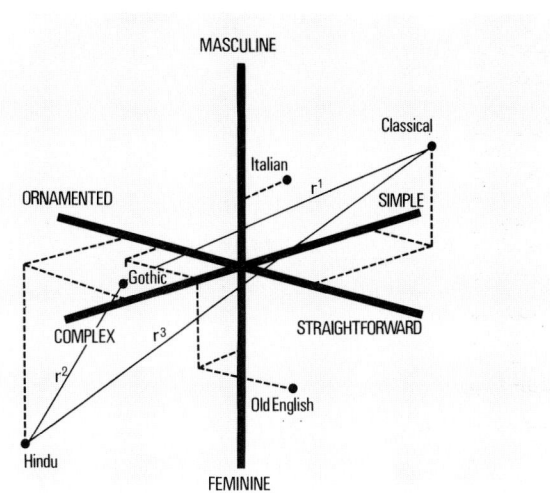

119 Die drei Ordnungen. Ich habe diese speziellen Achsen von Vitruv der Einfachheit halber und zum Vergleich mit den folgenden Diagrammen gewählt. Aber es lassen sich interessantere Gegensätze finden, sofern sie in semantischer Hinsicht ausgeprägt genug sind, um unterschiedliche Informationen zu geben. Zum Beispiel könnte „Natur" in Gegensatz zu „Kultur" gesetzt werden, „Macht" in Gegensatz zu „Schwäche" usw. Semantische Bedeutung besteht zum Teil aus den *Gegensätzen innerhalb eines Systems*.

120 John Nashs fünf Stile, verglichen im gleichen semantischen Raum wie die drei Ordnungen (Abb. 127). Der Vergleich zeigt die Tatsache, daß die Relationen zwischen den Stilen oder Ordnungen für die Bestimmung der semantischen Bedeutung entscheidend sind. Die korinthische oder klassische Ordnung hat in Nashs System die ihr exakt entgegengesetzte Bedeutung übernommen, weil sie jetzt maskuliner, einfacher und direkter ist als der Hindustil.

121 John Nash: Königlicher Pavillon, Brighton/England, 1815—1818. Nash warf in sein Soufflé etwas Gotik, etwas Chinesisch, ein wenig Gußeisen (palmenförmige Säulen) und seine eigene Version eines zwiebelförmigen Hindustils. Die Kuppeln deuten zaghaft die Form einer Brust an. Dies ist der Beginn des modernen „Ersatz", das erste überschwenglich-kitschige Gebäude in England. Schlechter Geschmack ist seither zu einer positiven, kreativen Kraft geworden, die einen Höhepunkt im viktorianischen Landhaus erreichte. Warum jedoch die Wahl des indischen Stils für ein Ausweichschloß am Meer? Was kann, wenn man einen „Vergnügungsdom" für den Prinzen plant, welcher der Londoner Nüchternheit entfliehen möchte, besser sein als der Stil des Kubla Khan?

122 Norman Foster: Bürogebäude Willis Faber, Ipswich/England, 1975.
Dunkel getöntes Sonnenschutzglas und Stahlstützen machen dieses
„große, schwarze Klavier" oder den „Rolls Royce" geeignet für kühle Bü-
roarbeit. Das Gebäude ist entsprechend dem Grundstück gekurvt, nimmt
den Straßenverlauf auf und spiegelt die umgebende Bebauung in Teilen
wider.

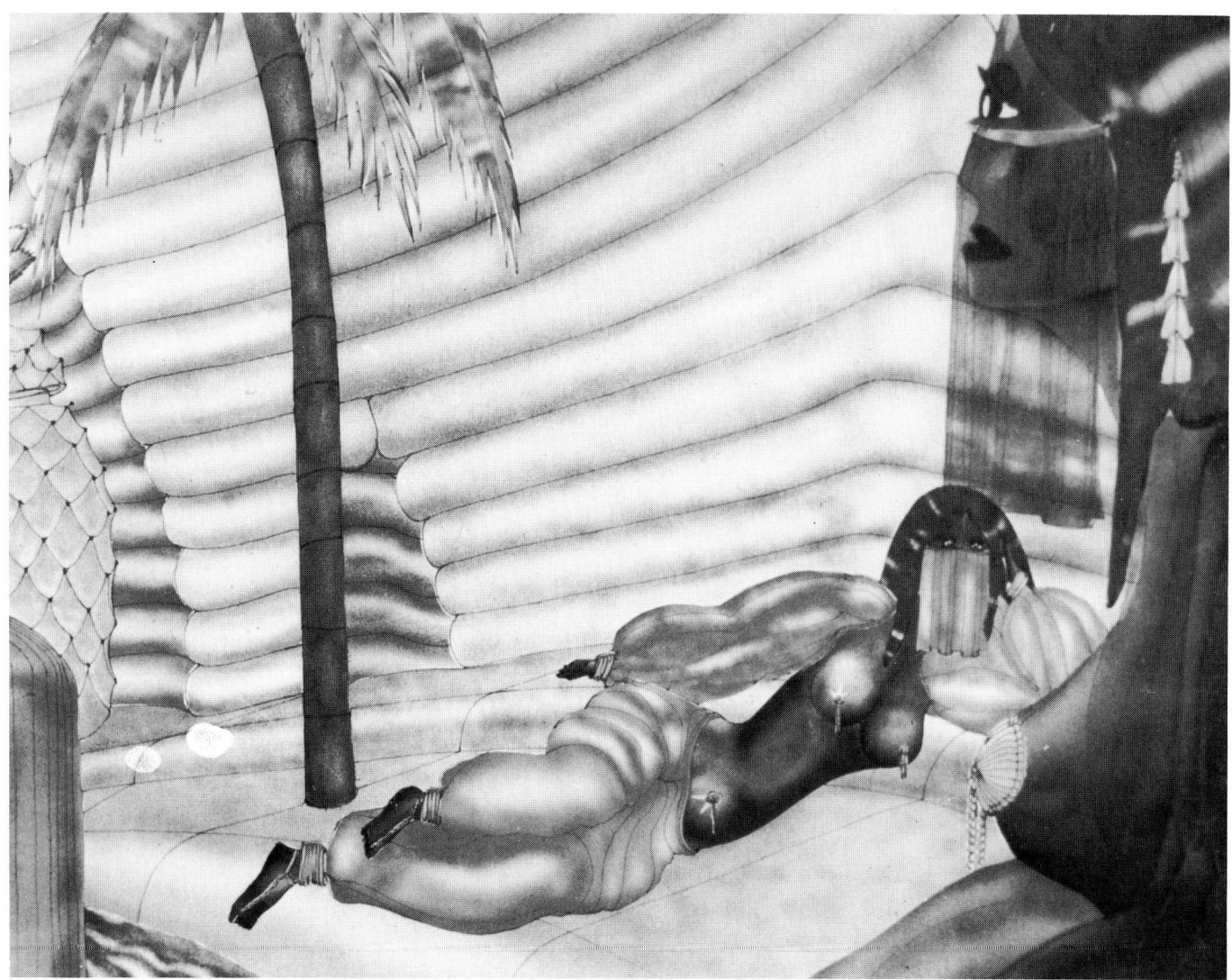

123 Das traditionelle Schweizer Chalet „Montbovon" aus dem sechzehnten Jahrhundert, jetzt in Genf.
Die natürlichen Eigenschaften des Holzes machen es semantisch geeignet als Wohnhaus. Knoten, Körnung und Struktur sind Metaphern für die Falten und Muttermale der Haut. Die Oberfläche ist taktil, warm und schwach reagierend, wieder wie der menschliche Körper: Das Material kann in menschlichem Maßstab leicht bearbeitet werden. Bei diesem Beispiel ist die Außenwand mit Steinen geschmückt und dekoriert wie ein bäuerliches Kostüm.

Man könnte einwenden, daß der Architekt diese Bedeutungen abschwächen sollte, daß er Geschäftigkeit unternehmungslustiger und häuslicher wirken lassen könnte, als sie es tatsächlich ist. Dennoch ist die zugrunde liegende Klassifizierung brauchbar.

Holz ist von Natur aus warm, biegsam, weich, organisch und voll natürlicher Prägungen wie Knoten und Fasern. So wird es im Wohnungsbau angewendet oder dort, wo die Menschen in engen Kontakt mit dem Gebäude kommen. Backstein wird gewohnheitsmäßig mit Wohnungsbau assoziiert und ist seiner Natur nach flexibel im Detail. So wird auch er in diesem Bereich angewendet. Ungeachtet der Tatsache, daß sehr viel mehr wirtschaftliche Materialien verfügbar sind, nimmt die Mischung aus Backstein und Holz immer noch fünfundsiebzig Prozent des spekulativen und des öffentlich geförderten Wohnungsbaus ein — ein deutliches Zeichen dafür, daß semantische Belange in der Vorstellung der Menschen vor den technischen rangieren.

Was ist mit den neuen Baustoffen wie Nylon, aus dem pneumatische Konstruktionen hergestellt werden? Das aufgeblasene Ergebnis ist natürlich elastisch, weich, anschmiegsam, sexuell, voluminös und angenehm zu berühren. So hat es eine sichere Stellung im semantischen Bereich eingenommen und wird entsprechend für Swimming-pools, aufblasbare Möbel, den Unterhaltungssektor und für andere unaussprechliche Orte benutzt. Die gelegentliche Anwendung als Kirche oder Bürohaus erzeugt abweichende, weniger dominierende semantische Assoziationen.

123

124
126

124 Paul Burrows: Bordell für Ölmänner in der Wüste, 1973.
Die pneumatische Architektur nimmt die natürlichen Metaphern dieser Mädchen auf und unterstützt sie ebenso wie ihre Aktivitäten.

125 Barbarella, 1968, wird immer von zähem, schimmerndem Kunststoff und weichem, haarigem Pelz umgeben gezeigt.

126 James Bond und Tiffany Case in „Diamantenfieber", 1971. Sie tollen auf einem transparenten Wasserbett, umgeben von 3 000 tropischen Fischen. Connerys sardonisches Lächeln läßt vermuten, daß er von solchen Sachen genug hat.

Diese vergleichenden Aspekte von Baustoffen können im semantischen Raum grafisch dargestellt werden, ähnlich dem bereits angewendeten, wenn auch andere Achsen als die von Vitruv
127 übernommenen brauchbar wären. Die *Relationen* zwischen Backstein, pneumatischen Konstruktionen, Beton und Stahl stellen das semantische Feld dar, das bei jeder individuellen und besonderen Anwendung leicht differiert. Gegenwärtig stellen Architekten nicht bewußt verschiedene Baumaterialien und Funktionen einander gegenüber und vergleichen dann die beiden Möglich-
128 keiten. Vielmehr überlassen sie semantische Fragen der Intuition, sofern sie sie überhaupt anerkennen. Dennoch muß, wenn unsere komplexe städtische Umwelt sich einheitlich darstellen soll, eine explizite Methode angewendet werden. Die verschiedenen Bauweisen, die neuen Baustoffe, die fünf oder mehr vorherrschenden Baustile erzeugen eine solche semantische Vielfalt, daß sie Verwirrung stiftet. Bisher haben die Architekten darauf nur als auf etwas im ästhetischen Sinne Positives reagiert, indem sie stilistische Entscheidungen gegen psychologische und soziale Bedeutungen einhandelten. Als Ergebnis dessen erwartet niemand, ein Gebäude zu begreifen und es als einen Text zu erfassen. Verlierer sind alle, der Architekt und das Publikum. Daher die dringende Bitte, daß irgendein System semantischer Ordnung explizit angewendet werde. Es kann so unfertig sein wie das hier vorgeschlagene, weil es hier um grobe Unterscheidungen und Gegensätze geht, nicht um die feinen Schattierungen der semantischen Bedeutung (die auf jeden Fall nur in Sprache mitgeteilt werden können).

Mehrere Architekten haben zögernde Schritte in dieser Richtung getan — zögernd, weil sie nicht durch theoretisches Verständnis gestützt waren oder mehr darstellten als einzelne Beispiele in ihrem großen Output. Ein solches Gebäude, 1965 in Rom
129 fertiggestellt, ist stark kritisiert worden, weil es angeblich aus Klischees bestünde und schizophren wäre. Dieser Bau der Brüder Passarelli verwendet die konventionellen Formen für ein Bürogebäude — glatten, schwarzen Stahl und Glas — mit konventionellen Zeichen des Wohnens darüber — hängenden Reben, gebrochener Silhouette, pittoresker Massenverteilung und Balkonen. Ein drittes Bausystem unter der Erde in monolithischem, brutalistischem Beton ist die Tiefgarage. Der Standardwitz war, daß jeder der drei Brüder einen anderen Teil des Bauwerks plante und sie niemals miteinander sprachen. Ein Teil der Kritik an diesem Gebäude richtete sich gegen die langweilige Anwendung von Stilelementen, die zum Beispiel von Harrison und Abramovitz, Paul Rudolph und Le Corbusier bereits weit besser entwickelt worden waren, und das ist nicht zu leugnen.

Aber ein anderer — vielleicht tiefer wurzelnder — Grund für den Unwillen war die Anwendung verschiedener Konstruktionen und Materialien. Die mit dem Internationalen Stil aufgewachsenen Architekten und Kritiker waren der puristischen Vorstellung verhaftet, daß nur *ein* ästhetisches und konstruktives System bei einem Gebäude angewendet werden sollte. Diese Auffassung unterstützende Gedanken waren die Vorstellung von Harmonie, vom klassischen Ideal, daß kein Teil hinzugefügt oder weggenommen werden kann, ohne das integrierte Ganze zu stören, und daß es für jedes Gebäude, platonisch gesprochen, eine und nur eine beste Lösung gäbe.

Es gab sogar weitere Voraussetzungen, die dieses Bauwerk in Frage stellte: die selbstbewußte Anwendung entgegengesetzter Stilelemente als *Stilmerkmale*. Le Corbusier hatte gesagt: „Die ‚Stile' sind eine Lüge." Frank Lloyd Wright und Walter Gropius glaubten, daß ein einziger Stil, der den Charakter und die Integrität des Architekten ausdrückt, sein ganzes Werk durchdringen müßte — anderenfalls würde er sich der Unaufrichtigkeit schuldig machen, den Launen seines Bauherrn und letztlich einem korrupten herrschenden Geschmack willfahren. Eklektizismus bedeutete Nachgiebigkeit und Mangel an Überzeugung.

Es gibt zwei offen zutage liegende Probleme bei dieser Ein-Stil-Auffassung (die immer noch vorherrscht, wenn auch weniger explizit als früher). Erstens ist die Mischung von Stilen eine Hilfe bei

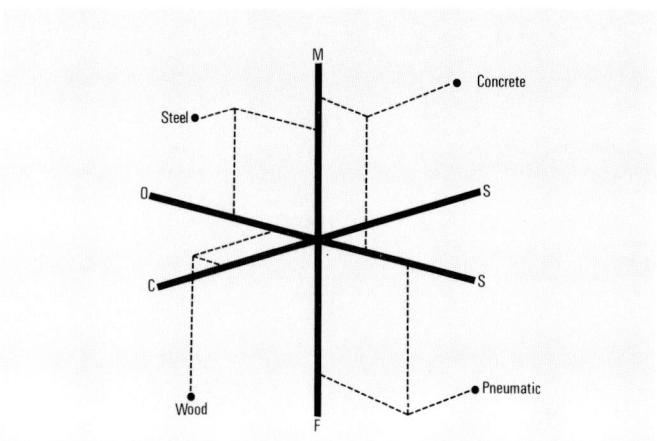

127 Vier Baumethoden. Die speziellen Anwendungen jeder Methode müssen festgelegt sein, ehe die Relationen aufgetragen werden können. Zum Beispiel kann die Verwendung von Beton in besonderen Fällen tatsächlich komplexer und femininer sein als die Verwendung von Stahl. Dann müssen die funktionalen Aspekte in den gleichen semantischen Raum aufgetragen und die beiden Darstellungen miteinander verglichen werden.

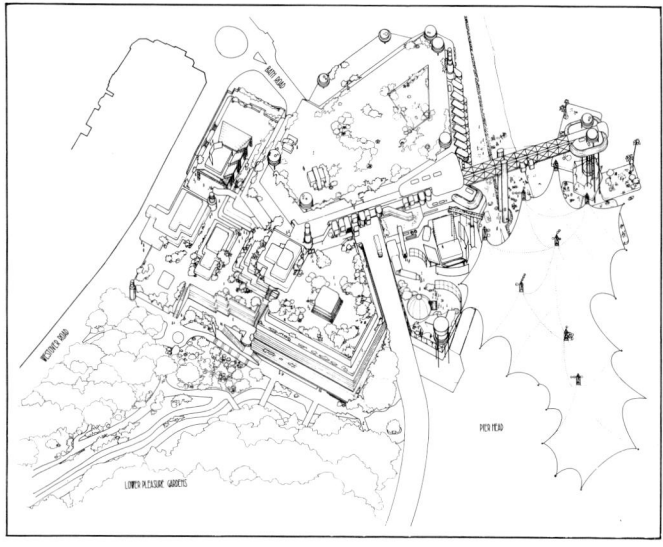

128 Archigram: Entwurf für Bournemouth/England, 1971.
Hier sind vier verschiedene Bausysteme im semantischen Sinne angewendet: Die zeltähnlichen Formen bedeuten vorübergehende Aktivitäten am Strand, die verstreuten, gestaffelten Formen bedeuten großmaßstäbliche kollektive Aktivitäten (Kaufhaus), die fragmentarischen Einzelobjekte sind die konventionellen Zeichen für einen Vergnügungspark, und die lineare Achse bedeutet Verkehr. Diese Systeme werden dann modifiziert oder entstellt, um weitere Bedeutungen zu artikulieren. Die lineare Achse wird eingeschnitten, um schalenartige Kunststofräume aufzunehmen, und verändert sich, wenn sie hinaus aufs Wasser führt, in einen Gitterträger.

der Kommunikation, wie das Passarelli-Gebäude zeigt. Ein Architekt muß mindestens drei oder vier beherrschen, um heute ein komplexes Gebäude zu planen, besonders dann, wenn er auch die Innenraumgestaltung übernimmt.

Zweitens ist die Anwendung jedes einzelnen Stils mit Aufrichtigkeit, ob es sich um den Internationalen Stil oder die Ad-hoc-Ästhetik handgefertigter Häuser handelt, eine Frage der Historie und der Konvention, nicht etwas ewig Gültiges. Durch diesen typischen Prozeß der historischen Umkehrung sind wir gegenwärtig an einer Position angelangt, wo Konsequenz und Purismus nicht gleichbedeutend mit Integrität sind, sondern genau das Gegenteil. Wie konnte das geschehen?

Genau deshalb, weil der Internationale Stil in großem Maßstab von denen übernommen wurde, die Städte bauen. Er ist heute der

WORLD SCHIZO

The split functions of mixed development have rarely, if ever, been expressed in so split-minded a way as in the *casa per uffici e abitazioni* recently completed in the Via Romagna at Rome, 1, designed by the three brothers Passarelli: three floors of parking out of sight below ground, an open ground floor concourse, three office floors of the sleekest curtain walling in black steel following the street lines, and finally four floors of crazily expressed hanging gardens punched askew. Rudolph stands on Mies. The quadruple columns (ducts running centrally between them) stand proud as pilotis, are enveloped in curtaining and are threaded through balconies. The obvious merit of this mixture aesthetically is that it develops the accrued confusion of history: Roman wall, neo-Romanesque church, 2, shuttered palazzos. Like so many Italian schemes, it all seems balanced, even academic, in section, 3. How was it designed? Perhaps the brothers split it: Vincenzo the flats, Luca the offices and Fausto the car park—a new Adelphi.

129 Gebrüder Passarelli: Mehrzweckbau, Rom, 1965.
Beton und hängende Reben klassifizieren Wohnungen, der schwarze Curtain Wall aus Stahl deutet Bürogeschosse an, und Sichtbeton unter der Erde artikuliert Parken. Obgleich das Gebäude deswegen als „schizophren" von der Zeitschrift „Architectural Review" bezeichnet und von den Modernisten wegen mangelnder Stilreinheit angegriffen wurde, macht es dennoch grundlegende Unterscheidungen, die in der puristischen Gestaltungsweise verwischt werden.

konventionelle Stil der herrschenden Klasse und ihrer Bürokratie (zumindest für Großbüros und kommunale Bauten). So garantiert seine Anwendung kaum die gleiche Aufrichtigkeit, welche die Pioniere des Stils für sich in Anspruch nehmen.

Des weiteren sind die Werke der „Meister der modernen Architektur" (ich benutze den Titel der Buchreihe) zu Konsumprodukten wie Coca Cola, Xerox und Ford geworden, jedes Büro mit eigenem Firmenstil und eigener Firmenmarke. Sie haben dies natürlich nicht beabsichtigt, aber da sie nicht werben konnten und da sie in einer Konsumgesellschaft arbeiten mußten, lag für sie die Hauptmöglichkeit, ihr Ansehen zu verkaufen, darin, einen einzigen, erkennbaren Stil zu entwickeln, der über Zeitschriften, Bücher und Fernsehen geliefert werden konnte. Kurz, ihre Glaubwürdigkeit und ihre Aufrichtigkeit selbst wurden zur gängigen Ware, genauso wie in anderen Bereichen die von Picasso und Ché Guevara.

Die Nachfolger der „Meister" sind in die gleiche Richtung geführt worden mit dem Ergebnis, daß wir jetzt den Safdie-Stil erkennen können, die Firmenzeichen von Kurokawa und Tange, die Stirling-Manier und so weiter. Wie weiß ein Bauherr oder ein Komitee, welche zu wählen sei? Sie wählen aus Büchern, die einen Stil vor den Stilen der Konkurrenz auszeichnen. Originalität und Besonderheit sind zu verkäuflichen Gegenständen geworden.

Das Ergebnis dieses verborgenen Prozesses der Vermarktung von Ansehen ist die Produktion eines ablesbaren Stils der elitären Mittelklasse-Architekten. Er tendiert zur Univalenz wegen dem Zwang zur Konsequenz. Dieser Stil besteht aus wiederholbaren geometrischen Elementen, getrennt von den meisten Metaphern,

130 Paolo Soleri: Arcosanti, Cordes Junction/Arizona, 1972—1977. Restaurant und Hotelzimmer links, Glockengießerei und großer Bogen rechts, mit Wohnungen auf beiden Seiten (halbkreisförmige Fenster). Das römisch anmutende System, das Plätze, Kreise und flache Mauern bildet, ist an kein semantisches System gebunden, weder historischer Art noch im Entwurf enthalten. Das Spiel der Formen ist vergnüglich, aber es bezieht sich auf nichts anderes als die großen ökologischen Träume Soleris.

mit Ausnahme derjenigen der Maschine, und gereinigt von der Vulgarität und den Zeichen, die anderen semiotischen Gruppen als den Architekten vertraut sind. In der Umwelt, die durch eine solche Situation geschaffen wird, stellt jedes Bauwerk ein Denkmal für die Konsequenz des Architekten dar, anstatt der Aufgabe oder der städtischen Umgebung gerecht zu werden.

Die damit verbundenen Folgen sind offensichtlich komplexer Natur. Ein Architekt muß bis zum gewissen Grade seine eigene Arbeitsweise entwickeln, seine eigenen Details und seine Manierismen. Aber diese garantieren oder bezeichnen heute nicht mehr Glaubwürdigkeit, was der Fall war, ehe sich die Avantgarde in die Konsumgesellschaft integrierte. Und wenn diese Praxis gegenwärtig im wesentlichen langweilige, abweisende Formen erzeugt, künstlich vereinfacht in einer einzigen Sprache, dann kann heute die Aufrichtigkeit des Architekten an seiner Fähigkeit gemessen werden, in einem Stilpluralismus zu entwerfen.

130

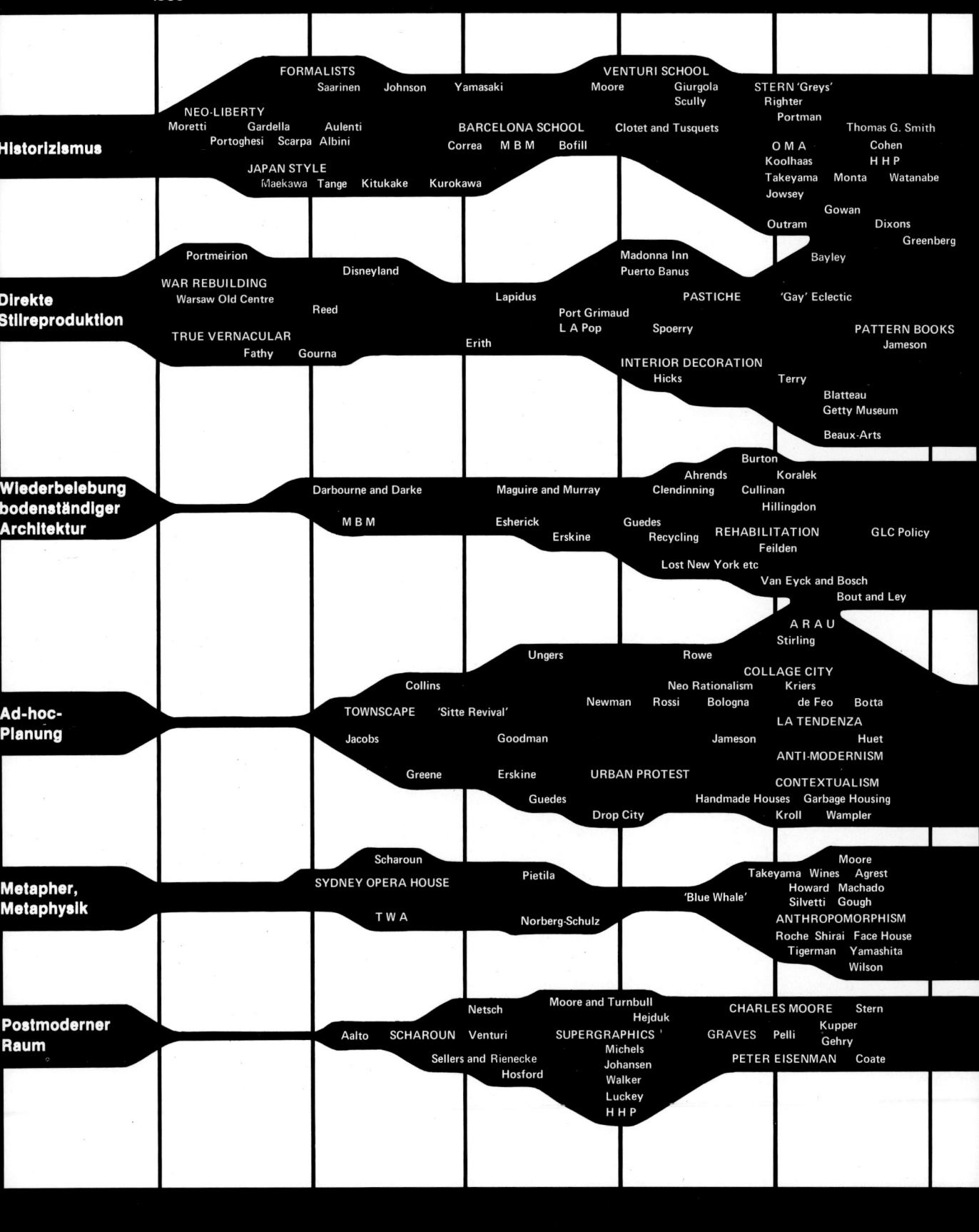

Historizismus

FORMALISTS
Saarinen Johnson Yamasaki

VENTURI SCHOOL
Moore   Giurgola
Scully

STERN 'Greys'
Righter
Portman

NEO-LIBERTY
Moretti   Gardella   Aulenti
Portoghesi Scarpa Albini

BARCELONA SCHOOL
Correa M B M Bofill

Clotet and Tusquets

Thomas G. Smith
Cohen

O M A
Koolhaas
Takeyama Monta Watanabe
Jowsey

H H P

JAPAN STYLE
Maekawa Tange Kitukake Kurokawa

Gowan
Outram   Dixons
Greenberg

Direkte Stilreproduktion

Portmeirion

Disneyland

Madonna Inn
Puerto Banus

Bayley

WAR REBUILDING
Warsaw Old Centre

Reed

Lapidus

PASTICHE

'Gay' Eclectic

Port Grimaud
L A Pop   Spoerry

PATTERN BOOKS
Jameson

TRUE VERNACULAR
Fathy Gourna   Erith

INTERIOR DECORATION
Hicks   Terry

Blatteau
Getty Museum

Beaux-Arts

Wiederbelebung bodenständiger Architektur

Burton
Ahrends Koralek
Clendinning Cullinan
Hillingdon

Darbourne and Darke   Maguire and Murray

M B M   Esherick
Erskine   Guedes
Recycling REHABILITATION   GLC Policy
Feilden

Lost New York etc

Van Eyck and Bosch
Bout and Ley

Ad-hoc-Planung

A R A U
Stirling

Ungers   Rowe

COLLAGE CITY
Neo Rationalism Kriers
Newman Rossi Bologna de Feo Botta

Collins

LA TENDENZA

TOWNSCAPE 'Sitte Revival'

Jacobs   Goodman   Jameson   Huet

ANTI-MODERNISM

Greene   Erskine URBAN PROTEST

CONTEXTUALISM
Guedes   Handmade Houses Garbage Housing
Drop City   Kroll Wampler

Metapher, Metaphysik

Scharoun

Moore
Takeyama Wines Agrest
Howard Machado
Silvetti Gough

SYDNEY OPERA HOUSE   Pietila

'Blue Whale'

T W A   Norberg-Schulz

ANTHROPOMORPHISM
Roche Shirai Face House
Tigerman Yamashita
Wilson

Postmoderner Raum

Netsch   Moore and Turnbull
Hejduk   CHARLES MOORE Stern
Kupper
Aalto SCHAROUN Venturi SUPERGRAPHICS GRAVES Pelli Gehry
Michels
Sellers and Rienecke Johansen PETER EISENMAN Coate
Hosford Walker
Luckey
H H P

TEIL III
Postmoderne Architektur

Historizismus, die Anfänge der Postmoderne

131 Die Frage, welche Stilperiode der Architektur sinnvollerweise wiederaufgenommen werden könnte, wurde von Engländern und Italienern Ende der fünziger Jahre leidenschaftlich diskutiert. Reyner Banham und sein Lehrer Nikolaus Pevsner starteten sehr unterschiedliche Angriffe auf die italienische Neoliberty, die sie für eine Rückkehr zum Historismus (nicht zu verwechseln mit Karl Poppers Anwendung dieses Begriffes in der Politik) hielten. Professor Banham rief seine Klasse zur Ordnung, griff „den italienischen Rückzug von der modernen Architektur" als „infantilen Rückschritt" an, weil er auf einen Stil des Vor-Maschinenzeitalters zurückfalle. Pevsner listete die anderen Rückzüge vom wahren Glauben auf und stellte geringe Abweichungen fest: „Neo-Jugendstil" und „Neo-de-Stijl", Neo-dies und Neo-jenes, die überall hervorsprossen wie giftiges Unkraut. Ihre Artikel und Attacken von 1959 bis 1962 sollten diese Häresie mit ein wenig kritischem Unkrautvertilger vernichten. Aber die Italiener schlugen auf diesen Puritanismus, diese „Kühlschrankkritik" zurück[15].

132 Alle Bauten, die diese Diskussion verursacht hatten, wiesen vage oder verdrängte historische Anspielungen auf: Franco Albinis Museen und das Warenhaus La Rinascente in Rom, zwischen 1957 und 1962 entstanden, erinnerten an die traditionelle römi-

sche Baukunst. Der Torre Velasca in Mailand (1957) ähnelte einem mittelalterlichen Turm. Luigi Moretti verwendete eine echte Rustikabasis bei der Casa del Girasole in Rom (1952), während Lubetkin in England ironischerweise schon 1939 eine Porte-cochère mit Karyatiden anwendete. Eins der überzeugendsten historizistischen Bauwerke der fünfziger Jahre ist Paolo Portoghesis Casa Baldi (1959—1961), ein Versuch mit frei geformten Krüm-

133

134

133 Berthold Lubetkin und Tecton: Highpoint II, Highgate, London, 1938. Wegen der Abneigung der örtlichen Bevölkerung gegen die Moderne fügte der Architekt gewissermaßen ironische Abgüsse der vom Erechtheion entwendeten Karyatide ein. Der Bezug zur Antike paßte sicher zu diesen geordneten, klassischen geometrischen Formen. Aber für diese Zeit der Entstehung sind die Anwesenheit einer menschlichen Figur und der Mut zur Gegenständlichkeit an passender Stelle — an der Tür — beachtenswert.

134 Paolo Portoghesi und Vittorio Gigliotti: Casa Baldi I, Rom, 1959—1961. Halb barock, halb modern in Kurven und Materialien. Die Ebenen der Wände sind gebogen, um Fenster und Türen zu bilden oder ineinandergreifende Raummittelpunkte zu schaffen. Im Gegensatz zu späteren Bauten der gleichen Architekten sind die Formen nicht völlig plastisch, sondern enthalten semantische Andeutungen (zum Beispiel an Gesimse, Baublock, geschlossene Schlafräume).

132 Franco Albini und Franca Helg: Kaufhaus La Rinascente, Rom, 1957—1962. Ein moderner Palazzo mit schwerem Gesims, ohne Fenster, statt dessen mit gewellten Versorgungsschächten. Das sichtbare Stahlskelett nimmt die Proportionen der traditionellen römischen Straßen auf, während das Mauerwerk den Kontext nachahmt.

135 Eero Saarinen and Associates: Stiles und Morse College, New Haven/Connecticut, 1958—1963.
Mittelalterliche Raumbildungen und das schwere, rauhe Mauerwerk von San Gimignano wurden für den neogotischen Campus der Yale University gewählt. In der Rückschau erscheint der Historizismus schematisch, ebenso eintönig und maßstabslos wie die Moderne, die seine Vertreter kritisieren.

Gegenüberliegende Seite:
136, 137 Dr. Norman Neuerburg u. a.: Getty-Museum, Malibu/Kalifornien, 1970—1975.
Die Villa dei Papyrii in Herculaneum sah nicht ganz so aus, da ihr eine Garage und gechlortes Wasser abgingen, aber Teile dieses Palastes am Meer sind hier nachgebildet. Seine Verpflanzung nach Südkalifornien und eine herrliche Aussicht auf den Pazifik machen diesen Bau besonders geeignet als Museum für antike Exponate. Da es ein größeres Budget und daher auch höhere Unterhaltungskosten als andere Museen hat, liegt ein wundersamer Glanz über dem Ganzen, um den die Römer es beneidet hätten. Zu beachten sind (unten) die vorgetäuschten Säulen, die Girlande und der falsche Marmor. Verschiedene pompejanische Stile machten aus der Täuschung eine Tugend, die hier ironischerweise noch täuschender ist — zum Beispiel die einander widersprechend gestrichenen Schatten (siehe Seite 94/95).

mungen, deutlich an Borromini erinnernd, den er studiert hatte, jedoch ebenso unübersehbar von Le Corbusier beeinflußt. Hier haben wir die schizophrene Kreuzung zweier Kodes, die für die Postmoderne charakteristisch ist: die einhüllenden, fließenden Kurven des Barock, das Übergreifen des Raumes, die verschiedenen Raummittelpunkte, die sich überschneiden, *und* die brutalistische Behandlung des Betonblocks, grobe Schalung und die Gitarrenformen des Modernismus. Ich nenne diese Daten des italienischen Historizismus, um sie dem nur wenig späteren Auftreten der gleichen Erscheinung in Japan, Spanien und Amerika entgegenzusetzen (wenn Kritiker auch manchmal behaupten, in den USA sei er zuerst erschienen). Obgleich Saarinen seine „Orangenschalenkuppel", das Kresge Auditorium mit Kapelle, 1955 erbaute und diese an die Renaissance und ihre mittelalterlichen Vorläufer erinnert, tritt tatsächlich erst bei seinem Stiles und Morse College in Yale (1958—1962) in „Erdnußkrokant-Gotik" offenkundiger Historizismus zutage. Hier haben wir ein bewußt mittelalterliches Layout, pittoreske Massenverteilung, eine Beachtung des lokalen Kontextes von Yale — summa summarum die Anfänge der einfühlsamen Stadtgestaltung. Detaillierung und Massierung mögen schematisch und ärmlich sein, aber das ist das Erbe der Moderne. Saarinen konnte nicht gleich den zweiten Schritt machen und konventionelle Dekoration einplanen.

Der Semi-Historizismus beginnt in Amerika im großen Stil um 1960 mit den großen Werken von Philip Johnson und den kitschi-

geren Varianten von Yamasaki, Edward Stone und Wallace Harrison. Yamasaki und Stone produzieren ihre glänzenden islamischen Ziergitter im Jahr 1958 und danach „Beinah-Gotik" (1962) — zumindest ist dies das Datum von Yamasakis berüchtigten Bogen in Seattle (die noch auf ihre Kathedrale warten). Der Historizismus ist verdünnt, unsicher, halbfertig — weder überzeugende Applikation noch strenger Strukturalismus —, ein Problem für viele Architekten, die Mies verließen, um sich auf den Weg zur Dekoration zu machen (und niemals wirklich ankamen).

Philip Johnson ist mit Abstand der begabteste und intelligenteste dieser Gruppe. Er dachte über das Problem des Historizismus viel früher und länger nach als andere Architekten. Sein erster Versuch eines Bruches mit Mies war die Synagoge in Port Chester (1956) — außen eine verblüffende Vereinfachung, die an Ledoux erinnert, innen Anklänge an das Soane-Museum in London. Diese historischen Entlehnungen sind in einen schwarzen Bilderrahmen aus Miesschem Stahl plaziert, und das Fehlen von Ornament und Inhalt kennzeichnet den Bau als modern. So schaut Johnson, wie so viele andere, in zwei Richtungen. Seine schriftlichen Äußerungen und seine Sensibilität übertreffen vermutlich seine Architektur als Beiträge zur Postmoderne.

Im Jahr 1955 enthüllte der Aufsatz, der „Die sieben Krücken der modernen Architektur" attackierte, einige der Formeln, hinter denen sich die modernen Architekten versteckten oder der Verantwortung für formale Entscheidungen zu entgehen suchten. Zum Beispiel waren der Anspruch auf Nützlichkeit und konstruktive Effizienz zwei solche „Krücken"[16]. Im Beitrag „The Processional Element in Architecture" entlarvte Johnson später (1965) die räumliche Vereinfachung der Moderne. In Verbindung mit seinem Spiel mit historischen Formen (der überflüssige Segmentbogen erscheint an seinem Amon Carter Museum — 1961 — und beim Gartenpavillon in „halber Größe" in New Canaan — 1962) stießen diese Argumente zweifellos die Tür der Geschichte weiter auf:

„Mies ist solch ein Genie! Aber ich bin alt geworden! Und gelangweilt! Meine Richtung ist klar: eklektische Tradition. Das ist keine akademische Stilreproduktion. Es gibt keine klassischen Ordnungen oder gotische Kreuzblumen, ich suche, aus der Geschichte zu übernehmen, was mir gefällt.

Wir können die Geschichte nicht kennen[17]."

So haben wir 1961 zumindest eine frühe treffende Äußerung zugunsten des Eklektizismus. Was Johnson von seiner Weiterentwicklung abhält, sind nicht nur sein scherzhafter Ton, seine Bevorzugung von oberflächlichem Witz gegenüber tiefergehender Forschung, sondern auch seine sehr modernistische Verpflichtung

135

142
141

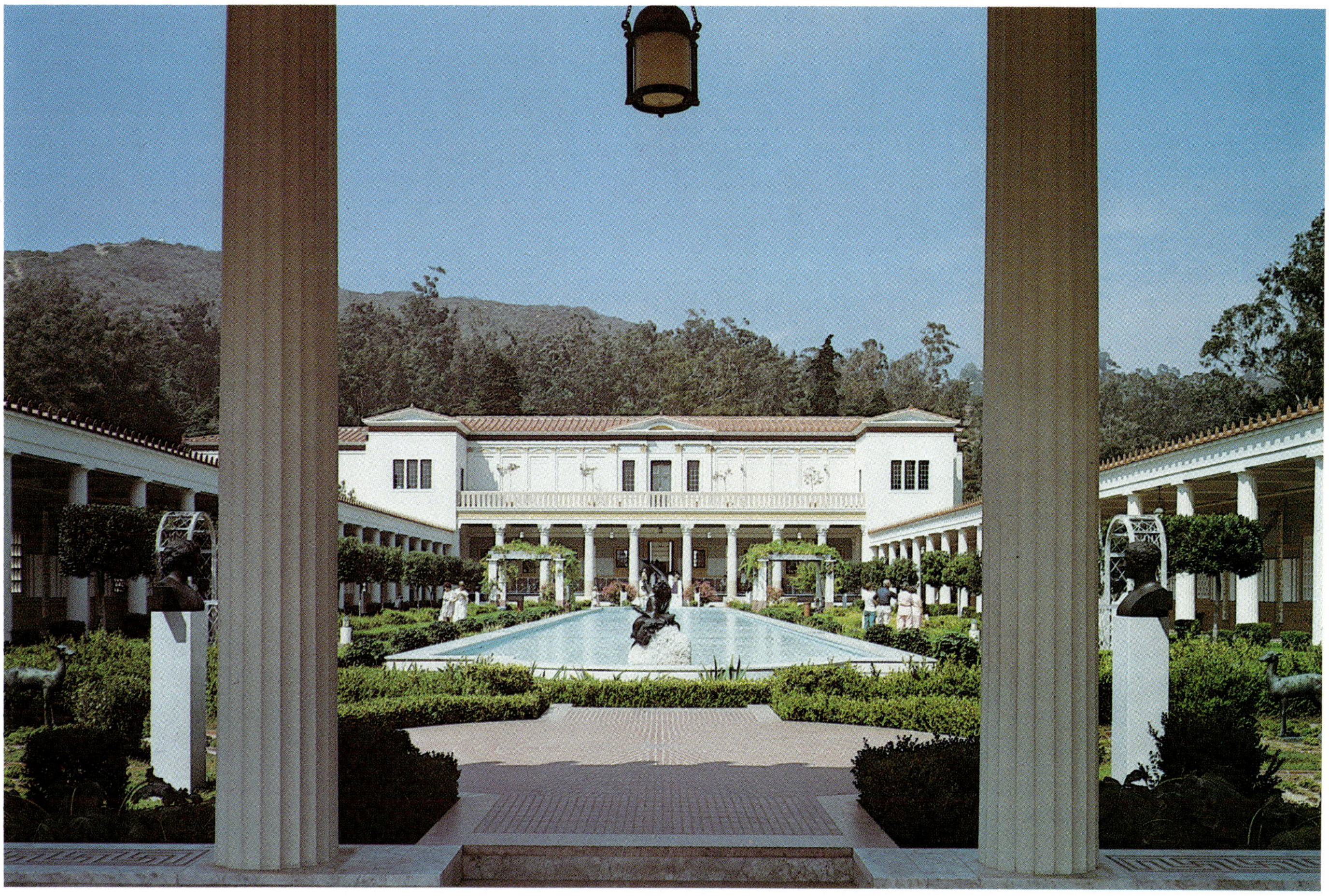

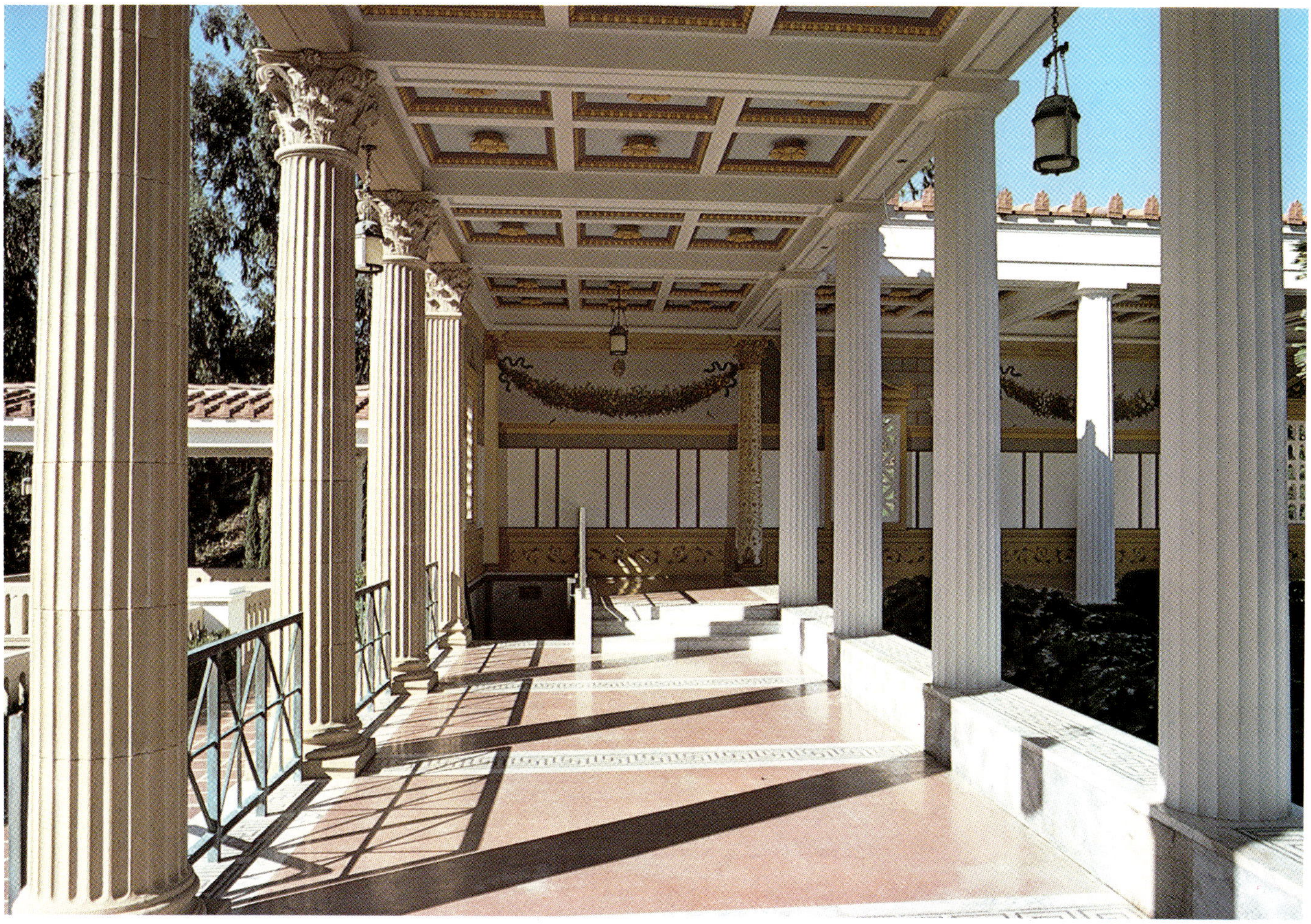

Gegenüberliegende Seite, oben:
138 Ralph Erskine: Die „Mauer" der Siedlung Byker von außen, New-castle upon Tyne/England, 1976.
Alte Bauten sind in die Bebauung integriert, welche die Siedlung vorm Ver-kehrslärm schützen soll. Verschiedenfarbiger Backstein und die Hauben der Ventilatoren bilden eine Art rhythmischer Dekoration, die am Verspiel-ten gerade noch vorbeigeht. Die „Mauer" hat dem Quartier starke Identität verliehen, sowohl positiver als auch negativer Art (siehe Seite 104).

Gegenüberliegende Seite, unten links:
139 Bernard Maybeck: Haus Leon Ross, San Francisco, 1909.
Eine sehr dynamische Behandlung des Themas Gesicht, verbunden mit vielen anderen Vorstellungen: einem Körperimage, einem Satz dicht ge-schichteter Frontalflächen, der Nebeneinanderstellung von Gotik und Tu-dorstil, dem Kontrast der Materialien (siehe Seite 116)

Gegenüberliegende Seite, unten rechts:
140 Antonio Gaudi: Kapelle der Colonia Güell bei Barcelona, 1908—1915.
Diese Eingangshalle der Krypta zeigt geneigte und gegeneinander ge-drehte Säulen, während die Muskeln und Sehnen dieses dynamische Spiel der Kräfte betonen. Einige Säulen ähneln sich neigenden Bäumen, da sie mit einem borkenähnlichen Stein verkleidet sind. Die Backsteinkup-peln sind hyperbolische Paraboloide — das gesamte Mauerwerk war vor der Ausführung als Modell erarbeitet. Leider wurde nur die Krypta gebaut. (siehe Seite 117).

141 Sir John Soane: Frühstückszimmer (Soane-Museum), London, 1812.
Die Kuppel, erstmalig säkularisiert von Palladio, ist hier in diesem „Tem-pel" der Häuslichkeit noch stärker verweltlicht. Spiegel nehmen den Platz der religiösen Ikonographie ein, der Kamin ersetzt den Altar, mystisches Licht wird durch indirekte Beleuchtung und einen sehr dichten, geschich-teten Raum ersetzt, der die Tiefe verkürzt. Soanes Werk wird von Postmo-dernen wie Charles Moore und Michael Graves bewundert.

142 Philip Johnson: Synagoge Kneses Tifereth Israel, Port Chester/New York, 1956.
Ein dünner Gipsbaldachin ist zeltähnlich über das Schiff gespannt und bricht es in gewölbte Felder auf. Diese Anwendung einer traditionell unter Druck stehenden Form unter Zug und mit indirekter Belichtung erinnert an Soanes erstaunliche Verdrehung der klassischen Grammatik.

143 Kisho Kurokawa: Kinderheim, Yokohama, 1964/65.
Die schwere Dachform mit nach oben gebogenen Dachtraufen, den langen Horizontalen und der übergreifenden Konstruktion sind traditionelle japanische Zeichen. Die Proportionen und das Fehlen von kleinmaßstäblichen Details sind jedoch ebenso modern wie das Stahlzelt.

144 Kiyonoro Kikutake: Hotel Tokoen, Badeort Kaike, Yonago/Japan, 1963/64.
Der japanische Stil ist deutlich erkennbar in den konstruktiven Elementen und dem Dachrestaurant mit seinen sanften Kurven. Das Gebäude ist außerdem stark ablesbar und aufgebrochen in verschiedene semantische Bereiche: Pensions- und Konferenzräume unten, darüber ein offenes Deck und zwei Geschosse Hotelzimmer (die Maße im Inneren entsprechen den Abmessungen der Tatami-Matten) und vertikaler Treppentrakt.

zur „reinen Form — häßlich oder schön — aber reine Form"[18]. Der Historizismus Johnsons bleibt auf der Ebene der Nestbeschmutzung, mehr bei abstrakten Kodes als bei leichter zugänglichen und konventionellen. So erarbeitete er niemals Argumente für das Ornament, für regionale Anpassung oder kontextuelle Eignung — drei mögliche Unterstützungen seines Eklektizismus, die ihn hätten stärken können.

Wenn Johnson und Saarinen als Semi-Historizisten oder halbe Postmoderne klassifiziert werden können (siehe die Genealogie, Seite 80), dann trifft das auch auf den „Japanstil" und die „Schule von Barcelona" zu, die sich zur gleichen Zeit entwickelten, aber in Richtung auf einen regionalistischen Ausdruck. Der „neue Japanstil", ein Begriff, den Robin Boyd prägte, ist am beispielhaftesten 143 dargestellt im Werk von Kunio Mayekawa, Kenzo Tange, Kiyonori 144 Kikutake und Kisho Kurokawa in den sechziger Jahren[19]. Es enthält nationalistische und traditionalistische Elemente innerhalb einer auf Corbusier basierenden Syntax. So werden vorkragende Balken, Auflager, Torii-Eingänge, sanfte Kurven, schräge Masten, Darstellung der Konstruktion — alle die Kennzeichen der japanischen Holzarchitektur — übersetzt in Stahlbeton und nebeneinandergestellt nach der Methode der „gedrängten Komposition". Le Corbusier entwickelte diese Methode der kubistischen Collage,

und die Japaner verfeinerten sie häufig mit ihrer traditionellen Zen-Ästhetik des asymmetrischen Gleichgewichts. Während sie brutalistische Materialien verwenden und durcheinanderwerfen, enden sie doch immer bei etwas so Elegantem wie einem Raum für das Teezeremoniell (wenn auch aus fleckigem Beton). Wie Johnson und Saarinen zögern sie mit der Übernahme traditioneller Elemente und eines totalen Eklektizismus. Tange schrieb 1958: . „So gesehen, ist Regionalismus nichts weiter als die dekorative Anwendung traditioneller Formelemente. Diese Art von Regionalismus orientiert sich an der Vergangenheit . . . Dasselbe gilt für die Tradition[20]."

Was, möchte man fragen, ist denn eigentlich so schlecht an der dekorativen Anwendung traditioneller Elemente — am ehrlichen Ornament und an traditionellen Stilen? Keiner war in den sechziger Jahren darauf vorbereitet, diese Fragen klar zu stellen, und so blieb das vage modernistische Mißtrauen vor dem Ornament und der Konvention bestehen.

Ich meine, daß der erste moderne Architekt, der dekorative Formgebung und traditionelle Symbole (etwa den Torbogen) auf aggressive Art anwendete, Robert Venturi ist. Sein Zentrum für Krankenschwestern und Zahnärzte (1960) hat dekorative Formen, die als übertriebene Augenbrauen über die tieferliegenden Fen-

145, 146 Venturi und Short: Schwesternhaus, North Penn Visiting Nurses Association, 1960.
Der Bogen, ein Zeichen für die Tür, ist in Kontrast zu rechtwinkligen und diagonalen Elementen gesetzt, um den öffentlichen Eingang zu betonen oder überzubetonen. Diese bizarre, ja „häßliche" Anwendung war jedoch eines der ersten Gebäude, das historisches Ornament auf erkennbare und symbolische Weise verwendete.

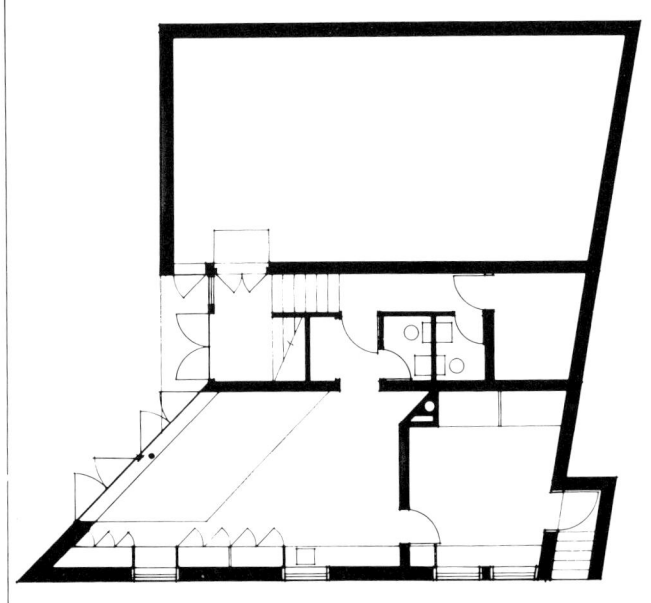

147 Venturi und Short: Schwesternhaus.
Der Grundriß ist ein verschobenes Quadrat. Die ungeraden Winkel und der schiefe Raum der Postmoderne entwickelten sich aus solchen Grundrissen.

ster gesetzt sind, und einen hauchdünnen, durch diagonale Verstrebungen geteilten Bogen, der ausruft: „öffentlicher Eingang!" Alle Arten von Ideen, die später einen Einfluß ausübten, sind in diesem Bau bereits vorhanden. So könnte er durchaus zutreffend als das erste Anti-Monument der Postmoderne bezeichnet werden. Robert Stern entwickelte ornamentale Vorstellungen, und viele Architekten, zum Beispiel Charles Moore, lernten von seinen spaßigen Ecken, gebogenen Wänden, häßlichen Ironien und dem „postmodernen Raum" (aber davon später mehr). Es genügt hier 147 zu sagen, daß wir endlich ein Gebäude haben, das in bestimmter Hinsicht vorsätzlich traditionell ist. Wie barocke Bauten ist es nach den Forderungen des urbanen Kontextes, der Straßenflucht und des Raumflusses gestaltet. In manieristischer Weise spielt Venturi mit dem Maßstab, indem bestimmte Fenster und Türen stark vergrößert, andere wiederum verkleinert wurden. Mit Sicherheit sind die einkalkulierte Häßlichkeit und Unbeholfenheit manieristisch. Das Dach ist eine Beleidigung der Strenge des Wetters, die aufgelöste Kistenform eine Beleidigung des Internationalen Stils (was beabsichtigt war).

Venturis Polemik gegen den Modernismus konzentrierte sich zu Beginn vorwiegend auf die Geschmacksfrage und erst später auf den Symbolismus. In seinem ersten Buch, „Complexity and Contradiction in Architecture", 1966 (deutsch: Vielfalt und Widerspruch, 1978), hat er eine Reihe visueller Prioritäten in Gegensatz zum Modernismus gesetzt: Vielfalt und Widerspruch kontra Vereinfachung; Doppeldeutigkeit und Spannung anstelle von Offenheit; „Sowohl-als-auch" anstelle von „Entweder-oder"; doppelt funktionierende Elemente anstelle von einfach wirkenden; Kreuzungen anstelle von reinen Elementen; unsaubere Vitalität (oder das problematische „Ganze") anstelle der klaren Einheitlichkeit. Zusätzlich zu diesen stilistischen Kodes lieferte Venturi zwei noch wichtigere Beiträge zu der wachsenden Diskussion. Der erste war seine Absicht, bisher unbeachtete historische Bauwerke zu plündern, wie die der Manieristen und von Lutyens (der mit Gaudi jetzt zum Vorbild für fast alle postmodernen Architekten geworden ist), der zweite sein Engagement für die Pop-Kunst, dann für die Main Street, Las Vegas und schließlich für Levittown. Zusammen mit seiner Frau, Denise Scott Brown, und seiner Planungsgruppe untersuchte Venturi diese bisher abgelehnten Manifestationen des volkstümlichen Geschmacks auf ihre „Unterweisung im Symbolismus". Die Ergebnisse wurden in einer Ausstellung zusammengefaßt, die durchaus die erste Anti-Ausstellung der postmodernen Architektur genannt werden kann: „Zeichen des Lebens: Symbole in der amerikanischen Stadt" (anti, weil sie den konventionellen 102 Museumskodes für die Ausstellung von Kunstwerken widersprach).

Das Schwergewicht von Venturis Beitrag als Ganzem lag auf der Aufwertung kommerzieller Gags und des Eklektizismus des neunzehnten Jahrhunderts, wie sie sich auf der Massenebene mitteilten. Es gab gewisse Probleme der exakten Betrachtung, jedoch wurde keine ausgearbeitete Theorie des Symbolismus vorgelegt, und so vermehrten sich die Beispiele in jeder beliebigen Richtung; es wurden keine Maßstäbe zur Auswahl und Beurteilung von kommerziellen Gags gesetzt.

Die Diskussion wurde auf der Ebene des persönlichen Geschmacks, nicht der semiotischen Theorie geführt, so daß Venturis „Reklamewände" etwas willkürlich über die „Enten" triumphierten (um diese beiden ziemlich primitiven Kategorien zu verwenden). In der Tat waren das bedingungslose Eintreten des Venturi-Teams für die Argumentation mit dem Geschmack und die Umkehrung des Geschmacks der vorhergehenden Generation im Grunde exklusiv und modernistisch[21]. Im Gegensatz dazu vertritt die Postmoderne, die sich aus semiotischer Forschung entwickelt hat, die abstrakte Vorstellung von Geschmack und seine Kodierung und nimmt erst danach eine Position ein. Kein Kode ist also von vornherein besser als der andere, und daher muß die Subkultur, für die geplant wird, identifiziert werden, ehe ein Kode dem anderen vorgezogen werden kann.

148, 149 Venturi und Rauch: Allen Art Museum, Oberlin College, Oberlin/Ohio, 1973—1977.
Dieser Anbau an ein italienisches Neorenaissance-Gebäude aus dem Jahr 1917 sucht sowohl Harmonie als auch Kontrast mit dem alten Bauwerk durch seine Proportionen und den rosafarbigen und roten Naturstein. In semantischer Hinsicht ist dieser „elegant dekorierte Schuppen" jedoch eher eine Turnhalle als ein Museum und unglücklich in die umgebende Bebauung integriert.

Das Venturi-Team schloß ein ganzes Repertoire von Kodes aus, nicht nur „Enten", sondern auch „kühne und originale" Architektur, die große Geste, die Wiedererweckung des Palazzo pubblico und alle die Bauwerke, die für sie im Widerspruch zu ihrem dekorierten Schuppen stehen[22]. Warum das? Weil sie immer noch eine modernistische Vorstellung vom „Zeitgeist" haben und ihre besondere Auffassung dessen „nicht die Umgebung für kühne Kommunikation durch reine Architektur" ist. „Jedes Medium hat seinen Tag." Unser Tag, so könnte man es von McLuhan gehört haben, ist der des Symbolismus durch elektronische Medien — die „elektrografische Architektur" von Tom Wolfe. Es ist erheiternd, die diametral entgegengesetzten Positionen des Venturi-Teams und von Philip Johnson festzustellen. Beide nehmen A-priori-Stellungen zur „reinen" Form ein — die einen anti, der andere pro —, als ob solch einseitige Betrachtungen der Kommunikation angemessen wären. Da die Postmoderne radikal umfassend ist (wie die Renaissancearchitektur), muß sie die Vereinfachung beider Polemiker kritisieren und ihre Ursachen angreifen. Letztlich ist der Modernismus in entscheidendem Maße nichts anderes als die Vorspiegelung eines Zeitgeistes nach dem anderen, von denen jeder behauptet, im Mittelpunkt zu stehen, jeder das Pendel zu weit ausschlagen läßt, jeder die Kriegstaktiken von Schock, Schlachtruf und Vertreibung übernimmt. Ein Problem der Postmoderne ist das Übernehmen von Mehrfachkodes, ohne in den Kompromiß und in unbeabsichtigte Nachahmung abzugleiten. Ein Weg dahin ist, wie wir später sehen werden, die partizipatorische Planung. Sie unterwirft den Planer Kodes, die nicht notwendigerweise seine eigenen sind, aber auf eine Art, die es ihm leichtmacht, diese Kodes zu respektieren.

Das Venturi-Team hat gewiß verschiedene Kodes angewendet, deren sich die Architektur bis dahin nicht bedient hatte, solche, die von der unteren Mittelklasse stammen und vom Kommerz à la Las Vegas. Ihre ausgeführten Bauten haben jedoch meist eine andere Geschmackskultur zur Zielgruppe — Professoren, Colleges oder „Bauherren mit Geschmack" —, und so entstand eine Art Schluckauf zwischen der Theorie und der Praxis[23].

Ihre Praxis variiert in dem Bemühen um „gewöhnliche und häßliche" Architektur. Die Erweiterung des Oberlin College (1973—1977) ist ein dekorierter Schuppen aus rosa Granit und rotem Sandstein — „eine High-school-Turnhalle der vierziger Jahre", wie sie es nennnen —, angeklatscht an ein harmonisches Neorenaissance-Gebäude. Der Anschluß, die Struktur, das Dach und das Muster sind widersprüchlich und beabsichtigt stümperhaft. Man bezweifelt, daß die Rechtfertigung: „Die Künstler wollen keine kühne Architektur", ausreicht. Da ist ein offenkundiger Bruch in der Logik, verursacht durch Venturis frühere Verpflichtung zur Häßlichkeit. Denn warum sollte die Kodierung einer Gymnasialturnhalle aus den vierziger Jahren verwendet werden?

Das Haus Brant (1971) liefert das Argument für seine Kodierung durch Assoziation: Da die Eigentümer eine große Sammlung von Art-déco-Objekten besitzen, gibt es verschiedene Zeichen dafür in der Detaillierung. Außen gleiten zwei Blenden aus grün glasierten Ziegeln auf der Diagonale, und flache, stromlinienförmige Elemente aus schimmerndem Metall fassen die Fläche ein. Innen werden Andeutungen von Lutyens sichtbar: schwarze und weiße Marmortreppen schwingen gegeneinander, und die Eingangsfolge ist unterbrochen durch eine Reihe von Verschiebungen in Achse und Maßstab.

Aber — und hier erscheint wieder der willkürliche Kode — die Rückseite ist „ein Postamt aus den dreißiger Jahren und Walter Gropius", als ob diese beiden Quellen zu Art déco passen würden. Sicher steigen die Venturis bewußt herab und genießen die „triviale" Seite der Dinge. Ein weiteres Zitat enthüllt die Ausgefallenheit der enthaltenen Kodes: Sie sagen, die Südseite „ähnelt einem schlichten georgianischen Landhaus" (mit Ausnahme dessen, daß kein zentrales Motiv vorhanden ist)[24].

Nachdem dieser Vergleich jedoch einmal gemacht ist, herrscht — wie bei so vielen anderen modernen Gebäuden, die historische Assoziationen versuchen — die *nicht*-historische Parallele vor. Die Bogenfront ist so weit ausgedehnt, daß kein Georgianer sie erkennen würde; das gleiche gilt für die gigantische seitliche Vorhalle. Die Fenster, Farbgebung, Details sind in ihren manieristischen Proportionen alle nicht georgianisch. Man kann das Gebäude wegen seiner hervorstechenden Besonderheiten, seiner sorgfältigen Verzerrung der Kodes und seinem sprühenden Witz mögen — ein hübsches Gartenhäuschen aus grünem Gitterwerk erhebt sich an der Westseite —, aber sich dennoch wundern, warum die Venturis sich so sehr bemühen müssen, originell auf diese ausgefallene Weise zu sein. Es hat den Anschein, als wäre ihr Empfinden immer noch modern, während ihre Theorie postmodern ist.

Zwei Bauwerke, die in ihrer historischen Anspielung direkter sind und einen harmlosen, aber interessanten Dialog mit der Vergangenheit führen, sind die Häuser Trubeck und Wislocki (1970), welche die regionalen Elemente von Cape Cod in überzeugender und doch faszinierender Weise anwenden, und der Entwurf für Franklin Court (1972—1976), eine Hommage an Benjamin Franklin zur Zweihundertjahrfeier. Hier kennzeichnet ein passendes Geisterimage aus nichtrostendem Stahl die Silhouette des alten, nicht mehr existierenden Landsitzes. Darunter liegen die Reste der alten Bebauung, die man durch verschiedene bunkerähnliche Schlitze, gut durchdacht über Bodenniveau angeordnet, erspähen kann. Ein neokolonialer Garten, etwa nach Franklins Beschreibung angelegt, ist übersät mit verschiedenen seiner moralisch aufrüstenden Slogans. So hat das Venturi-Team hier kein Gebäude produziert, sondern einen sehr amüsanten Garten, der Bedeutungen aus Vergangenheit und Gegenwart auf eine Weise verbindet, die nicht besonders ausgefallen ist. Er paßt in den urbanen Kontext, er folgt sowohl populären als auch elitären Kodes, er ist häßlich und schön und könnte daher als das erste *Monument* der Postmoderne bezeichnet werden.

150 Venturi und Rauch: Haus Brant, Greenwich/Connecticut, 1971. Ansicht von Süden. Der grün glasierte Backstein in zwei Schattierungen und die Metallstreifen sind im Einklang mit der Art-déco-Sammlung der Besitzer, aber die beabsichtigten Bezüge zu Landhäusern sind so versteckt und unterkodiert, daß sie unbemerkt bleiben.

151 Venturi und Rauch: Franklin Court, Philadelphia, 1972—1976. Ein offener Rahmen aus nichtrostendem Stahl folgt etwa der Form von Benjamin Franklins altem Landhaus, der ,,Wundergarten'' enthält seine Memorabilien, während die umgebenden Bauten restauriert wurden — eine überzeugende, wenn auch bescheidene Verbindung von alt und neu.

152 Lluis Clotet, Oscar Tusquets: Giorgina Belvedere (Pavillon), Gerona/Spanien, 1971/72.
Dieser Pavillon sollte zu dem klassizistischen Anwesen Bezug aufnehmen und einen Kontrast darstellen. Man betritt ihn über das Dach, zwischen den Säulenreihen des Tempels. Der doppelgeschossige Raum ist gegen kleinmaßstäbliche Gitter und Balustraden abgesetzt, bäuerliche Holzläden sind gegen weißen Verputz gesetzt, eine großartige Ironie der Postmoderne.

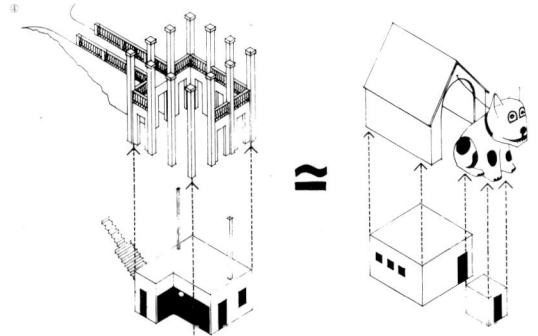

153 Clotet und Tusquets: Vergleich ihres Pavillons mit dem „Hunde"-Haus in Südafrika. Dekoration und Symbolismus sind hier wörtlich genommen wie bei Venturi.

Vielleicht waren Robert Venturi und Denise Scott Brown, weil sie die Moderne bekämpfen mußten, um ihren Stil und ihre Position zu behaupten, damals noch nicht in der Lage, traditionelle Kodes gelassener anzuwenden, wie es ihre Nachfolger getan haben. Sicher zeigt Robert Stern, über den wir später sprechen werden, eine Art üppiger Leichtigkeit in der Anwendung des „Venturi-Stils", und die Schule von Barcelona kann ihn ihren lokalen Gegebenheiten anpassen[25]. Eine Gruppe der Barcelona-Architekten, Mora-Piñon-Viaplana, hat Elemente nicht nur von Venturis formalen Vorstellungen übernommen, sondern auch von der Semiotik im allgemeinen, um ironische Gegenüberstellungen von Eingangsbereich und Verkehr, Pfeiler und Wand zu bewirken. Ein anderes Team, Clotet und Tusquets, produziert dagegen betonten Sarkasmus durch Nebeneinanderstellen von Altem und Neuem. 152 153 Sie setzen ein hauchdünnes Gitter über eine kühne Ordnung von Pfeilern. Zwischen den Pfeilern und auf dem Dach des Hauses, von einer Balustrade umgeben, ist Platz zum Parken der Autos. Schließlich wirken die Pfeiler, die bis zum Boden reichen, als Abschirmung, hinter der rustikale Läden und Fenster liegen — nicht in der gleichen Ebene mit den Pfeilern! Die Betonung der Vertikalen ist meisterhaft, die Aufteilung des Raumes eine Überraschung, der Kontrast der Bedeutungen begeisternd. Es ist, als ob man ein antikes Gebäude nach der Ästhetik des Internationalen Stils (oder umgekehrt) komponiert hätte, ein typischer Einfall der Postmoderne.

Mit solch einem Gebäude also, 1972 fertiggestellt, schließt der moderne Architekt *beinahe* Frieden mit dem Historizismus und gestattet sich selbst, die Tradition unmittelbar zu zitieren, wo es einen Sinn hat (das Bauwerk steht auf einem klassizistischen Anwesen). Ich betone das Wort „beinahe", weil diese Architekten den traditionellen Weg wirklich noch nicht weit gehen können und befürchten müssen, Innendekorateuren und Reaktionären zu begegnen, die ihnen von rückwärts entgegenkommen. Denn ihre volle Ausnutzung der Vergangenheit ist teilweise gestoppt worden durch den Nostalgie-Boom, die Fortführung der reproduzierten Architektur mit ihren reproduzierten Stilmöbeln, dem Pseudo-Traditionalismus, der niemals ausgestorben war und häufig zum Kitsch wurde. Der Ex-Modernist will immer noch nicht mit etablierten Wertvorstellungen belastet werden, denen des Eklektizismus, welcher der Stil von Wohlstand und Opportunismus in den vergangenen zweihundert Jahren gewesen war. So ist dieser Eklektizismus, wenn der Architekt zögernde Schritte auf ihn hin unternimmt, immer noch so verbogen, daß er als „modern" erkennbar ist, zumindest im konstruktiven Bereich, das Gegenteil also von Kitsch[26].

So müssen sich die postmodernen Architekten von der nächsten Gruppe unterscheiden, den Stilreproduzenten, die niemals in erster Linie modern waren.

Direkte Stilreproduktion

Man ist immer wieder überrascht zu sehen, daß die gotische Architektur in England das sechzehnte, siebzehnte und achtzehnte Jahrhundert unmittelbar bis zur Neugotik überlebte. Sie starb nie völlig aus, weil die Menschen diesen „nationalen" Stil liebten und es immer einige baufällige Kathedralen gab, die der Reparatur bedurften. Auf ähnliche Weise hat die alte Methode des Entwerfens nie ganz aufgehört zu existieren. Vielmehr hörten die Historiker auf, darauf zu achten — mit Ausnahme von Henry Russell Hitchcock, der ein kleines Kapitel seiner Geschichte der Gegenwartsarchitektur „Architecture called Traditional in the Twentieth Century" nannte. Sogar Hitchcock hört mit seinem Beitrag in den dreißiger Jahren auf. Seither hat meines Wissens niemand versucht, die Geschichte umfassend auf den gegenwärtigen Stand zu bringen. Der Grund dafür liegt zum Teil in der Tatsache begründet, daß die Stilreproduktionen zum Kitsch werden, traditionell zu traditionalistisch wird und das Ganze zu einer Art Ersatz — das heißt zu einem Substitut für die wiederbelebte Stilperiode, niemals zu einer 154

154 David Hicks: Appartement „Athen", 1972.
Die dorische Ordnung ist weiß gestrichen und von außen nach innen ge-
kehrt mit einem tiefen Fries, in dem die Entlüftungsschächte verborgen
sind. Stühle und Tische sind nach Abbildungen auf alten Vasen gestaltet.
Die weißen und schwarzen grafischen Elemente sind verblüffend in ihrer
Einfachheit und wirken eher modern als hellenistisch.

kreativen Fortführung der Tradition und zu einer intellektuellen Ko-
pie[27]. Das gilt zum Beispiel für die „Kathedrale des Lernens" in
Pittsburgh, eine vierziggeschossige gotische Kathedrale, die dem
155 Studium gewidmet ist, oder die sieben Wolkenkratzer in Moskau
im stalinistischen Barock (oder dem, was der Intourist-Führer be-
schönigend als den „Stil der fünfziger Jahre" bezeichnet). Viel
solcher Konfektionsarchitektur wurde gebaut, und einiges davon,
wie die Karl-Marx-Allee in Ostberlin oder die Arbeiteruniversität in
Gijon, sind wegen ihrer städtebaulichen Bedeutung von Aldo Rossi und anderen aufgewertet worden[28]. Rossi und andere Rationalisten, etwa die Brüder Krier, haben trotz der ihnen gemachten Vorwürfe ausgedrückt, daß ihr Werk nicht faschistisch sei und es tatsächlich keine ideologische Architektur gebe. Ihre Konfusion in
dieser Hinsicht ist insofern großsprecherisch, als sie auch ab und
an eine kommunistische Architektur anbieten:

„(Die diffamierenden Kritiken) sind töricht, weil eine ‚faschistische Architektur' nicht existiert. Es gibt jedoch eine Architektur der
faschistischen Ära, italienisch oder nazistisch, so wie es eine der
stalinistischen Ära gibt.

Ich habe große Bewunderung für die Architektur der stalinistischen Periode, und ich betrachte heute Bauwerke wie die Universität in Moskau und die Karl-Marx-Allee in Berlin als Denkmäler
der modernen Architektur[29]."

Warum wohl? Weil sie „gewaltige kollektive Kraftakte" darstellen, die beliebt sind beim „einfachen Volk" und heute ein Lehr-
stück für die Idee der Straße und des Denkmals darstellen.

In positiver Hinsicht hat Rossi einen Beitrag geleistet zu der
wachsenden Erkenntnis von der Rolle, die das Baudenkmal für
156 die Erhaltung oder die Erzeugung des Interesses für die Historie
und für das Stadtbild spielt — Grundgedanken der Postmoderne
für den kollektiven oder öffentlichen Bereich der Architektur. Ohne
ein klares Beharren auf dem öffentlichen Symbolismus — und
das bedeutet monumentale, dauerhafte Gesten, die selbstbewußt
bestimmte Wertvorstellungen ausdrücken — wird das Bild der
Stadt unvollständig, die Architektur ausweichend. Aber in negativer Hinsicht gelingt es Rossi nicht zu verstehen, wie Symbolismus
wirkt, warum Städte und gewöhnliche Menschen ein volles Recht
darauf haben, seine Architektur weiterhin faschistisch zu nennen,
selbst wenn er sie als Rückerinnerung an lombardische Bauernhäuser und seine Kindheit aufgefaßt sehen will. Das heißt, wieder
einmal hat der Architekt keine allgemeine Theorie der Kodes, daß

155 Lomonossow-Universität, Moskau, 1947—1953.
Der klassizistische Realismus, die Architekturform des Sozialistischen
Realismus, übernimmt hier die repressiven Formen des Zarismus, die gestaffelten Pyramiden und die Zeichen der bourgeoisen Macht. Dieser er-
zwungene und eintönige Symbolismus — die Architektur der Monotonie
— ist mit einer entsprechenden Megalomanie verbunden: Das Gebäude
beherbergt 18 000 Studenten in einem palastähnlichen Massenquartier.
Daß verschiedene westliche Marxisten, zum Beispiel Aldo Rossi, diese
Bauten als sozialistische Träume bewundern, ist ihre Sache. Aber daß sie
als urbane Prototypen angeboten werden, ist lachhaft. Das Unverständnis
für Kontext und historische Bedeutung wirkt komisch.

156 Aldo Rossi: Friedhof (Entwurf), Modena/Italien, 1971.
Das „Haus der Toten" im Vordergrund ist ein Spuk im buchstäblichen Sinne. Wie bei einem von Geistern heimgesuchten Haus werden die Fenster
nach außen geblasen, ist kein Dach vorhanden — perfekt für Tote und im
Sinne des Malers De Chirico. Eine leere Straße führt zum aufragenden
„gemeinschaftlichen Grab", unglücklicherweise als Rauchfang eines Kre-
matoriums kodiert. Diese teils unbeabsichtigte Kodierung, die Assoziation
der „Endlösung", hat zu Rossis Popularität und Ablehnung geführt. Ob ein
Friedhof so unbarmherzig tödlich sein sollte, mag dahingestellt sein, aber
außer Frage stehen seine monumentale Präsenz, das Image der Architektur als öffentliches Mahnmal und Symbolismus.

sie durch Gebrauch und Rückwirkung entstanden sind und sich je nach Klasse und Hintergrund unterscheiden. Wie der moderne Architekt sieht er naiv nur die Bedeutungen, die er eben sieht, und nimmt an, daß sie — und keine anderen — *in* dem Gebäude vorhanden sind. Im Gegensatz zu diesem naiven Realismus anerkennt die Postmoderne die weitgehend mögliche Natur der Bedeutungen. Zum Beispiel, ob der Faschismus nur reine klassizistische Formen verwendet hat oder nicht, und dann plant der Postmodernist mit diesen vergänglichen Zeichen im Gedächtnis. Natürlich gibt es keine unmittelbar ,,faschistische" Architektur, aber ebenso offenkundig ist die Tatsache, daß es in jüngster Zeit üblich war, Totalitarismus mit Neoklassizismus zu verbinden. Die Rationalisten versuchen, diese Form unverzüglich wieder in den semantischen Bereich zu erheben, wie es die Faschisten taten. Aber es wird weiterer zwanzig Jahre neuer Anwendung bedürfen, bevor die alte ausgelöscht ist und man sie neutraler betrachten kann.

Wenn Zeit und Gewohnheit die entscheidenden Variablen der architektonischen Bedeutung sind, wird der Fall der direkten Stilreproduzenten problematischer, denn sie sind, wie die Modernisten, oft unempfindlich für die Nuancen von Zeit und Kontext. Raymond Erith und Quinlan Terry haben in England sehr gelungene, kluge Übungen im klassizistischen Stil produziert — ein Landhaus in Kingswalden Bury, Hertfordshire, das sowohl im Stil der Brüder Adam als auch palladianisch ist, teilweise sogar im georgianischen Stil (Georgs von England, Anfang des neunzehnten Jahrhunderts). Aber es wurde 1971 fertiggestellt, und es ist kein anderer Hinweis auf diese Tatsache vorhanden als langweilige Wohlanständigkeit im Ausdruck.

157

Für eine Moschee irgendwo im Vorderen Orient produziert Quinlan Terry eine Kuppel — ,,so groß wie die von St. Paul" —, aber, abweichend von der St.-Pauls-Kathedrale, flankiert von zwei indischen Minaretts. Wiederum ist der Entwurf meisterhaft in seiner Berücksichtigung von Licht- und Schattenwirkung, und die Proportionen sind anständig. Aber es ist keine Andeutung von Ironie in der Übernahme von Kulturformen oder der Bruch im klassischen Entwurf spürbar. Während die Moderne allzu vereinfacht und alle Arten von Mißgriffen wie Pruitt-Igoe angeregt haben mag, läßt sich nicht behaupten — wie diese Entwürfe es tun —, daß die Moderne nie existiert habe. Das Klima der Meinungen muß genau erkannt werden, denn es ist nicht der Zeitgeist, den die Modernisten für sich in Anspruch nahmen, vielmehr eine Gewohnheit wie die Sitten und die Sprache eines Volkes[30]. Sie wird übernommen und geachtet aus Respekt, nicht aus Notwendigkeit.

Die Gleichgültigkeit der Stilreproduzenten in dieser Hinsicht geht, wie manchmal behauptet wird, mit ihrem Mangel an Kreativität, dem mangelnden ,,Leben der Formen" (um Focillions Ausdruck zu verwenden) in ihrem Werk einher. Henry-Russell Hitchcock hat auf das Problem hingewiesen: ,,. . . Wieviel Leben auch immer die traditionelle Architektur des zwanzigsten Jahrhunderts bis zum zweiten oder gar dritten Jahrzehnt des Jahrhunderts behalten hatte, im vierten war es gewichen. Nachrufe auf die traditionelle Architektur hat es viele gegeben — und oft vorzeitig. Die Gründe für den Tod sind noch strittig, aber die Tatsache der Auflösung ist jetzt [1958] allgemein anerkannt[31]."

Nun, Anhänger der Postmoderne würden etwas so Endgültiges wie den Tod bestreiten. Quinlan Terry hat argumentiert, daß die klassische Tradition, wie jede andere, möglicherweise noch lebendig sei:

,,Es ist wie bei einem dreidimensionalen Schachspiel — je öfter man das Spiel spielt, desto faszinierender wird es. Wenn ich entwerfe, spiele ich dieses Spiel; ich mache keine Imitation. Die Entwürfe entwickeln sich, als hätten sie ein eigenes Leben. Ich finde das faszinierend[32]."

Das Schachspiel der Ausarbeitung von Zügen, die noch nicht in einer Tradition verhaftet sind, ist eine Quelle von Inspiration und Leben. Aber im Gegensatz zu Terry kann dies sogar Imitation einschließen — ein mißverstandenes Spiel des Augenblicks.

157 Reymond Erith und Quinlan Terry: Kingswalden Bury, Hertfordshire/England, 1971.
In die symmetrische Tempelfront ist ein zurückgesetzter, verkleinerter Eingang plaziert. Eine geringe visuelle Rhythmisierung ist in den Fensterfeldern zu sehen. Aber diese Übung im palladianischen Stil ermangelt einer starken zugrundeliegenden Idee oder einer Erweiterung der klassischen Tradition.

158 Quinlan Terry: Moschee im Vorderen Orient, ab 1975.
Eine klassische römische Grammatik axialer Bauten mit Hinzufügungen aus indischer Kolonialarchitektur — und das für den Nahen Osten! Der Neoklassizist ist häufig ebensowenig einfühlsam wie der Modernist in der Annahme, daß seine Sprache universal anwendbar sei. Terrys Bauten haben jedoch eine schöne Balance der Teile, einen menschlichen Maßstab und eine feinkörnige Textur, wie seine Zeichnungen zeigen.

159, 160 Wohnhäuser (8 834, Dorrington und 8 836, Rangley) in Los Angeles, um 1972.
Bungalows, von Innenarchitekten in verschiedene Neo-Neo-Bauweisen umstilisiert. Die zugrundeliegende Sechsmeter-Kiste wird vorn durch einen Zaun oder eine Hecke erweitert, die Fassade verputzt oder mit Holz verkleidet und mit verschiedenen übertriebenen Zeichen für Status und Eingang versehen. Aber die Neo-Stile sind mit gewisser Kreativität imitiert. Zu beachten sind die Giebelungeheuer (Hummer), der Bruch im Maßstab und die starken Kontraste der Materialien. Diese szenografischen Tricks sind so amüsant wie gute Karikaturen.

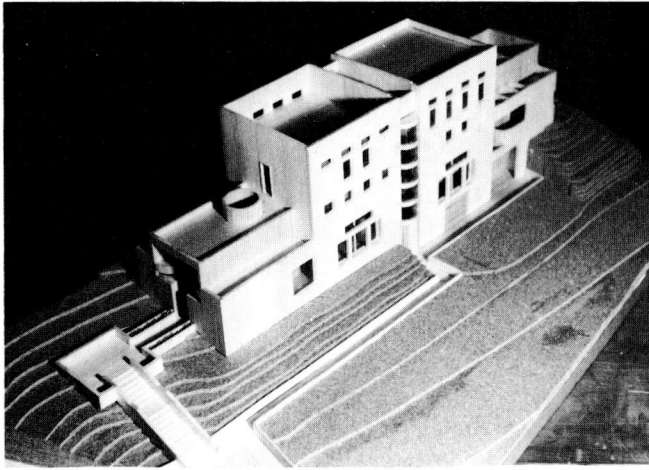

161 Mozuna Monta: Haus Okawa (Entwurf), 1974.
Die „Renaissance der Renaissance" mit dem Äußeren des Palazzo Farnese, gekreuzt mit dem Innenraum der Kapelle Pazzi. Seit die Japaner — wie die Bewohner von Los Angeles — Kultur ein wenig falsch reproduzieren, haben Künstler wie Monta diese Parodie zum Ausgangspunkt genommen und ernst zu nehmende Werke geschaffen, die auf der Karikatur basieren. Das Ergebnis ist manchmal eine Erweiterung der traditionellen Sprache.

Die respektable Fachwelt, die Akademiker und ernst zu nehmenden Architekten, ist ein wenig zu schnell in der Ablehnung dieser Art von Architektur. Aber glücklicherweise gibt es jetzt eine Reihe begabter Halbarchitekten, die auf diesem Gebiet arbeiten. Sie variieren von den Gay-Eclectic-Designern in Los Angeles — den Innenarchitekten, die bei ihren „Bungaloiden" (umgewandel-159 ten Bungalows, deren Geschlecht vom Spanisch der dreißiger 160 Jahre zum „Roccocola" der siebziger Jahre und in andere Moden umgewandelt wird) auch am Äußeren arbeiten — bis zu den japanischen Architekten wie Mozuna Monta, die bewußt die Moderne und die Renaissance karikieren und aus der Parodie eine rätselhafte Kunstform schaffen. Toyokaze Watanabe zum Beispiel vereint Le Corbusiers Villa Savoie und Aaltos Rathaus in einem Bau oder baut ein Kolosseum in einer ottomanischen Burg. Monta, der größte Ironiker unter ihnen, ein Mann, der die ganze kulturelle Verwirrung eines im westlichen Gewand lebenden Japaners im zwanzigsten und gleichzeitig im fünfzehnten Jahrhundert erkennt und empfindet, hat verschiedene Renaissance-Prototypen gekreuzt, zum Beispiel Michelangelos Palazzo Farnese mit Brunelleschis 161 Kapelle Pazzi. Die Ergebnisse solcher Kreuzungen haben eine gewisse formale Integrität und Bedeutung; das Schachspiel enthielt diese unentdeckten Formen des Schachmatt in seinen Regeln. Kulturen wie die von Los Angeles oder Japan, die wesentliche Trends immer ein wenig zu spät kopieren, bereitet es besonderes Vergnügen, diesen Zeitverzug zu einer bewußten Kunst zu machen.

Diese Karikatur oder Parodie ernsthafter Kultur unterminiert natürlich ihren Anspruch, ebenso wie die unbewußte Entstellung sie abwertet. Aber die Abkehr ist nur vorübergehender Art, eine kurze Zeitspanne, ehe die latent vorhandene Stimmung sich geltend macht und die Entstellung auf einem neuen Kulturniveau wieder etabliert. Monta, Watanabe, Shirai und bis zu einem gewissen Grad Isozaki und Takeyama verwenden die Entstellung als eine Art Spiegelbild — Genre der gegenwärtigen kulturellen Verwirrung. Wenn sie lange genug praktiziert wird, kann sie die unbeabsichtigte Folge zeitigen, eine brüchige Gesellschaft zu einen[33]. Einer der Vorzüge der Parodie außer ihrem Witz ist ihre Beherrschung des Klischees und der Konvention, Aspekte der Kommunikation, die für die Postmoderne essentiell sind.

Gibt es Anlässe, wo die direkte Stilreproduktion ohne Ironie anwendbar ist? Conrad Jameson würde mit Ja antworten, wenn es um Wohnungsbau geht, vor allem um Massenwohnungsbau, wo man nach Vorlagenbüchern sucht[34]. Das Argument könnte hier lauten, daß Reihenhäuser im Stil des achtzehnten oder neunzehnten Jahrhunderts modernen Siedlungen vorzuziehen wären, weil jede Tradition — solange sie ungebrochen ist — mehr und ausgewogenere Wertvorstellungen enthält, als ein moderner Architekt erfinden oder planen kann. Die Menschen lieben diese Reihenhäuser mehr als neue Wohnformen. Sie sind häufig billiger zu bauen als die Alternative im Systembau, und sie passen in Ausdruck und Maßstab in den urbanen Kontext. So wählt man ein Mo- 162 dellvokabular, das in die Umgebung paßt und sie nur schrittweise modifiziert, wenn hier Bedarf für eine Garagentür oder dort für einen Kühlschrank besteht. Sonst hat die Tradition immer den Vor- 163 zug der Ungewißheit: Architektur ist eine soziale Aufgabe, keine kreative Kunst.

Während Jamesons Argumente besonders für den Massenwohnungsbau zutreffen, scheint es mir, daß sie nicht so absolut sind, wie er es beabsichtigt: „Radikaler Traditionalismus" ist nur ein möglicher Ausgangspunkt unter vielen, und es gibt keine Begründung dafür, daß ein Architekt ihn nicht *auch* verwenden kann, um nichtsoziale, ästhetische und metaphysische Bedeutungen zu signalisieren, die sich nur an wenige richten. So kann Jamesons Traditionalismus durchaus übernommen werden als eine führende Richtung der Postmoderne. Er wird aber als eine Sprache verwendet werden, die gelegentlich eklektische Elemente enthält und ebenso die persönlichen, ja elitären Ideen ausdrückt wie die sozialen Bedeutungen, die er fordert.

162 Altstadt von Warschau, wiederaufgebaut 1945—1953, Rekonstruktion nach alten Fotografien, Aufmaßzeichnungen und persönlichen Aussagen der Menschen, die dort gewohnt haben. Der Marktplatz wurde nach der Zerstörung durch die Nationalsozialisten als Symbol für Polens Wiedergeburt wiederhergestellt. Das Innere der Häuser wurde natürlich schrittweise umgestaltet, um modernen Bedürfnissen zu entsprechen.

163 Hassan Fathy: Neue Stadt Gourna/Ägypten, 1945—1947. Eine Neuentdeckung der bodenständigen Architektur. Dieses Dorf aus Lehmziegeln mit engen, geschützten Straßen und traditionellen Formen ist eine heutige Nachbildung einer seit 2 000 Jahren existierenden Dorfform. Als Beispiel für Eigenbau ist die Stadt nicht nur viel billiger, als jedes moderne Pendant sein könnte, sondern auch vielfältiger und reizvoll. Jameson behauptet, daß es die Aufgabe des Architekten ist, solche Bautraditionen der Vergangenheit wiederzuentdecken und sie funktionsfähig zu erhalten durch schrittweise Veränderung. Gourna ist der Beweis dafür, daß das möglich ist — aber wo gibt es den barfüßigen Architekten im Westen?

164, 165 Wohnbebauung in Houston/Texas, um 1971. Die Vorderfronten sind individuell gestaltet in einem von fünf Pseudostilen, während die Rückseiten — die zum Parken und zur Anlieferung dienen — à la Bauhaus aussehen. Die traditionsreiche Trennung von Dekor und Funktion ist hier zu seltsamer Länge ausgedehnt.

Es gibt bereits eine Richtung der kommerziellen Stilnachahmung, die zu einer großen Industrie geworden ist: das populäre Haus und der spekulative Wohnungsbau. Es gibt auch die wohlbekannten Imitationen von Portmeirion, Disneyland und ihre weltweiten Varianten. Diese Tradition entwickelte sich sehr schnell im Fernen Osten, in Los Angeles und Houston in Texas, wo neue 164 „Ersatz"-Städte oder zumindest gewaltige Wohnsiedlungen so 165 schnell entstehen wie ein amoklaufendes Kunststoffmolekül. Einige dieser Siedlungen sind so artifiziell, daß beim Einzug in eine Wohnung bereits Van Goghs Sonnenblumen an der Wand hängen und die Betonscheite vor Hitze aus verborgenen Gasdüsen knistern. Dieser „totale Service" ist offenbar hilfreich für eine Familie, die alle zwei Jahre umziehen muß und nicht die Zeit hat, sich eigene Bilder auszusuchen und Holz zu sägen. In Europa sind verschiedene „Ersatz"-Städte entstanden, vor allem an der Küste, zum Beispiel Port Grimaud, La Galiote, Puerto Banus. Im Ver- 166 gleich zu modernen neuen Städten oder sogar modernen Seebädern sind diese Gebilde sichtbar menschlicher, geeigneter und erfreulicher — daher ihr kommerzieller Erfolg. Maurice Culot, ein angeblicher Stalinist, betrachtet sie sogar als die Antwort für die kommunistische Zukunft, eine schöne Ironie, da der überzogene Kapitalismus zur Hebamme der Geschichte wird[35]. Welche „hi- 192 storischen Kompromisse" auch gegenwärtig bei den neuen „Ersatz"-Städten entstehen, es ist an der Zeit, daß die Architekten den Spekulanten in dieser Richtung folgen und solche kommerziellen und sozialen Zwänge für architektonische Zwecke nutzen. Sowohl die Gesellschaft als auch die Architektur würden von dieser Vernunftehe profitieren.

Ein amerikanisches Beispiel für Stilnachahmung, das alle Arten von Reaktionen von Architekten und Kritikern hervorgerufen hat, ist John Paul Gettys Museum in Malibu in Kalifornien, eine intellek- 167 tuelle Neuschaffung der Villa dei Papyri in Herculaneum — und anderer reizvoller pompejanischer Dinge. Die Architekten haben das Gebäude als „abscheulich", „geradezu widerwärtig", „zu intellektuell", als des „elementarsten architektonischen Urteilsvermögens ermangelnd", „betrügerisch", „neugeschaffen mittels ungeeigneter Technologien" und natürlich als zu teuer abqualifiziert (10 Millionen Dollar — oder waren es 17? —, nur ein Horsd'œuvre für Getty). Diese vorhersehbaren Aufschreie wurden von David Gebhardt, dem scharfsichtigen Historiker aus Südkalifor-

166 François Spoery: Port Grimaud/Frankreich, 1965—1969.
Fahren Sie Ihr Segelboot bis zum gepflegten Rasen eines provenzalischen
Fischerdorfes aus Stahlbeton. Keine zwei Häuser sind gleich, und die Vielfalt des Raumerlebnisses liegt weit über der moderner Gegenstücke. So ist
dieses Dorf zum beliebtesten Beispiel für Ferienzentren im Mittelmeerraum
geworden. Einige fernöstliche Varianten befinden sich im Planungsstadium.

167 Getty-Museum, Innenhof mit Peristyl. Vorgetäuschte Fenster, Abgüsse von Plastiken und Wandgemälde als Imitationen von Imitationen aus
dem ersten Jahrhundert nach Chr. — eine sehr erheiternde und farbige
Neuschöpfung, deren Witz aber vielleicht nicht beabsichtigt war.

nien, zurückgewiesen. Er verweist auf die offenkundige Funktionalität und Popularität und hält es für eins der bedeutendsten Bauwerke des vergangenen Jahrzehnts:

„Als Objekt in Betrieb scheint das Getty-Museum so gut zu funktionieren wie andere neuerbaute Museen — oder sogar besser . . . (Die Architekten) haben eine wesentlich sympathischere Antwort auf die Bedürfnisse eines breiten Publikums gefunden, als dies bei irgendeinem anderen der kürzlich fertiggestellten ‚modernen' Imagebauten, die in den Vereinigten Staaten entstanden, der Fall gewesen ist[36]."

Reyner Banham, bekannt für seine gelegentliche Würdigung solcher Popkreationen, verdammt das ganze Gebäude wegen seiner leblosen Erscheinung und der „bürokratischen Präzision" im Detail:

„Die Intellektualität und Kunstfertigkeit sind so makellos und absolut tödlich, wie es diese Art von Plusquamperfekt-Rekonstruktion zwangsläufig immer ist . . . Kein Blut wurde hier verspritzt, kein Same, kein Wein noch irgendein anderer Lebenssaft."

Im Grunde ist das Gebäude nicht wirklich römisch *genug* in seiner Stimmung und Erscheinung, die alte Behauptung der Modernisten, daß Traditionalisten in unserem Jahrhundert eine Leiche gebären. Charles Moore, ansonsten dieser Art von Dingen zugetan, hat es ebenfalls kritisiert wegen seinem Mangel an räumlicher Vielfalt.

Mein eigener Eindruck von dieser ebenso übermäßig gepriesenen wie verdammten Villa ist ein etwas anderer. Sie ist erregend in ihrer Situierung, begeisternd zu erleben als eine gute Nachbildung (wie Sir Arthur Evans' Rekonstruktionen in Knossos), sehr geeignet als Standort der darin ausgestellten antiken Gegenstände und sogar eine kulturelle Herausforderung, denn sie besagt, daß unsere Zeit sich wie keine andere an akkurater historischer Nachahmung erfreuen kann. Dank unseren Reproduktionstechniken (Xerographie, Film, synthetische Materialien) und unserer spezialisierten Archäologie (in diesem Fall sowohl archäologische als auch Landschaftsspezialisten), mit unseren hochentwickelten Technologien der Klimatisierung und Temperaturkontrolle und unseren heutigen konstruktiven Möglichkeiten (der ganze Bau sitzt auf einer Tiefgarage) können wir tun, was die Stilnachahmer des neunzehnten Jahrhunderts nicht tun konnten. Wir können fragmentarische Kenntnisse aus verschiedenen Kulturen reproduzieren, und

da alle Medien dies seit fünfzehn Jahren tun, hat sich unser Empfindungsvermögen verändert. Dank den farbigen Zeitschriften, den Reisemöglichkeiten, der Fotoindustrie hat Herr Jedermann ein gut bestücktes Musée imaginaire und ist zu einem potentiellen Eklektiker geworden. Zumindest ist er einer Vielfalt anderer Kulturen ausgesetzt, und er kann Auswahl und Unterscheidungen aus dieser großen Sammlung treffen, während frühere Kulturen dem verhaftet blieben, was sie ererbt hatten.

So würde ich argumentieren, daß das Getty-Museum ein passables, wenn auch unbeabsichtigtes Beispiel für ein postmodernes Gebäude ist, lobenswert wegen seinem Pluralismus und der Wahlmöglichkeit, aber weder glänzend noch besonders dekadent. Daß es so unverhältnismäßig viel Lob und Tadel erfahren hat, liegt vielleicht in der Tatsache begründet, daß es zur richtigen Zeit die Frage aufwarf, woraus die Architektur in den siebziger Jahren bestehen sollte. Aber es gibt die Antwort darauf nicht (und deshalb erregen sich alle).

Ein anderes, ähnliches Ereignis, Arthur Drexlers Ausstellung im Museum of Modern Art in New York mit dem Titel „Die Architektur der Ecole des Beaux-Arts" (Oktober 1975 bis Januar 1976), stellte die gleiche Frage, ohne eine klare Antwort darauf zu geben. Hier schien das Museum of Modern Art, die Mutter des Internationalen Stils im Jahr 1932, eine Rückkehr zu den Wertvorstellungen des neunzehnten Jahrhunderts vorzuschlagen: Ornament anstelle von Pseudo-Funktionalismus (wie Drexler es haben wollte), Urbanismus und öffentliche Bauten anstelle von Massenwohnungsbau, eine Hinwendung zum historischen Detail anstelle einer abstrakten, zeitlosen Äußerung. Während die Ausstellung solche Alternativen durchaus enthielt, war sie doch unklar in ihrem Eintreten für eine direkte Rückkehr zur Entlehnung vom Beaux-Arts. Ein offensichtliches Problem war, daß diese Architektur viele Fehler der Moderne enthielt: Sie war häufig so unpersönlich, schwerfällig und akademisch wie die schlimmsten Auswüchse des Internationalen Stils. Und — noch wichtiger — die Ausstellung des Museums of Modern Art bot keinen theoretischen Kontext für die Anwendung des Überkommenen. Ohne eine klare Theorie aber konnte sie nur an die Sensibilität appellieren, an den neuen Sinn für die Vergangenheit — sagen wir für die „Roots"?

Im gleichen Zusammenhang wurden Anfang der siebziger Jahre in England mehrere bedeutende Bücher über viktorianische

136
137

168, 169 Sir Edwin Lutyens: Landhaus „Heathcote", Ilkley/Yorkshire, 1906.
Lutyens' „High Game"-Stil benutzt das volle Repertoire dorischer Elemente — Basen, Säulen, Friese, Gesimse — und französische Verfeinerungen, um eine großartige Anhäufung zu produzieren, die einer königlichen Residenz oder einem Rathaus wohl anstünde. Die Gliederung und zurückspringenden Winkel machen den Bau zu einem vergnüglichen Spiel, ebenso die Gesichtsmetaphern beider Seitenflügel. Lutyens erfährt heute eine Neueinschätzung.

oder edwardianische Architektur veröffentlicht, die Historismus enthielten, ohne für ihn einzutreten. Zu diesen englischen Publikationen, die zur Diskussion beitrugen, gehörten Walter Kidneys „The Architecture of Choice: Eclecticism in America 1880—1930" (1974), „Edwardian Architecture and Its Origins", herausgegeben von Alastair Service (1975), „Bay Area Houses", herausgegeben von Sally Woodbridge (1976), „The Architecture of Victorian London" von John Summerson (1976). Diese Historiker, und vor allem jüngere wie John Beach, Gavin Stamp und Mark Girouard, sind dabei, die Praxis der Gegenwart zu beeinflussen. Aber ihre Verpflichtung gegenüber der Vergangenheit war mehr in dem Sinne, daß sie vorüber und erledigt sei. Doch wenn wir uns mit der Entstehung einer postmodernen Tradition auseinandersetzen, bedarf es dieser historischen Untersuchungen, weil sie die Vorzüge einer eklektischen Architektur aufzeigen, unmittelbar bevor sie durch die Moderne überwältigt wurde. Die Beispiele eines reichen Vokabulars, das der „Queen Anne Revival" und von Lutyens, wurden ins Licht der Öffentlichkeit gerückt, um von gegenwärtigen Eklektikern studiert zu werden. 168 169

Die Wiederbelebung bodenständiger Architektur

Eine andere Reaktion auf das offenkundige Versagen der Moderne in der Weiterentwicklung und umfassenden Erneuerung war eine Rückkehr zu einer „Art" bodenständiger Architektur. Die Anführungszeichen sind hier notwendig (das Zeitalter der Anführungszeichen heißt „Ersatz"), weil das landschaftsgebundene Bauen weder eine direkte Stilnachahmung noch eine akkurate Reproduktion, vielmehr „quasi" oder „in der Art von" war — eine Kreuzung zwischen Moderne und dem Backsteinbau des neunzehnten Jahrhunderts. Der Stil ist jedoch klar erkennbar und hat folgende Attribute: beinahe immer geneigte Dächer, grobe Detaillierung, pittoreske Massierung und Backsein, Backstein ... „Backstein ist menschlich", so heißt der Slogan (oder wird er karikiert), so menschlich, daß sogar der Ex-Brutalist Mayekawa ihn verwendet: für Hochhäuser in der Altstadt von Tokio, um (ich scherze nicht) die „Menschlichkeit" zurückzubringen. Man versteht, warum so viele Noch-Modernisten wie James Stirling sich über die „Rückkehr zu volkstümlichen Details im Kinderland" amüsieren[37]. Es ist eine Art kosmetischer Schicht um manche dieser Arbeiten, ein leutseliges Gesicht, das eine abstoßende moderne Siedlung verbirgt.

Auf jeden Fall gibt es, seit Jane Jacobs ihren Angriff auf die moderne Stadtplanung startete, wachsende Nachfrage nach gemischter Bebauung. Das war im Jahr 1961, als Darbourne und Darke den Wettbewerb Pimlico in London gewannen gegen Gruppen wie Archigram, die eine umfassende Neubebauung favorisierten. Die Lösung von Darbourne und Darke illustriert sehr deutlich mehrere Argumente von Jane Jacobs: Sie beziehen alte Bauten ein, wie die dunkle Backsteinkirche aus dem neunzehnten Jahrhundert; sie mischen verschiedene Aktivitäten, wie Eckkneipen, Bibliothek, Altenheim und Wohnungsbau. Der Entwurf zeigt eine Vielfalt von baumbestandenen Freiräumen und vermittelt ein deutliches Gefühl dafür, was jeder Architekt der sechziger Jahre über den „Ort" empfand. Schließlich verwenden Darbourne und Darke die „viktorianische" Ästhetik der groben Ziegel und etablierten, ja, erfanden so die neo-bodenständige Architektur. 170

Dieser Stil wurde in den siebziger Jahren im verarmten und ideologisch unsicheren England zu dem Stil, auf den man zurückgreifen konnte, als es keine anderen klaren Richtungen gab. Er war oder ist akzeptabel für die Mehrheit der englischen Bevölkerung, weil er nicht allzusehr vom traditionellen Familienheim abweicht (obgleich Darbourne und Darke so „unenglische" moderne Elemente hinzugefügt haben wie Straßen im Freien, falsche Mansarden und Staffelung — im Gegensatz zur Einfamilienhaus-an-Einfamilienhaus-Massierung).

In einer Ausstellung der Arbeiten Darbounes und Darkes von Mai bis Juli 1977 erklären Colin Amery und Lance Wright von der

170 Darbourne und Darke: Wohnbebauung Pimlico, London, 1961—1968, 1967—1970.
Das kräftige Backsteinmauerwerk und die Volumen sind als riesige Dekoration behandelt. In dieser Siedlung sind unterschiedliche Nutzungen in verhältnismäßig niedriger Bebauung mit hoher Dichte vermischt, auch alte und neue Gebäude, Grünräume und Mauerwerk. Die Entwürfe von Darbourne und Darke zeigen immer ein Gefühl für den Kontrast, das auf die pittoreske Tradition zurückgeht. G. E. Streets Kirche St. James-the-Less blieb erhalten und wurde zum zentralen Punkt der Planung. Den Backstein wählten die Architekten teils aus wirtschaftlichen Erwägungen, teils wegen der von den Bewohnern gewünschten Assoziation: solide anstelle der „schwächlichen Plattenbauweise".

„Architectural Review", was sie für die — wenn auch mit Vorbehalt — typische Hauptströmung der britischen Architektur von Pugin über Shaw und Howard bis zur Gartenstadt Letchworth halten:
„(Sie) drückt im besonderen englische Tugenden des Wohnhausbaus aus. Zur gleichen Zeit, da viele örtliche Behörden sich in einer Orgie von inhumanem Systembau ergehen, haben Darbourne und Darke ruhig bewiesen, daß einige der wesentlichen Merkmale des häuslichen Lebens, wie Privatheit, kleine Gärten und gute Landschaftsgestaltung, in Städten mit hoher Dichte innerhalb eines Rahmens von einheimischen Baumaterialien erreicht werden können . . . Dann ist da noch der in Pershore so gut entwickelte Aspekt — der sich mit der Wiederaufnahme von traditionellen (und daher freundlichen) Materialien und Formen befaßt — ein Backsteinbogen über der Eingangstür, Fenster mit stärker vertikalen Abmessungen . . .[38]"
Ein radikaler Traditionalist wie Jameson hätte natürlich aufgezeigt, wieviel raffinierte Neubildungen Darbourne und Darke eingeführt haben. Ganz ernsthaft haben sie die traditionelle Straße abgeschafft und statt dessen eine — wenn auch in der Erscheinung bruchstückhafte — große „Wohnsiedlung" geschaffen. So war diese neo-bodenständige Architektur doch wieder eine Zwischenstation, wie die Bezeichnung mit Bindestrich es nahelegt,

171 Darbourne und Darke: Wohnbebauung in Pershore/England, 1977.
Die traditionelle englische Dorfarchitektur mit geneigten Dächern, Stützbogen, kleinen Durchgängen und halbprivaten Bereichen. Die Maße der Fenster und die Massierung sind nicht traditionell. Einige Puristen haben festgestellt, daß die Formen plump seien. Aber die Siedlung stellt eher einen Schritt in Richtung zum Bodenständigen dar als die Absicht, es zu erreichen.

172 McGuire und Murray: Mitarbeiterwohnungen des St. John's College, Bramcote/England, um 1974.
Eine pittoreske Version der ländlichen Natursteinarchitektur aus Beton. Diese Architekten haben die bodenständige Architektur studiert, teils wie Jameson als handwerkliche Tradition, aber ihr Beitrag hier ist die Manipulation derselben in eine bescheidene Kunstform. Auch hier schneiden Vergleiche der Kosten und der Zufriedenheit der Bewohner mit modernen Siedlungen ähnlicher Größe günstig ab.

und nicht beabsichtigt, entweder modern oder traditionell zu sein, sondern ein wenig von beidem.

Andere englische Architekten arbeiteten wieder stark mit dem Gefühl für Maßstab und pittoreske Massenverteilung: McGuire und Murray, Ahrends, Burton und Koralek, Edward Cullinan, gelegentlich das Greater London Council und Innenarchitekten wie Max Clendinning. Die Richtung wurde so stark, daß sie etwa um 1975 beinahe zur offiziellen britischen Baupolitik erklärt werden konnte (obgleich Politik wie diese niemals offizieller Art ist und mit Sicherheit in England nicht erklärt wird). Ein Anzeichen dafür ist das Civic Centre in Hillingdon (1974—1977) mit seinem Durcheinander von grobem viktorianischem Backstein, in dem überwiegend von Andrew Derbyshire für und im Wohlfahrtsstaat geplant wurde. Er hat seine Intentionen ausdrücklich auf der Konferenz des Royal Institute of British Architects gerechtfertigt:

,,. . . Wir sind bei diesem Projekt davon ausgegangen. . ., einen Bau zu entwerfen, der die Sprache seiner Form seinen Benutzern verständlich ausdrückt (seinen Bewohnern ebenso wie den Bürgern dieses Quartiers), und haben sie dazu benutzt, um etwas zu sagen, was sie hören wollten[39]."

Hierauf folgt die grandiose Behauptung, daß das Gebäude administrative Barrieren überwinden und jedermann dazu bringen

173 Andrew Derbyshire vom Büro Robert Matthew, Johnson, Marshall und Partner: Civic Centre Hillingdon/London, 1974—1977.
Dekorative Anwendung von Backstein an den Fenstern, eine große Bürokratie, in dörflichen Maßstab aufgebrochen, eine Anhäufung zahlreicher Steildächer mit Elementen von Frank Lloyd Wright und ,,menschlicher Werte". Das Gebäude erinnert seltsamerweise an die großen Ferienhotels des neunzehnten Jahrhunderts in Amerika. Die Architekten haben bewußt versucht, in der Sprache der Nutzer zu planen.

werde, sich in herzlichem Ton mit dem von ihm gewählten Repräsentanten zu unterhalten, als würde die Freundlichkeit der Formen plötzlich einen entsprechenden Ausbruch von Gastlichkeit in ihrer Nachbarschaft bewirken. Diese Behauptungen, daß Architektur das Verhalten radikal ändern könne, stammen von modernen Architekten, obgleich die Beobachtung von Nutzerverhalten und die gegenwärtige Sozialforschung postmodern sind. Tatsächlich ist die starke Betonung der *Sprache* der Architektur und der Kodes der verschiedenen Gruppen, die das Gebäude nutzen werden, genau die Postmoderne, die hier befürwortet wird. Aber die Argumente werden in einer Art naiver Volksnähe und in wörtlicher Auslegung verwendet:

„Geneigte Dächer bedecken die Stufen des Mauerausschnittes fast bis zum Erdboden, so daß mehr Dach — das schützende, angenehme Element — zu sehen ist als Wand — das defensive, feindliche Element[40]."

Eine Form gleicht einer direkten Bedeutung, so läßt sich daraus folgern. Die gesamte Vorstellung von vielfacher Auslegung und von einer Auslegung, die sich über die Zeiten wandelt, ist reduziert auf die erhabene volkstümliche Bedeutung — geneigte Dächer sind gleichbedeutend mit dem „schützenden, angenehmen Element".

Während es unmöglich ist, diesen neuen Einfluß nicht in aktuellen, populären Kodes nahezubringen, läßt sich der Eindruck nicht vermeiden, daß diese spitzfindig verdreht und auf geschmackvolle Mittelklasseversionen dieser Kodes beschränkt werden. Tatsächlich leidet die Arbeit mit der neo-bodenständigen Architektur manchmal an einer durchdringenden Selbstgefälligkeit, an einer Art Ehrfurcht vor dem Hausgemachten, die danach strebt, sich selbst darzustellen. Diese Ehrfurcht mag den Einöden des Massenwohnungsbaus vorzuziehen sein, zu dem diese Architektur immer in Gegensatz gestellt wird. Aber sie ist weniger als eine genaue Spiegelung der existierenden architektonischen Geschmackskodes. Schon das Werk von Venturi und Scott Brown hat gezeigt, daß sie reicher sein kann als diese „Architektenarchitektur" aus Backstein.

Die neo-bodenständige Architektur stand offensichtlich und berechtigterweise mit dem Trend zur Sanierung und Umnutzung in Verbindung, der auch um 1975 zur öffentlichen Politik wurde. Diesmal wurde sie als Europäisches Denkmalschutzjahr proklamiert und zur Hauptaufgabe des Greater London Council. Ein Büro wie das von Feilden und Mawson zum Beispiel konnte gleichzeitig Restauration historischer Baudenkmäler, moderne Bauten und landschaftsgebundene Stilreproduktionen durchführen — wie ihre Backsteinwohnungen in Norwich nach dem Modell des hohen nordeuropäischen Kaufmannshauses. Diese Entwürfe gingen nicht nur auf alte Vorbilder zurück, sondern übernahmen auch alte Stadtsysteme, bestehende Straßenzüge und den Reichtum der angehäuften Zufälligkeiten — oder vielmehr der spezifischen historischen Fakten, die hier eine Straße sich krümmen, dort eine Häuserreihe sich wenden und knicken lassen. Diese pittoresken Besonderheiten, die liebenswürdigen Wahrzeichen der mittelalterlichen Stadt, wurden schließlich zu Entwurfsrezepten in den neuesten Werken von Aldo van Eyck und Théo Bosch.

In ihrer Siedlung Zwolle, erbaut zwischen 1975 und 1977, sind viele Bauten im alten historischen Zentrum renoviert worden, ihnen ist eine gemischt genutzte Bebauung hinzugefügt: 21 Geschäfte und 75 neue Wohnhäuser. Diese, eng und hoch wie die traditionellen holländischen Vorbilder, passen sich auch dem vorhandenen, gekrümmten Straßensystem an. Dadurch entsteht eine Vielfalt von Freiräumen: kurze Durchgänge, kleine Straßen mit Arkaden, Straßen mit außenliegenden Treppen, die zu Wohnungen auf höheren Ebenen führen, halböffentliche Bereiche mit Gärten. Die Wohnform beschneidet das Giebeldach — eine typische modernistische Verstümmelung, die anzeigt, daß das Gebäude aus unserer Zeit stammt. Ansonsten aber wird die traditionelle Form auf großartige Weise erweitert. Zum Beispiel öffnet sich der Innenraum auf eine verborgene Loggia, von der aus man die halböffent-

174, 175 Feilden und Mawson: Wohnbebauung Friars Quai, Norwich/ England, 1972—1975.
Ein pittoresker Bebauungsplan und das nordeuropäische Kaufmannshaus wurden für dieses historische Grundstück bei der Kathedrale gewählt. Die Steildächer, die Vielfalt der Farben und der halbprivate Raum tragen dazu bei, das Gefühl für historische Kontinuität zu verstärken. Bernard Feilden erhielt größere Restaurationsaufträge um St. Paul's in London und die Kathedrale in York.

176 Aldo van Eyck und Théo Bosch: Wohnbebauung Zwolle/Niederlande, 1975—1977.
Verschiedene Funktionen und Modernisierung, verbunden mit einer Neubebauung, die auf der schmalen holländischen Hausfassade basiert — nur der Giebel ist gestutzt. Die gekurvten Blocks sind in die traditionelle städtische Struktur einbezogen, um die Straßenflucht und die Identität mit der Nachbarbebauung einzuhalten. Sechzehn Haustypen wurden angeboten, viele mit halbprivaten Gärten.

177 Wohnbebauung Zwolle: Blick auf die Loggia, die als Verbindungsraum zwischen Wohnzimmer, Garten und Obergeschoß dient.

178 Van den Bout und De Ley: Wohnbebauung Bickerseiland/Amsterdam, 1972—1976.
Schmale, tiefe Häuser mit Erkerfenstern, „Lichthöfen" in der Mitte, gestutzten Giebeln (vgl. die Beispiele aus dem siebzehnten Jahrhundert) und „halb"-brutalistischen Details. Wiederum eine „halbherzige", eine neobodenständige Ausführung. Diese billige Wohnbebauung rettete das Gebiet vor der Übernahme durch kommerzielle Interessenten, sehr nach dem Wunsch der Bevölkerung. Wie Zwolle ist Bickerseiland ein Beispiel dafür, daß Protest der Bürger zu einer positiven Aktion führen kann.

Gegenüberliegende Seite:
179 Peter Eisenman: Haus VI für die Familie Frank, Washington/Connecticut, 1975.
Die Rückseite des Hauses setzt das Thema einer großen Fläche fort, die frontal zum Eingang gesetzt ist, und verschiedener kleinerer, vertikaler Motive, die im rechten Winkel zur Verkehrsrichtung angeordnet sind. Man beachte, daß die Umrisse der Säulen außen entweder als weitergeführte Pilaster oder Raumkeil zwischen zwei Volumen gekennzeichnet sind. Die vordere Eingangstür liegt links um die Ecke, das Schlafzimmer im ersten Obergeschoß rechts über dem Wohnraum. Erkennen Sie die hängende Säule in der Mitte (siehe Seite 119)?

Eingefügte Abbildung:
180 Säule und eigentliche Treppe. Die Säule ist grau oder schmutzig weiß gestrichen, um verschiedene Bedingungen — je nachdem, ob sie einen Balken trägt, elektrische Leitungen, oder gar nichts — und ihre Beziehung zu anderen Flächen anzudeuten. Die vorgetäuschte Treppe ist rot gestrichen als Gegensatz zur wirklichen grünen Treppe (gleichbedeutend mit Halt und Gehen).

lichen Gärten überblicken kann, oder hinauf in den sonnenerfüllten, verformten Dachraum. Diese reiche Vieldeutigkeit ist charakteristisch für den postmodernen Raum, wie wir später erläutern werden. 177

Van Eyck wurde mit diesem Projekt 1970 beauftragt, in einem typischen Protest der damaligen Zeit gegen inhumane Stadtsanierung. Seine Argumente zur Modernisierung und zur Nutzung der Häuser sind die härteste, eindeutigste Aussage eines modernen Architekten zum Zeitpunkt seiner Hinwendung zur Postmoderne:

„Was die Silhouette der Stadt nahelegt, ist eine sorgfältige Korrektur, eine Anpassung, Modifizierung und Hinzufügung. Die Städte sind chaotisch, und das notwendigerweise. Sie sind auch kaleidoskopisch. Dies sollte als ein positives Kredo akzeptiert werden, ehe es zu spät ist . . . Diesem ist die Absicht hinzuzufügen, daß keine von oben auferlegte abstrakte Norm oder irgendein anderer Anlaß sanitärer oder spekulativer Art weiterhin die mutwillige Zerstörung bestehender Gebäude oder Straßenzüge rechtfertigen kann . . . Schließlich kann die Welt sich heute keine Verschwendung mehr leisten, noch kann sie es sich leisten, das Recht der Menschen zu übersehen, sowohl die gebaute Form als auch das soziale Netz ihres Wohnortes zu erhalten, wenn das ihr Wunsch ist. Alles andere ist Gesellschaftsmord — örtlicher Volksmord, bei dem man nur die Menschen am Leben läßt[41]."

Ein anderes Ergebnis der städtebaulichen Aktivitäten der späten sechziger Jahre ist die Erneuerung des Quartiers Bickerseiland in Amsterdam, bei der die Architekten Van den Bout und De Ley auch mit der Gemeinde zusammenarbeiteten, um die Nutzung alter, ortstypischer Häuser zu ermöglichen. Auch diese waren hoch, schmal und tief, mit einem holländischen Kopf, der unmittelbar über den Augenbrauen abgeflacht war und die Frage stellte: Wenn ein Modernist so weit zurückgehen konnte, warum konnte er nicht auch den nächsten Schritt tun und das Bodenständige richtig machen? 178

Es ist in diesem Zusammenhang interessant, die neo-bodenständige Architektur verschiedener Länder zu vergleichen, zum Beispiel Joseph Eshericks Cannery in San Francisco und Santa Agueda in Benicassim in Spanien von Martorell, Bohigas und MacKay — beide aus der Mitte der sechziger Jahre. Das erste ist ein umgewandeltes Lagerhaus aus dem neunzehnten Jahrhundert mit modernen Grafiken und Rolltreppen, die durchgehen und beleben, ein aufgedonnerter Backsteinregionalismus. Kurven und Bogen sind akzentuiert, die alte Struktur ist betont durch Reduzierung der Fensterkreuze auf ein Minimum und Verwendung starker, kontrastierender Farben. Das Ergebnis kam beim Mittelklasse-Verbraucher sehr gut an, was der Grund dafür war, daß solche Modernisierungen schnellstens wiederholt wurden von Australien 184

Gegenüberliegende Seite, oben:
181 Charles Moore and Associates: Haus Burns, Santa Monica Canyon/
Los Angeles, 1974.
Außen in siebzehn Schattierungen von Erdfarben, die interessante Abstufungen in der Tiefe bewirken. Moore entwickelt die südkalifornische Tradition der verputzten Kiste, die auch Modernisten wie Schindler ausgewertet
hatten, wegen ihrer ökonomischen und gestalterischen Möglichkeiten.
Jede beliebige Form ist relativ billig zu erhalten (siehe Seite 126).

Gegenüberliegende Seite, unten links:
182 Haus Burns: Die Orgel oben auf der Treppe verleiht dem Blick religiöse Assoziationen. Im gesamten Raum tritt sie jedoch zurück gegen andere
starke Elemente wie den mexikanischen Balkon (der ein kleines Haus darstellt, in das man hineinkriecht). Licht ergießt sich aus zahlreichen Punkten, und rückwärtige Belichtung läßt eine größere Tiefe vermuten, als sie in
Wirklichkeit vorhanden ist. Der Gegensatz von asymmetrischem Raum
und monumentalem Objekt ist reizvoll. Moore gelingt es, die traditionellen
Elemente nicht nur als Kontraste, sondern auch auf leichte, gelassene
Weise anzuwenden.

Gegenüberliegende Seite, unten rechts:
183 Haus Burns: Blick nach oben in den privaten Bereich, links das
Dachatelier, rechts Schlafzimmer, Ankleidezimmer usw. Die Vielzahl der
formalen und funktionalen Elemente — hier Bücher, Treppen, ausgeschnittene Wände — machen den Raum geheimnisvoll und vertraut zugleich wie eine Bodentreppe.

bis Kanada. Was sie an Authentizität verlieren, gewinnen sie an
Fröhlichkeit, und es ist wahrscheinlich diese Eigenschaft, die sowohl ihre Wirtschaftlichkeit als auch ihre Ablehnung begründet.

Das gleiche gilt teilweise für Martorells, Bohigas und MacKays
185 pseudo-traditionellen Wohnungsbau mit seinen pittoresken Pfannenziegeln und dem unvermeidlichen Backstein. Wie bei den Ferienorten, zum Beispiel Port Grimaud, ist das ästhetische Vorbild
in Wahrheit eine Klasse und daher ein ökonomisches Vorbild, weil
solch gemütliche und traute Bilder die Mittelklasse ansprechen.
Tatsächlich durchlaufen sie viele soziale Richtungen und sprechen die Reichen und die Armen in verschiedenen Ländern an. Es
wäre falsch, sie als Universalgeschmack zu bezeichnen oder als
besonders populär im Gegensatz zu neoklassizistischen Reihenhäusern. Aber sie artikulieren tiefgehende Bedeutungskodes:
Freundlichkeit, vermittelt durch warme Verbindungen von Holz
und Backstein, Individualität und Vieldeutigkeit, vermittelt durch
aufgebrochene Massierung, Vertrautheit und Respekt, vermittelt
durch die Wahl bekannter Elemente. Wenn sie einen auch niemals
durch ihre Brillanz oder Originalität umwerfen, können sie doch
als ein Erfolg bezeichnet werden, weil sie im Ansatz bescheiden
sind und nicht kühn. In der Zusammenfassung dieses sich abzeichnenden Aspekts der Postmoderne formulierte ich bei der
RIBA-Konferenz im Jahr 1976 diese Schlußfolgerung, in der ich
eine allgemeine Positionsbestimmung aller Teilnehmer zu definieren versuchte:

,,(Wohnungsbau) sollte kleinmaßstäblich sein, gemischte Nutzungen enthalten und verschiedene Entstehungszeiten der Gebäude aufweisen, modernisiert werden, wo es möglich ist, und
mehr auf einer handwerklichen als auf hoher künstlerischer Basis
stehen. Er kann von Architekten geplant werden oder auf Modellbüchern basieren, die der besonderen Situation angepaßt werden. Wenn möglich, sollte er von den Bewohnern kontrolliert und
manchmal sogar von ihnen selbst aus Sperrmüll und in pseudobodenständiger Architektur erbaut werden, entsprechend dem
Geschmack des Kulturkreises, für den er bestimmt ist. Wohnungsbau ist Ausdruck einer Lebensweise . . .⁴²"

Kein Architekt ist diesem Ziel näher gekommen (ohne es zu erreichen) als Ralph Erskine.

184 Joseph Esherick: Cannery, San Francisco, 1970.
Fast jede historische Stadt hat heute einen zur Fußgängerzone umgewandelten Bereich zur Freude der Kauflustigen. Diese kleinbürgerliche Nutzung überwiegend viktorianischer Häuser beraubt sie ihrer eigentlichen
Funktion, aber garantiert den Bargeldzufluß — ein wahrhaft teuflischer
Handel. Verniedlicht, aber lebendig, sauber, aber in Fetzen, vorgetäuschte, aber authentische Historie sind die widersprüchlichen Zeichen.

185 Martorell, Bohigas und Mackay: Wohnbebauung Santa Agueda, Benicassim/Spanien, 1966/67.
Eine ernst zu nehmende Version des populären regionalen Wohnungsbaus in pittoresker Ausführung mit Hohlziegeln und Markisen, die den
Wohnraum erweitern. Die Architekten, exemplarische Eklektiker, passen
ihren Stil der jeweiligen Bauaufgabe an. Dies hier ist eine der fünf gegenwärtigen Bauweisen, zu denen der Industriestil, der Stil der Schule von
Barcelona, die Pop-Manier und die eklektische gehören.

Adhocistisch + urbanistisch = kontextuell

Erskine hat in verschiedenen Stilen gebaut einschließlich des neo-bodenständigen, den er mit geistreicher Vollendung beim Clare College in Cambridge (1966) anwendete. Hier sind Kleinmaßstäblichkeit und Häuslichkeit am Rande zum Überladenen und Kleinbürgerlichen, aber das Ganze ist vor Rührseligkeit bewahrt durch typische Erskinismen wie die billigen, gewellten Details und freche
186 Scherze — vier Meter vorkragender Eingang aus Backstein, sieben Zentimeter von einer Stütze entfernt! Erskine hat das Nützliche und das Adhoc in eine Art Kunstform verwandelt, an der sein eigener unbekümmerter Stil klar ablesbar ist. In Byker bei Newcastle upon Tyne hat er ein Wohnquartier gebaut, das vermutlich an die Weißenhofsiedlung in Stuttgart von 1927 heranreicht und mit dem er ein Beispiel setzt, dem andere folgen werden.

Als erstes und wichtigstes Prinzip besitzt die Siedlung Byker eine Art Selbstverwaltung, sie besitzt lokale Rechte als Ausgleich zur Machtausübung der Gesamtstadt. Um jene zu unterstützen, setzte der Architekt sein Büro auf das Baugelände und gestattete der Bevölkerung, die dorthin ziehen sollte (9 500 Personen), die
187 Lage ihrer Wohnungen und die ihrer Freunde und den Wohnungsgrundriß selbst zu wählen (innerhalb eines beschränkten Budgets). Diese Partizipation beim Planungsprozeß half die Gemeinschaft ebenso bilden und erhalten, wie es die Bewahrung der bestehenden sozialen Bindungen tat. Da achtzig Prozent der Bewohner während der Bauzeit im Gebiet wohnen bleiben konnten, blieben auch die meisten der alten Bindungen bestehen.

Tatsächlich wurden zahlreiche wichtige Gebäude erhalten —
138 Kirchen, eine Sporthalle und andere Baulichkeiten —, so daß das zusammengesetzte Ergebnis eine Tiefe historischer Assoziationen hat, die größer ist als die einer typischen modernen neuen Stadt. Klassizistische Elemente, nicht verwendete Bauteile, Dekorationen früherer Bauten wurden entweder als Dekoration oder zu anderen Zwecken einbezogen — etwa Säulenkapitelle, die ad hoc zu Tischen und Bänken umgewandelt wurden.

Bei der Erneuerung von Byker erlaubte Erskine die Mehrfachnutzung von Aktivitäten und entsprechenden Mehrfachausdruck von Funktionen, obgleich zugegeben werden muß, daß diese Artikulation mehr in seinem eigenen Adhoc-Stil gehalten ist als in den lokalen Kodes von Byker. Jedes Haus — siebzig Prozent sind eingeschossig — hat einen privaten Bereich und ist von halbprivaten Bereichen, wie Gärten und kleinen Fußwegen, umgeben. Selbst die außenliegenden Erschließungsgänge der Wohnungen in der
188 „Mauer" von Byker sind aufgebrochen und haben ortsübliche Bepflanzung, so daß dieser große Block die Identität und Sicherheit besitzt, die dem alten Paradigma Pruitt-Igoe und anderen bekannten Ungeheuern der Moderne fehlen.

Erskine zeigt, daß, mit den Worten von John Turner ausgedrückt, Architektur wirklich ein Verbum ist, eine *Aktion,* nicht nur ein Bündel korrekter Theorien oder Vorschriften. Sein Büro wurde in die Gemeinde Byker einbezogen, indem er einen Laden in einem ehemaligen Beerdigungsinstitut aufmachte, Pflanzen und Blumen verkaufte (eine bekanntlich in England sehr beliebte Tätigkeit) und als örtliches Fundbüro fungierte, das heißt, zahllose nicht-architektonische Dinge tat, bei denen er die Menschen kennenlernte und sie sein Team. Dann erfolgten der langwierige Prozeß der Planung und der Ausführung, endlose Diskussionen und verhältnismäßig kleine Entscheidungen, so daß Landschaft, „Eingang", Farbe, Historie, Eigenarten und andere nicht meßbare Dinge ihren Platz finden konnten. Der Erfolg des Ergebnisses, eine sowohl erfreuliche als auch humane Umwelt, machen Byker zu einem zentralen Beispiel für die Theorie der Postmoderne, wenn auch nicht für präzise Kodierung (es hätten mehr historische und modernisierte Häuser sein können). Aber der Erfolg ist zum großen Teil der Aufgeschlossenheit Erskines zu verdanken, der es gelang, das Vertrauen der Leute zu erreichen, ohne sie einzuschüchtern, und die den Prozeßablauf ermöglichte — das Verb

186 Ralph Erskine: Clare College, Cambridge/England, 1972.
Der Eingangsbereich aus Backstein ragt fast so weit vor wie eine tragende Verbindung, die aber unmittelbar vorher abgebrochen ist. Alle Türen haben etwas Merkwürdiges an sich.

187 Ralph Erskine: Büro des Architekten der Siedlung Byker, Newcastle/England, 1972—1974.
Ein Beerdigungsinstitut wurde dafür umgestaltet. Die rot-weiß-blauen Grafiken erheben sich ebenso optimistisch wie der Ballon an diesem Büro im Herzen des Sanierungsgebiets. Das Planerbüro war den Bewohnern zugänglich, die Mitspracherecht bei der Wahl ihrer zukünftigen Unterbringung, der Nachbarn und des Wohnungstyps hatten.

konjugierte. Wie man diese Kunst vermitteln oder lehren kann, außer durch das Beispiel, bleibt ein Geheimnis.

Es scheint jedoch, daß die pluralistische Sprache von Byker zum Teil aus dem Partizipationsprozeß resultiert. „Partizipation an der Planung" wurde in den siebziger Jahren in England zu einem respektablen, ja belasteten Ausdruck, der gewöhnlich eine einseitige Konsultation jener bedeutete, für die geplant wurde: Sie konnten die Pläne vorher einsehen, hatten aber nicht das Fachwissen oder die Kraft, brauchbare Alternativen vorzuschlagen[43]. An der Universität Löwen führten Lucien Kroll und sein Team den Prozeß 189

188 Ralph Erskine: Die „Mauer" von Byker, Newcastle/England, 1974. Verschiedene Materialien, auf semantische Weise angewendet: Backstein bei den beiden unteren Geschossen, Wellblech und Asbest bei den oberen, das halbprivate Deck ist aus grün gestrichenem Holz, die Verkehrsflä-che blau. In den natürlichen Bewuchs wurde nicht eingegriffen. Die Gliederung bricht die ansonsten massive Mauer auf und gibt ihr einen menschlichen Maßstab.

weiter, indem sie wirklich eine Gemeinde (oder einen Teil davon) an den Planungsentscheidungen beteiligten.

Die Studenten, in flexiblen Gruppen zusammengefaßt, partizi-pierten an der Planung der Bauten gemeinsam mit Kroll, der mehr als ein Orchesterleiter fungierte. Sie schoben kleine Stücke Schaumgummi zur Erarbeitung des Gesamtmodells hin und her. Wenn Diskussionen entstanden oder eine Gruppe zu dogmatisch und festgefahren wurde, organisierte Kroll die Teams um, so daß jeder mit dem Problem des anderen vertraut wurde, bis sich eine mögliche Lösung abzeichnete. Erst dann wurden die Grundrisse und Schnitte ausgeführt, die sie realisierbar machten. Die entstan-denen Gebäude zeigen eine Komplexität und einen Reichtum der Bedeutung, einen herrlichen Pluralismus, den zu erreichen es sonst gewöhnlich Jahre braucht und der das Ergebnis vieler Be-

189 Lucien Kroll: Bauten der medizinischen Fakultät, Universität Löwen, Woluwe St. Lambert bei Brüssel, 1969—1974.
Eine künstliche Hügelstadt mit verschiedenen Aktivitäten, gegliedert durch unterschiedliche Bauweisen. Der große, verglaste Bereich wird gemeinschaftlich genutzt, ebenso der Restaurationsraum. Die anderen Materialien — Holz, Fliesen, Backstein, Kunststoff, Aluminium und Beton — werden auch semantisch angewendet. Traditionelle Zeichen sind eingefügt: Wintergarten, geneigtes Dach und Schornsteine drücken den privaten Bereich aus. Vielfalt und Detaillierung simulieren schrittweise Entscheidungen, die sonst im Laufe der Zeit erfolgen und alten Städten ihre Identität verleihen.

190 Medizinische Fakultät Löwen: Blick über den zentralen Platz, der den gestalterischen Beitrag des Architekten zeigt. Die Felsen wachsen aus dem Erdboden, verwandeln sich in Backstein und dann in Fliesen. Partizipation und Individualismus haben eine geistvolle Umgebung geschaffen, der es lediglich an Normalität fehlt. Man sehnt sich hier nach ein wenig moderner Architektur oder sogar nach Aldo Rossis Bauten.

190 wohner ist, die kleine Änderungen über die Zeit hinweg vornehmen.

Die Vielzahl der Kodes und Nutzungen in den Gebäuden spiegelt deutlich die Tatsache wider, daß gegensätzliche Wertvorstellungen realisiert worden sind, aber selbst hier ist das Ergebnis nicht ohne Spannungen. Die Ästhetik ist überall pittoresk, als ob Normalität und die schweigende Mehrheit rigoros abgefertigt worden seien.

Indem er nur eine Art der Wechselwirkung in der Planung verfolgte, hat Kroll die alltägliche, unpersönliche Architektur ganz ausgeschlossen, und so sehnt man sich hier nach einem wohlüberlegten bißchen Internationalem Stil. Die Postmoderne akzeptiert die Moderne nicht nur für Fabriken und Krankenhäuser, sondern gewährt ihr auch zum semiotischen Gleichgewicht ihren Platz innerhalb eines Bedeutungssystems. Sobald das System zu

191 weit auf Eigenheiten und zum Adhoc ausschlägt, fordert sie zur Rückkehr zum Neoklassizismus, sogar zum „faschistischen" Baustil auf, nicht zur „rationalen" Rechtfertigung, sondern aus Gründen der Signifikanz und des Formenreichtums[44]. Bedeutung besteht aus den Gegensätzen innerhalb eines Systems, aus einer Dialektik im Raum oder über die Zeit hinweg.

Die politisch motivierte Gruppe ARAU (Atelier de Recherche et d'Action Urbaine) in Brüssel hat diese Gegensätze für ihre eigenen Zwecke genutzt: zum Stopp der großmaßstäblichen Bebauung in der Hauptstadt des Gemeinsamen Marktes. Im Grunde verwenden sie Imitationen, Port Grimaud und eine bodenständige Brüsseler Architektur im Gegensatz zur modernen Architektur des ITT und der anderen multinationalen Konzerne. Wenn ein Multinationaler seinen Entwurf für ein das Stadtbild sprengendes Hochhaus vorlegt, begegnet ARAU dem mit einem Gegenvorschlag. Diese Aktionsgruppe organisiert Nachbarschaftshilfe, beruft eine Pressekonferenz ein, agitiert in den Zeitungen und benutzt ihren Gegenentwurf, um den Originalvorschlag zu blokkieren oder umzudirigieren. ARAU hat ein Dutzend oder mehr solcher Schlachten erfolgreich geschlagen, indem es attraktive Imitationen als städtebauliche Waffe benutzte. Es ist interessant zu beobachten, daß dieser Stil oder verschiedene Bauweisen durch partizipatorische Aktivität entstehen. Maurice Culot, einer der Mitglieder von ARAU, hat gesagt:

„Für ARAU-Mitglieder ist die Stadt ein Ort, wo Demokratie lebendig ist — sie lehnen jeden Vorschlag ab, der die Einwohner aus der Stadt vertreibt . . . Meine Aufgabe ist es nicht, neue Formen zu schaffen, sondern nur, die Entscheidungen und Programme, die von ARAU diskutiert werden, zu erklären. Wir zwingen den

191 Bruce Goff: Haus Bavinger, Norman/Oklahoma, 1957.
Goff ist der Meister des „Ad-hoc-Bauens" oder der „Armee-und-Marine-
Abfall-Ästhetik", indem er alle nur vorstellbaren übriggebliebenen Materialien verwendet. Hier ist eine durchgehende Raumspirale von Sandstein
und auf dem Grundstück aufgelesenen Bruchsteinen umgeben. Ein Mast
und ein Stahlkabel, von der Bootstechnik übernommen, halten das Dach.
Aber Goff verwendet auch natürliche, organische Baustoffe, wie die unbe-
handelten hölzernen Pfosten aus Bäumen der Umgebung. Darüber hinaus
ist er der einzige bedeutendere Architekt, der Kitsch auf überzeugende
Weise anwendet. Er zwingt uns zum Überdenken von Geschmackskulturen, die bisher unbeachtet blieben.

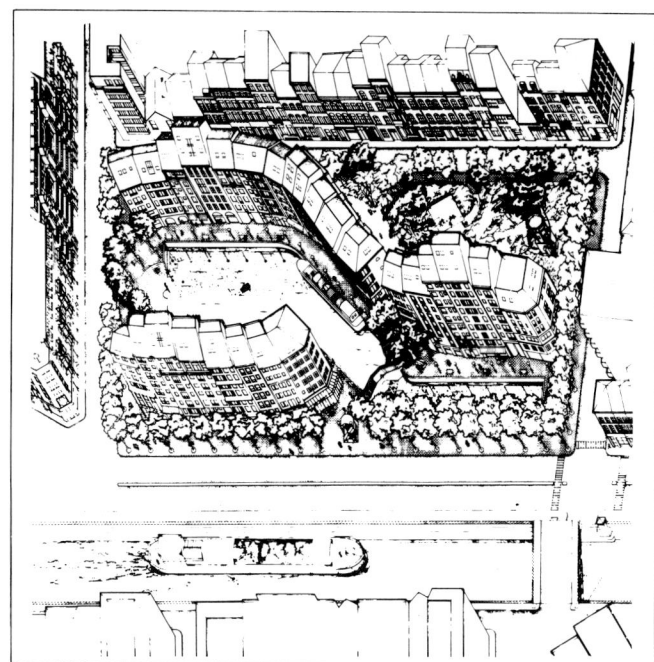

192 ARAU, Brüssel, 1975.
Diese Gruppe benutzt verschiedene Gegenentwürfe, um die massive Flächensanierung zu stoppen, und überläßt dann der Gemeinde die Wahl der
gewünschten Alternative oder Kombination. Indem sie Imitation, Port Grimaud oder hier Honfleur und Van Eyck als Alternative zu moderner Sanierung benutzen, versuchen die Planer, die zugrundeliegende Stadtstruktur
zu erhalten.

193 Nieumarket-Protest in Amsterdam, 1975, gegen die anhaltende Zerstörung der alten Quartiere für den Bau der neuen Untergrundbahn. Die
andauernden Kämpfe haben dazu geführt, daß einige Bauten und Gebiete
erhalten blieben, aber der Abriß kann als „Inschrift an der Wand" (in dem
Geisterbild der zerstörten Bauten) gedeutet werden — Verlust von Wohnungen durch Kriegseinwirkung: 366, in zehn Jahren Sanierung:335,
durch die Untergrundbahn: 115, durch Neubauten 1946—1974: 6. Die
Bürger Amsterdams werden nicht müde, neue Wege zur Verkündung ihrer
Misere zu finden.

Leuten unseren eigenen Architekturgeschmack nicht auf, sondern folgen dem Rat der betroffenen Menschen[45]."

Der nächste Schritt könnte eine Art des architektonischen Dieb-
stahls sein: ARAU könnte sich den Auftrag von den ursprüngli-
chen Planern aneignen und ihren Gegenentwurf tatsächlich bau-
en — dann würde Nachbarschaftspartizipation beginnen, etwas
zu bedeuten.

Wenngleich es unwahrscheinlich ist, daß solche Illegalitäten
von Shell, Ford und dem World Trade Center unterstützt würden,
ist es doch auch falsch anzunehmen, dieser Aktivismus sei völlig
wertlos. Abgesehen davon, daß er das Meinungsklima ändert (die
Multinationalen übernehmen jetzt selbst eine Art lokaler Imitation),
haben derartige Proteste der Zerstörung in vielen großen Städten
Einhalt geboten — zum Beispiel in den Bereichen Covent Garden
in London und Nieumarket in Amsterdam. Die advozierende Planung in Amerika war auch beteiligt am Stopp urbaner Abrisse, obgleich auch sie keine Entwicklung initiieren konnte. In Zwolle rea-
gierte, wie wir gesehen haben, die Gemeinde schließlich positiv,
nachdem sie von der Sanierung bedroht worden war, und das
gleiche gilt für Byker in etwas anderem Zusammenhang. Maurice
Culots relativer Erfolg ist, so meine ich, bezeichnend nicht nur wegen seiner Verwendung verschiedener Stile und Gegenentwürfe,
sondern auch, weil er von einer institutionellen Basis ausgeht.
ARAU ist formiert, es hat Verbindung mit Rechtsanwälten und anderen Fachleuten und kann mit den etwa hundert bereits existierenden Aktionskomitees in Brüssel zusammenarbeiten. Wenn diese Nachbarschaftsgruppen stärker werden können, so stark wie
ihre städtischen Gegenspieler, dann kann es geschehen, daß sich
die lange Geschichte der kritiklosen Stadtzerstörungen ins Gegenteil umkehrt.

Die Moderne hat auch eine Rolle gespielt beim Verfall unserer
Städte, indem sie die neuen Städte, die Abwanderung in die

193

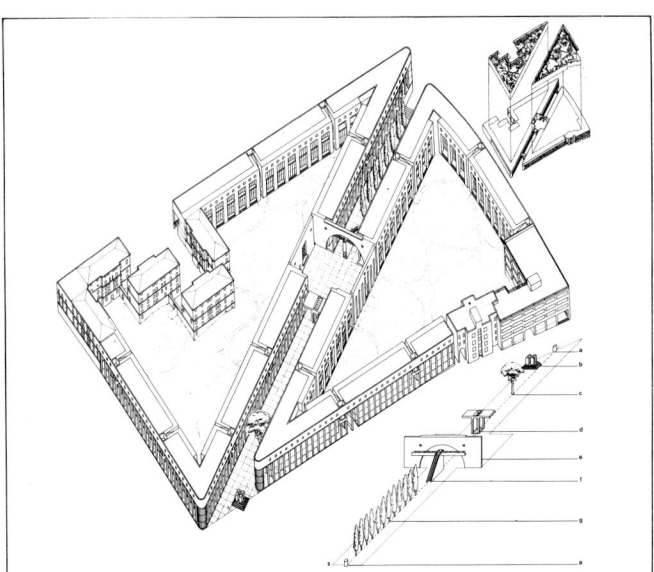

194 Leon Krier: Wohnbebauung Royal Mint Square, London (Entwurf), 1974.
Der traditionelle Straßenverlauf und die Bebauungsgrenzen bleiben erhalten, aber das Gelände ist durch einen „öffentlichen Raum" mit verschiedenen zeremoniellen und funktionellen Elementen (einschließlich Kiosks und Eingangsvorhalle) geteilt. Mehrere alte Häuser sind auch erhalten. Der Entwurf ist leider ein wenig pompös und monoton.

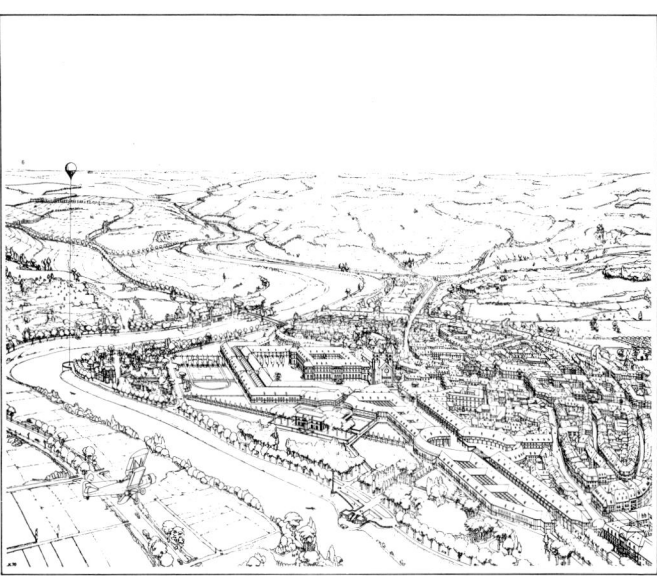

195 Leon Krier: Entwurf für Echternach/Luxemburg, 1970.
In der Vogelschau dieser luxemburgischen Stadt sind mittelalterliche, barocke und moderne Elemente zusammengefügt. Runde Plätze, große Avenuen und endlos wiederholte Fassaden erinnern an Bath oder Haussmann. Jede Stadt, scheint Krier zu sagen, sollte ihre städtebauliche Ansicht in Ordnung halten, so daß die öffentlichen Teile — Plätze, Straßen, Denkmäler — ihre Erinnerungswürdigkeit artikulieren.

Außenbezirke und die Flächensanierung gefördert hat — die alle Antistadt-Trends sind. Ihre Verteidiger würden aber in Anspruch nehmen, daß der eigentliche Schuldige die Konsumgesellschaft ist, das Auto und der Sog von Suburbia. Wer immer schließlich des Verbrechens überführt wird, es ist klar, daß die Moderne nichts getan hat, sm es zu verhindern. Sie hatte keine überzeugende politische und soziale Theorie, wie eine Stadt gedeihen und wie Bürgertugenden kultiviert und gehegt werden können.

Der Postmodernist, zum Beispiel Culot, die Brüder Krier, Conrad Jameson, hat eine andere Auffassung vom städtischen Leben und betont den aktiven, wertenden Aspekt. Der Planer, Architekt oder Marktforscher greift ein, um jene Wertvorstellungen hervorzurufen, die er unterstützt, aber er tut das innerhalb eines demokratischen, politischen Kontextes, wo seine Wertvorstellungen dargelegt und diskutiert werden können. Der richtige Ort für vieles von dem, was jetzt als Architektur oder Planung abläuft, so behauptet Jameson, ist das politische Forum — die Nachbarschaftsbegegnung mit den politischen Repräsentanten. Während kein adäquates Stadtforum existiert, um diesen Prozeß auszudrücken oder zu garantieren, beharrt die Postmoderne darauf, daß es wünschenswert sei.

Im Grunde ist dies eine Rückkehr zu einer alten und niemals perfekten Institution, dem öffentlichen Bereich — der Agora, dem Versammlungsplatz, der Moschee oder der Sporthalle, die den Raum für das Volk darstellen, wo es seine unterschiedlichen Ansichten über das Leben diskutieren und seine Gemeinschaft geltend machen konnte[46]. Während es verfrüht wäre, darin Übereinstimmung zu fordern, wird der öffentliche Bereich wieder zum Mittelpunkt der Planung in den Entwürfen der Rationalisten Charles Moore, Ricardo Bofill, Antoine Grumbach und der Brüder Krier. Nur Robert Venturi nimmt unter den Postmodernen eine Position gegen die Agora und den Palazzo pubblico ein, und er tut dies, wie wir gesehen haben, aus kommunikativen und nicht aus politischen Gründen.

194 Robert und Leon Krier im besonderen haben den öffentlichen Bereich in vielen ihrer Projekte und Wettbewerbsentwürfe hervorgehoben. Sie haben auch gezielte Angriffe auf die Zerstörung der Stadtstruktur gestartet. Sie kritisieren alle Kräfte, ökonomischer, ideologischer oder modernistischer Art, welche die Struktur der

Städte zerstört haben, und schlagen dann elegante Alternativen vor, um sie zusammenzuflicken oder ein neues Ganzes zu schaffen.

Im Grunde folgen die Brüder Krier Camillo Sittes Vorstellung von der Gliederung des geschlossenen städtischen Raumes als negatives Volumen, das fließt und pulsiert und ein Crescendo um die öffentlichen Bauten erreicht — eine Kathedrale oder eine Schule kann als Ersatz für die Agora dienen. Dieses Zusammenflicken von städtischem, öffentlichem Raum ist die Antithese zur Praxis der Moderne — des freistehenden, funktionalistischen Baudenkmals.

195 In seinem Entwurf für Echternach fügt Leon Krier eine traditionelle Arkade und einen zentralen Platz ein, wobei er die vorhandenen Formelemente aus dem achtzehnten Jahrhundert verwendet, um eine ablesbare Achse für die Stadt zu schaffen und einen Höhepunkt mit der hereinführenden Straße beim bestehenden Kloster zu erreichen. Höhe, Maßstab, Silhouette, Baustoffe sind vereinbar mit der bestehenden Struktur, wenngleich akzentuiert, um dem öffentlichen Bereich eine neue Betonung zu geben. Leon Krier benutzt die traditionelle Vogelschau der Touristenpläne, um diese Formen zusammenzufügen, und ein Gesamtplankonzept, dessen großer Schwung an Bath erinnert. Solche historisierenden Methoden sind kombiniert mit einer Formensprache Corbusiers, die in jener charakteristischen Schizophrenie des Ausdrucks resultiert, von der die Leser inzwischen genug gehört haben.

196 Bei seinem Entwurf für den Wettbewerb La Villette hat Krier eine Rückkehr zum intimen Maßstab historischer Städte vorgeschlagen, indem er ein urbanes Blockelement schuf, das auf einem Kollektiv von etwa zwölf Familien basiert. Diese engmaschigen Blocks werden dann als Hintergrundstruktur benutzt, aus der die öffentlichen Bauten entlang einer zentralen Achse hervorstehen. Die Idee ist eine Rückkehr zur historischen City von Paris und zu einer Architektursprache, die auf Bautypen mit ablesbarem sozialem Inhalt basiert.

„Diese großen Bauten konkretisieren Bautypen wie das Theater, die Bibliothek, das Hotel in spezifisch architektonische Modelle. Sie sind nicht zu verstehen als einmalige Zeichen — wie Worte in einer esoterischen Sprache —, sondern vielmehr als ein Versuch, ein System sozialer und formaler Bezüge zu schaffen, welche die Wahrzeichen der modernen Stadt von heute darstellen

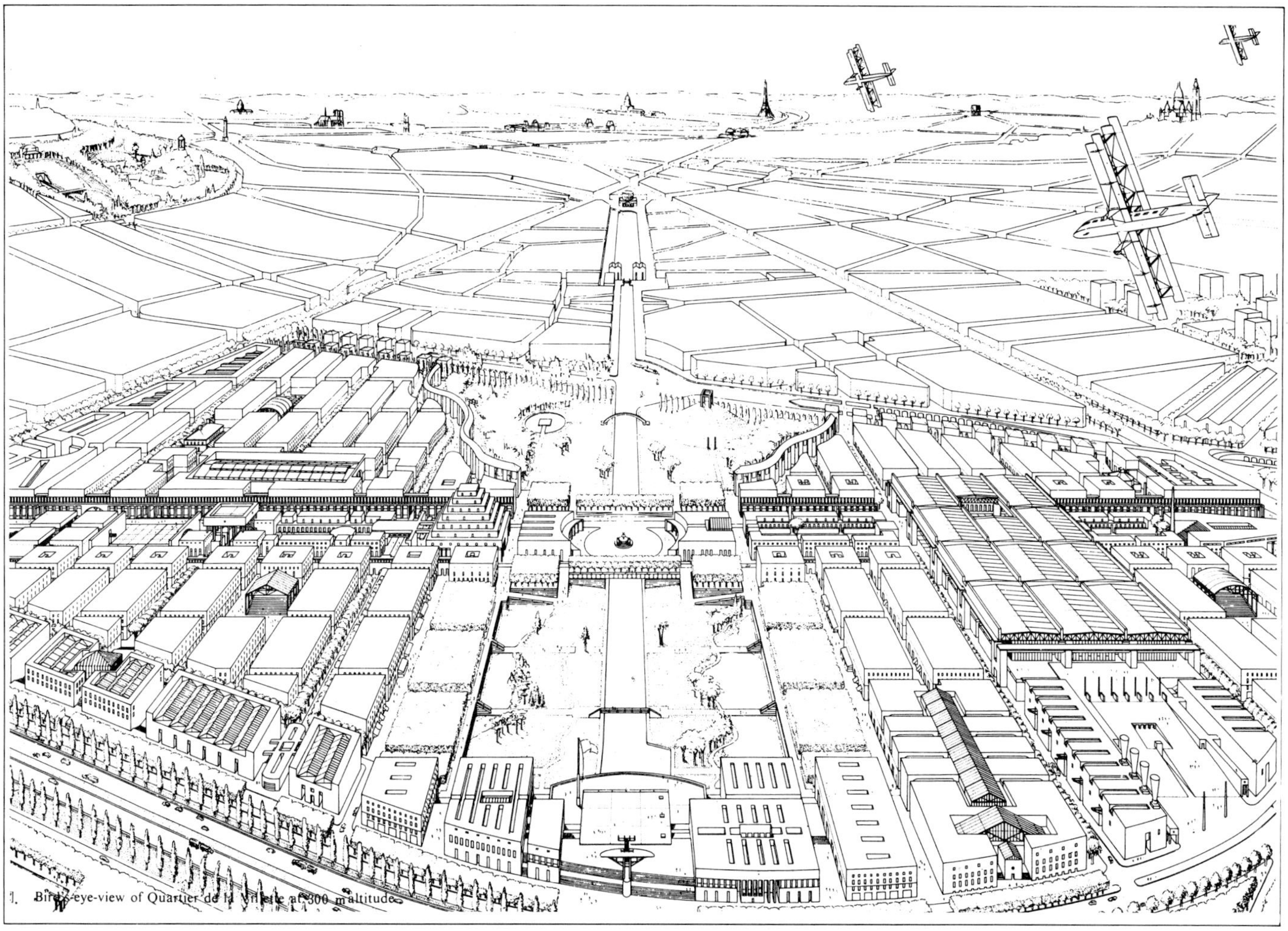

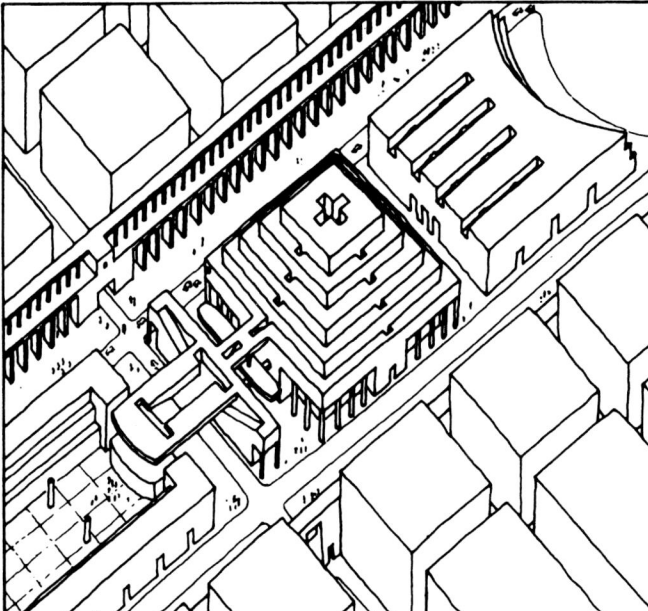

196 Leon Krier: Wettbewerbsentwurf La Villette, Paris, ausgezeichnet mit dem zweiten Preis, 1976.
Aus kleinen gemeinschaftlichen Einheiten für etwa zwölf Familien zusammengesetzt, die, wie Krier meint, örtlicher Kontrolle unterliegen würden, hat dieser Entwurf dennoch eine großartige, zentral ausgerichtete Bildhaftigkeit (alle Wohnbauten sehen gleich aus). Ein großer öffentlicher Boulevard läuft von Nord nach Süd (von rechts nach links) und enthält die Place centrale, Place de la Mairie und Square des Congrès. Fließende englische Parks bilden die andere Achse, die auf das historische Paris zuführt. Die Doppeldecker erinnern auch an Le Corbusier.

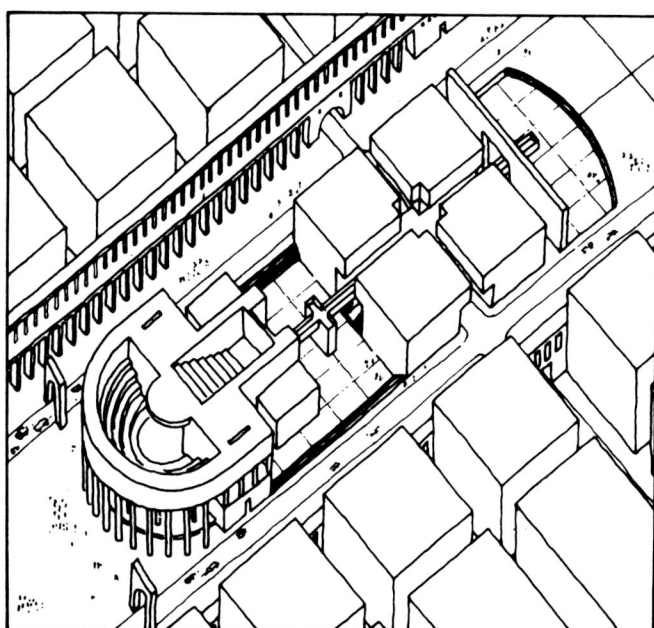

197, 198 Leon Krier: La Villette — Typologie des Hotels und des Kulturzentrums. Die Zikkurat ist aus ihrem historischen Kontext erhoben, und Ledoux' Entwurf für eine Scheune ist in ein Rathaus verwandelt, das in vier Teile zerschnitten ist. Kriers Hoffnung auf eine universale Sprache scheitert an den gleichen Mißverständnissen, denen Ledoux und Corbusier unterlagen.

Die Bedeutung der Form ist sozialer und temporärer Art und kann nicht durch auf Abstraktionen gegründeten Befehl etabliert werden. Es ist merkwürdig, daß Krier, der Corbusier wegen mangelnder urbaner Sensibilität angreift, ähnliche Vorstellungen haben sollte. Aber die Theorie, wie Architektur sich mitteilt, wird weithin nicht verstanden.

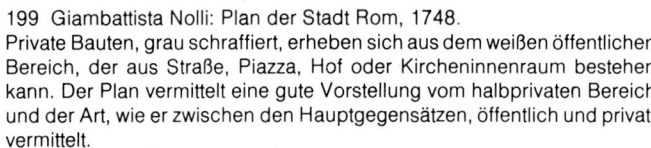

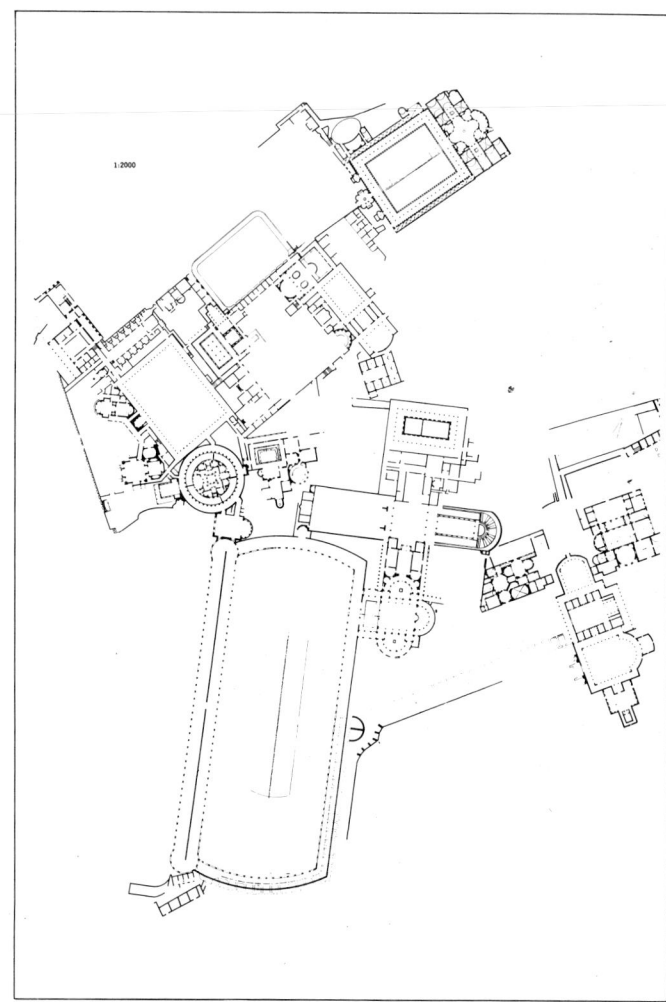

199 Giambattista Nolli: Plan der Stadt Rom, 1748.
Private Bauten, grau schraffiert, erheben sich aus dem weißen öffentlichen Bereich, der aus Straße, Piazza, Hof oder Kircheninnenraum bestehen kann. Der Plan vermittelt eine gute Vorstellung vom halbprivaten Bereich und der Art, wie er zwischen den Hauptgegensätzen, öffentlich und privat, vermittelt.

200 Hadriansvilla, Tivoli, 118—134 v. Chr.
Eine Reihe axial orientierter Architekturelemente, aus allen Teilen der römischen Welt in diesen frühen eklektischen Komplex zusammengetragen: Tempel und Umgänge waren von Ägypten kopiert, Karyatiden aus Griechenland, und es gab hier sogar einen Ort für den „Hades". Der exquisiteste Teil dieser Villenanlage (sie ist in Wirklichkeit eine kleine Stadt) ist das Teatro Marittime (Mitte links) mit kreisförmigen Umgängen und komplex ineinandergreifender, konvexer und konkaver Exedra. Hierher zog sich Hadrian in seine „Bibliothek" zurück, um zu lesen, zu essen und zu baden. Colin Rowe hat gesagt: „Die Hadriansvilla repräsentiert die Idealforderungen und anerkennt gleichzeitig die Bedürfnisse des Adhoc."

und die traditionellen religiösen und institutionellen Wahrzeichen durch Bautypen mit neuem sozialen Inhalt ersetzen würden[47]."

Der „neue soziale Inhalt", für Krier unweigerlich marxistisch, ist ebenso modernistisch wie seine rationalistische Sprache von Typen, und letztere muß nicht unbedingt, wie beabsichtigt, sozial vermitteln wegen ihres abstrakten, nicht-zeitgebundenen Charakters. Dennoch ist die Absicht, eine Sprache, einen öffentlichen Symbolismus zu etablieren und diesen innerhalb des Netzes von Paris zu knüpfen, vorbildlich. Außerdem meint Krier, daß dieser Städtebau seine Bedeutung aus verschiedenen Dialektiken gewinnt — denjenigen zwischen privatem und öffentlichem Bereich, Gegenwart und Vergangenheit, der Morphologie von Geschlossenheit und Leere. Diese semiotische Absicht und die Stadt der dialektischen Bedeutung führen uns zu den Schriften von Colin Rowe und der als Kontextualismus bekannten Richtung.

Als Theorie und Richtung begann der Kontextualismus in den frühen sechziger Jahren an der Cornell University in Ithaca, N. Y., mit Untersuchungen darüber, wie Städte verschiedene binäre Systeme bilden, die Ablesbarkeit ermöglichen. Alvin Boyarsky studierte Camillo Sittes Werk wegen seiner Auswirkungen, ebenso George Collins zur gleichen Zeit, und das wichtigste binäre Paar

stammte aus Sittes Zeichnungen: der Gegensatz zwischen Bebauung und leerem Raum oder Figur und Boden. Wie Graham Shane die Sprache des Kontextualismus mit ihren unvermeidlichen abstrakten Dualitäten (als ob die Theoretiker alle bei Heinrich Wölfflin mit zwei Diaprojektoren studiert hätten) beschreibt, gibt es regelmäßige gegen unregelmäßige urbane Systeme, formale gegen informale, Typen gegen Varianten, Figuren gegen Bereiche (wenn effektiv verbunden, bekannt als Elementsätze), Zentrum gegen Ausfüllung, Gewebe gegen Begrenzung und Hü gegen Hott.

„Solch ein Wörterbuch könnte mit dem Begriff ‚Kontext' beginnen. Nach der Definition muß der Entwurf in seine Umgebung passen, ihr entsprechen, sie vermitteln, vielleicht ein im Straßenlayout vorhandenes System komplettieren oder ein neues einführen. Entscheidend für diese Wahrnehmung der urbanen Systeme ist das doppelte Gestaltimage *Figur — Boden*. Dieses System, das von zwei Seiten abgelesen werden kann — solid oder leer, schwarz oder weiß — ist der Schlüssel zur kontextualistischen Betrachtung des urbanen Raumes[48]."

Nach dieser Argumentation bestand das Versagen der modernen Architektur und Planung kurz gesagt in ihrem Mangel an Ver-

199

197
198

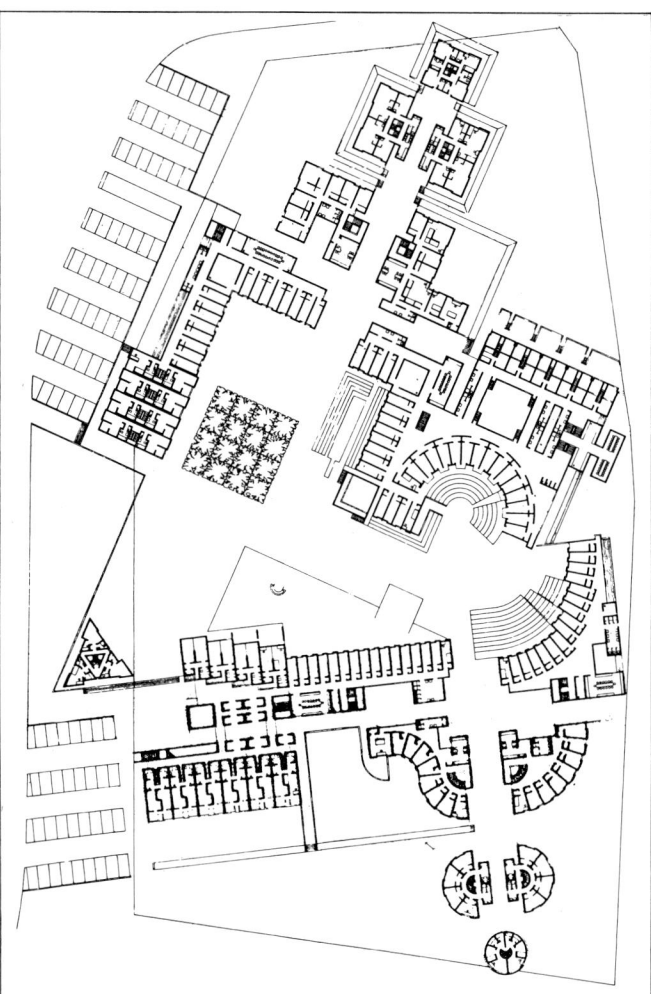

201 Oswald Mathias Ungers und Mitarbeiter: Wettbewerbsentwurf für ein Studentenwohnheim, 1963.
Wie bei der Hadriansvilla ist eine Reihe von Elementen wiederholt und an ihrer eigenen Achse angeordnet, so daß sie sich überschneiden und manchmal kollidieren. Vielfache geometrische Formen, nicht übereinstimmende Winkel und eine subtile öffentliche Ordnung.

ständnis für den urbanen Kontext, in der Überbetonung von Objekten anstelle des sie verbindenden Gewebes, der Planung von innen nach außen anstatt vom Außenraum nach innen. Durch langes Nachdenken über die großen, geschwärzten Bereiche in Sittes Plänen und über Nollis Plan von Rom aus dem siebzehnten Jahrhundert gewannen die Kontextualisten — ebenso wie Robert Venturi — neuen Respekt vor dem „Poché" oder übriggebliebenem Gewebebau — dem „Boden" für die attraktiven „Figuren" jeder Stadt.

Colin Rowe und seiner brillanten Feder fiel die Aufgabe zu, alle diese Dualitäten in eine fesselnde Dialektik binärer Paare zu weben, die sich vielleicht mehr als suggestive Analogie denn als präzise Vorschrift empfahl. Seine „Collage-Stadt" stellte Argumente auf zwischen dem Mechanismus der erleuchteten Denker und dem Organizismus der Hegelianer, den Phantasien aus der alten Welt der Amerikaner ohne Wurzeln in Disneyland und der „schönen neuen Welt" der Superstudios mit allzuviel Vergangenheit in Florenz. Er setzte die fixierten, platonischen Utopias der Renaissance in Kontrast zu dem „Utopia als Verdrängung" der Futuristen, die einsamen großen Gedanken der „Igel" zu den vielen kleinen Zielen der „Füchse".

„Palladio ist ein Igel, Giulio Romano ein Fuchs; Hawksmoor, Soane, Philip Webb sind vermutlich Igel, Wren, Nash, Norman Shaw sicherlich Füchse . . .[49]"

Solche Spiele und analoges Denken sind höchst effektiv, wenn Rowe eine Seite seiner Gleichung benutzt, um die andere zu kritisieren, und mit einer Mischung antritt, die beide Widersprüchlichkeiten einschließt. So hat diese „Collage-Stadt", die auf der Zusammensetzung von Elementen vieler verschiedener Utopias (oder der „Westentaschenutopias — Schweizer Kanton, Neu-England-Dorf, Felsendom, Place Vendôme" usw.) basiert, ihre zwei Seiten, und eine durchaus willkommene: „den Genuß utopischer Poesie, ohne die Verpflichtung, die Behinderung durch utopische Politik zu erleiden".

Die Bauten Hadrians, sein pluralistisches Pantheon, sein Rom, besonders seine Villa in Tivoli sind Adhoc-Sammlungen und dialektische Utopias. In der Tat wird in den sechziger Jahren die Hadriansvilla *das* Vorbild, ein Modell und Bezugspunkt für so verschiedene Architekten und Kritiker wie Louis Kahn und Sigfried Giedion, Oswald Mathias Ungers und Vincent Scully — kurz für Moderne und Postmoderne. Für einige stellt der Reichtum der ineinandergreifenden Raumkonzentrationen die Lektion der Villa dar, für die anderen der Eklektizismus der Quellen (Ägypten, Griechenland), das Palimpsest der Bedeutung oder der Manierismus der harten Gegenüberstellung. Für Rowe ist sie das beste Beispiel für die fuchsähnliche Dialektik:

„Während Versailles eine Studie für die totale Planung in einem Kontext totaler Politik sein mag, versucht die Hadriansvilla, alle Bezüge auf eine beherrschende Idee zu verwischen . . . Hadrian, der die Umkehr jeder ‚Totalität' vorschlägt, scheint nur einer Anhäufung sehr verschiedener Fragmente zu bedürfen . . . Die ‚Villa Adriana' ist ein Miniatur-Rom. Sie reproduziert gefällig alle Konflikte der traditionellen Architekturelemente und alle zufälligen empirischen Ereignisse, welche die Stadt so reichlich zur Schau stellt . . . Sehr wahrscheinlich ist die heutige ungeheure Vorliebe für die Hadriansvilla durch die konstruktiven Ungereimtheiten und ihre vielfältigen synkopierten Reize bedingt . . . die Einseitigkeit dieses (Anti-Igel-) Arguments sollte man klar sehen: Es ist besser, an eine Anhäufung kleiner und sogar sich widersprechender zusammengesetzter Elemente (fast wie Produkte verschiedener Regime) zu denken, als Phantasien zu unterhalten über totale und ‚fehlerlose' Lösungen, welche die Bedingungen der Politik nur vermasseln können[50]."

Dieses Argument für die „Collision City", die Stadt der Widersprüchlichkeiten, basiert, wie das für den Adhocismus auf der Methode des Zusammenflickens und dem Wert der Erinnerung bei der Bildung einer Grundlage für Voraussetzungen und Stadtplanung[51]. Darunter lassen sich die Beispiele mehrerer Semi-Historisten zusammenfassen, die zu Beginn bereits erwähnt wurden — Lubetkin, Luigi Moretti. Sie stellten die Vergangenheit neben die Gegenwart, um einen reicheren Bedeutungsinhalt zu erzielen. Ich erwähne diese gemeinsamen Interessenpunkte nicht, um irgendeine Priorität der Einflüsse zu beweisen, sondern um auf die Entstehung eines Konsensus in einigen Gegenden hinzuweisen, eines Konsensus, der vielleicht am besten durch den Entwurf für Düsseldorf von James Stirling repräsentiert wird. Hier hat im Juli 1975 ein führender moderner Architekt die Zusammensetzung als Technik benutzt, um Vergangenheit und Gegenwart miteinander zu verknüpfen und manchmal zusammenzuquetschen und zwischen grundlegenden Widersprüchen — dem soliden urbanen Gewebe und der Leere des öffentlichen Freiraums — zu vermitteln. Stirling benutzt als Umhüllung auf einer Seite eine Fassade im Stil des neunzehnten Jahrhunderts, damit sie in den Kontext paßt, und läßt sie auf der anderen Seite abbröckeln, so eine geschickte Imitation andeutend. Er zieht eine Fußgängerstraße aus dem dichten urbanen Gewebe in einen kreisförmigen Hof und verkehrt dann diesen dialektisch in ein quadratisches Objekt. (Der Boden ist zur Figur geworden, der Kreis rechteckig.) Dieses ausgeprägte Objekt wird dann auf seinem Podium gebogen, um eine großstäd-

201

202
203

111

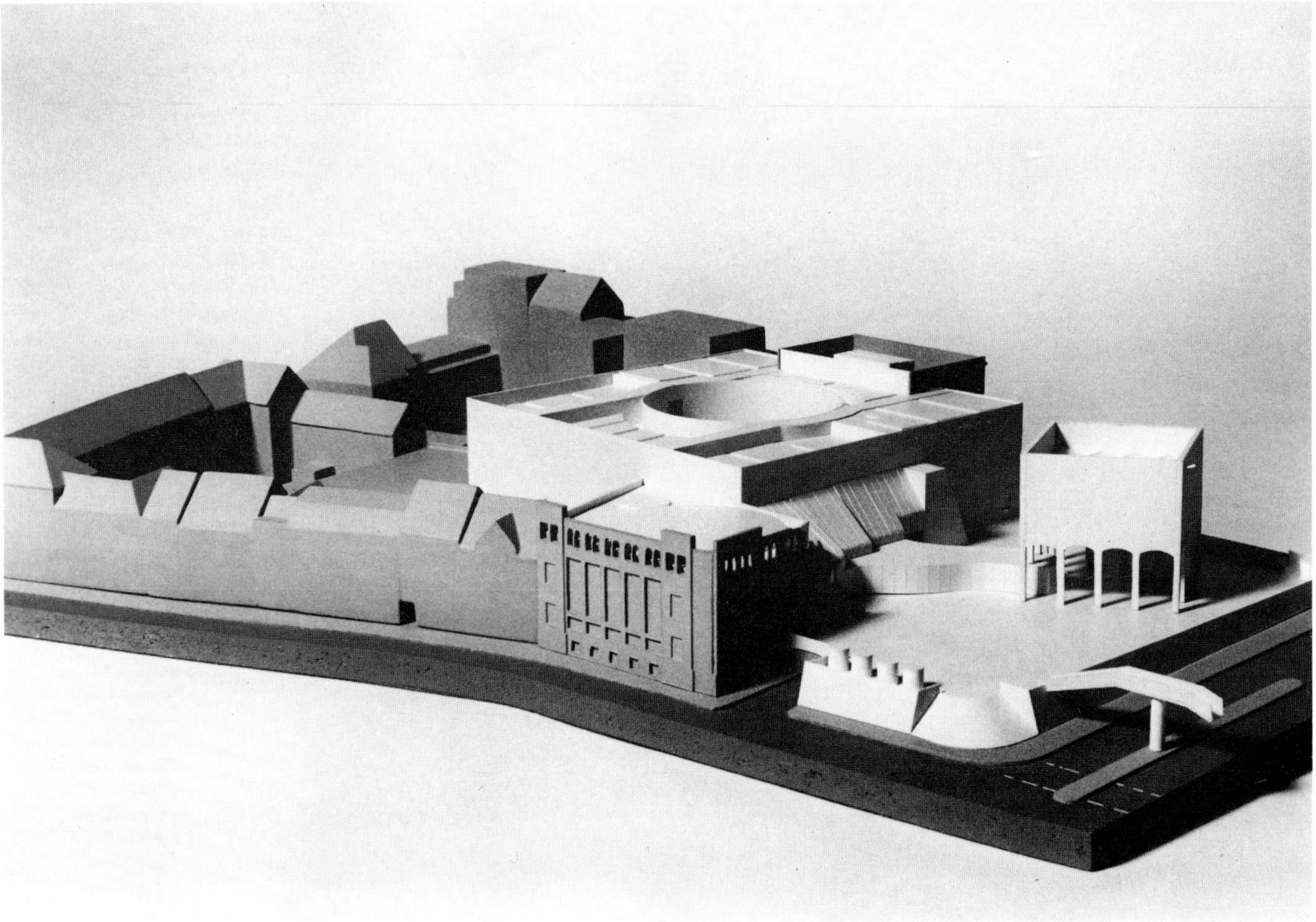

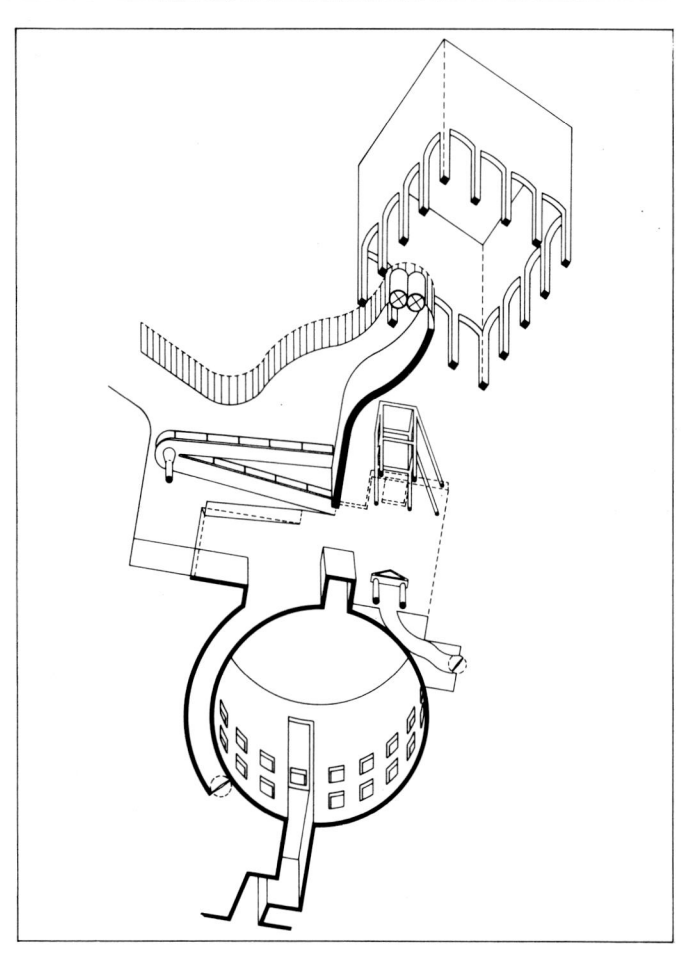

202, 203 James Stirling: Entwurf für das Museum in Düsseldorf, 1975. Ein gutes Beispiel für kontextuelle Planung, bei der Höhe, Maßstab und Baumaterialien des Gebietes berücksichtigt sind. Aber den symbolischen Elementen ist Ausdruck gestattet. Der Eingangskubus ist vom Raster abgewinkelt und stellt einen wichtigen Punkt für die Grundstücksbegrenzung dar, welche die Beziehung zu anderen Baudenkmälern aufnimmt. Die Fassade aus dem neunzehnten Jahrhundert, auf der linken Seite, ist um einen Teil des neuen Museums gezogen. Die Glasverkleidung, das einzige Überbleibsel der Moderne, ist auf semantische Weise als öffentliche Verkehrsfläche und Versammlungsbereich genutzt.

tische Achse zu bilden und als zentrales Monument zu agieren, wodurch es zu einem weiteren in einer Gruppe benachbarter Monumente wird. Von seinen Bezügen zu Schinkel und Albert Speer und von der Zurückhaltung im historischen Detail (blinder Giebel, keine Pilaster) abgesehen, repräsentiert dieser Entwurf ein neues Stadium im postmodernen Städtebau, weil hier ein moderner Architekt mit einem Einfühlungsvermögen für den historischen Kontext, das man von einem Traditionalisten erwarten würde, und mit der Frische und Phantasie eines Renaissancearchitekten agiert.

Metapher und Metaphysik

Ein weiteres Motiv, das die Architekten veranlaßte, sich von der Lehre der Moderne abzuwenden, war deren offensichtliche Unfähigkeit, sich mit übergeordneten Fragen der architektonischen Bedeutung auseinanderzusetzen. Was hatte es mit der Architektur ,,auf sich", besonders nun, da der moderne Glaube an die fortschrittliche Technologie und die Maschinenästhetik sich als so naiv (oder langweilig) erwiesen hatte? Architektur muß einen Bedeutungsbezug haben — die Renaissance hatte ihre platonische Metaphysik, die Römer besaßen ihren Glauben an das Imperium —, was können wir darstellen außer einem intellektuellen Agnostizismus?

Ein kennzeichnendes Charakteristikum der Postmoderne ist ihr Streben nach ungereimter Metaphysik, sozusagen nach „fremden Göttern" anstatt den vertrauten und verbrauchten Göttern des Fortschritts und des Pragmatismus. Aber obgleich die Maschinenmetapher tot ist, ist unsere Epoche glaubwürdigen Metaphern oder einer entwickelten Metaphysik nicht viel nähergekommen. Die Wissenschaft in ihrem Agnostizismus kann kaum die Antworten liefern — obgleich sie sie widerlegen kann. Außerdem wird jede Metaphysik aus zwei völlig unterschiedlichen Gründen heute in Frage gestellt: Sie ist häufig zu ausgefallen, um die Phantasie der Gesellschaft im großen zu fesseln, und sie kann keine Grundlage durch Gewohnheit und Ritus aufbauen, da die Industriegesellschaft dazu neigt, diese traditionelle Basis zu unterlaufen oder zu kommerzialisieren.

Dennoch bleibt die geistige Funktion der Architektur bestehen und wird auch weiterhin erhalten bleiben, selbst wenn es einer Religion und Metaphysik ermangelt. So konzentriert der postmoderne Architekt wie der surrealistische Maler seinen geistigen Bereich um die möglichen verfügbaren Metaphern. Die Metaphysik wird dann entweder als implizite oder als explizite Metapher ausgedrückt, die durch die Form bezeichnet ist. Vielleicht sollte die an früherer Stelle genannte Argumentation (siehe Seiten 40—52) zusammengefaßt werden. Die bekanntesten metaphorischen Bauten — die Kapelle in Ronchamp, das Opernhaus in Sydney, das Empfangsgebäude der TWA — wechseln in ihrer Kodierung von implizit zu explizit, von der gemischten Metapher zum übereinstimmenden „Gleichnis". Ein architektonisches Gleichnis ist, wie in Schrift oder Sprache, die formale und explizite Aussage einer Metapher — der Würstchenstand, der viele andere Hinweise enthält, wie Senf und Brötchen, so daß man sagen kann, es sei explizit beabsichtigt.

Andererseits sind die meisten architektonischen Metaphern implizit und gemischt. Die maßgebende Metapher, die Architekten neuerdings auszudrücken beginnen, erwächst aus der organischen Tradition der Moderne und bezieht sich auf körperliche Images und die Verbundenheit des Menschen mit der Natur und dem Tierreich. Wir können sehen, wie eine Metaphysik in ihrem primitiven Stadium jetzt von sehr direkten Gleichnissen Gebrauch macht. Der menschliche Körper, das Gesicht, die Symmetrie tierischer Formen werden zu Grundlagen einer Metaphysik, die der Mensch als unmittelbar und relevant empfindet. Darüber hinaus reagiert er gern und unbewußt auf körperliche Images, die haptischen Metaphern von Innen und Außen, Auf und Ab, Projektionen seiner eigenen innerlichen körperlichen Orientierung. Selbst seine Beschreibung der Architektur ist von dieser Vorstellung gefärbt. Bauten „liegen am Horizont" oder „erheben sich von ihm", haben eine „Vorderseite", die akzeptabler ist als die „Rückseite" (genau wie Lebewesen), und sind „aufgeputzt" oder „einfach".

Charles Moore und Kent Bloomer, die diese körperlichen Images in ihrer Beziehung zur Architektur analysiert haben, behaupten, sie bildeten ein Basismodell für das Erleben der Umwelt, und zwar eins, das nicht beschränkt ist auf die Priorität des Sehens.

„Durch Kombination dieser Wertvorstellungen und Empfindungen, die wir inneren Wahrzeichen mit den moralischen Qualitäten, die wir psycho-physischen Koordinaten mitteilen, zuschreiben (rechts, links usw.), können wir uns ein Modell außerordentlich reicher und empfindsamer körperlicher Bedeutungen vorstellen. Es ist ein erfaßbares Modell (weil wir es ‚besitzen'), obgleich es im menschlicheren Sinne komplex ist als eine mathematische Matrix[53]."

Aus solchen Gründen wird die Stadt, genau wie die Wohnung, als leer betrachtet ohne ihre anthropomorphen Dimensionen, ihr zentrales „Herz" oder ihr Äquivalent zu der zentralen Piazza, dem symbolischen Mittelpunkt.

Das Haus hat so viele solcher anthropomorphen Mittelpunkte, daß es als lebender Beweis für die Gültigkeit des „pathetischen Trugschlusses" betrachtet werden kann. Wir entwerfen nicht nur ein Herz (einen Herd), sondern, wie Carl Gustav Jung ausführt, die

204 Maison des Cariatides, 28 rue Chadronnerie, Dijon, um 1610. Etwa siebenunddreißig Köpfe schmücken dieses Haus, wahrscheinlich selbst für einen Manieristen zu viele. Die Mischung von architektonischen und menschlichen Elementen zeugt von ungewöhnlichem Einfallsreichtum. Man beachte zum Beispiel die sorgfältigen Asymmetrien als Gegensatz zur regelmäßigen Anordnung der Pfeilerfiguren. Fenster, Türen, Schornsteine und andere Durchgangs- oder Mittelpunkte wurden mit komplexen Metaphern gewürdigt, die sehr passend sind für die erogenen Zonen der Architektur.

gesamte Anatomie von Gesicht und Körper[54]. In seinem Beispiel, einem hebräischen Text aus dem achtzehnten Jahrhundert, sind die Türme des Hauses die Ohren, der Ofen ist der Magen, und die Fenster sind, wie üblich, die Augen. Das Haus wird, wie schon erwähnt (siehe Seiten 55/56) häufig als ein Gesicht betrachtet, und man hält es für enthauptet, wenn es ein flaches Dach erhält.

In der Renaissance wurden solche körperlichen Images kon- 204 ventionell dargestellt und in die architektonischen Dimensionen aufgenommen. Der menschliche Körper war sowohl in den Grundriß als auch in den Aufriß von Kirchen eingeschrieben. Diese Metaphern wurden sogar so ernst genommen, daß Bernini kritisiert wurde wegen seiner Piazza für St. Peter in Rom, die eine verdrehte Figur mit verstümmelten Armen ergab[55]. Jeglicher Zweifel, daß der Mensch erfüllt ist von einer Architektur nach seinem eigenen Bild oder zumindest seinem eigenen Bild in der Projektion auf architektonische Fassaden, läßt sich vertreiben, wenn man die Karyatiden, Zwitter und anderen Figuren zählt, die über jede große europäische Stadt verstreut sind, eine wahre Menagerie komischer Gesichter und seltsamer Rassen.

Neuerdings hat die Postmoderne die anthropomorphe Metapher und Metaphysik auf direkte und manchmal vulgäre Weise aufgenommen, indem sie das Image in ein explizites Lächeln verwandelt. So hat Minoru Takeyamas Beverly Tom Hotel von 1974 die Gestalt des Shinto-„Tenri"-Symbols, das heißt eines Phallus 206 — eines Symbols, das im ganzen Hotel in den Details wiederholt

205 Stanley Tigerman: Würstchenhaus in Nordwest-Illinois, 1975/76.
Ein einfaches Ferienhaus auf einer Grundfläche von etwa 5 × 23 m, erbaut für 35 000 Dollar, eine nackte, öde Zedernholzwand auf der Eingangsseite und eine Mondrian-Glaswand auf der Aussichtsseite. Das private Wochenendhaus auf dem Lande hat stets Gelegenheit für visuelle Ef-
fekte geboten. Das Würstchen ist hier nur *eine* mögliche Metapher. Der
Torso und die Ampulle sind ebenfalls kodiert.

wird bis hinab zum Aschenbecher! Welche Metaphysik rechtfertigt
solche Metaper? Es ist klar, daß die vertikale Form zu dem Symbol geführt haben kann, und Hotels sind in einem banalen Sinne
Korridore der Macht. Aber keine Rationalisierung kann den Phallus hinreichend erklären, der die abstrakte Aussage der primitiven
Macht in der Industrielandschaft darzustellen scheint. Aber wiederum, warum *dieses* Hotel als Phallus? Es ist nicht das Äquivalent für ein Hünengrab, die Place Vendôme, den Obelisken oder
den christlichen Kirchturm — die Bauaufgabe kann hier nicht einen so starken Inhalt tragen.

Stanley Tigerman verwendet ebenfalls explizite Metaphern, um
205 Architektur zu erzeugen: das „Kekshaus", das Würstchenhaus,
Reißverschlußappartements und wiederum das phallusförmige
Haus, euphemistisch das „Gänseblümchenhaus" genannt. Hier
kam die Rechtfertigung vom Bauherrn, der das Würstchenhaus
gesehen hatte und ebenfalls etwas visuell Genießbares wünschte.
Verschiedene fragwürdige Gründe führten zu der endgültigen
207 Form, von denen vielleicht der am ehesten wiederzugeben ist, daß
208 Tigerman seinen Bauherrn zum Lachen bringen wollte. Auf jeden
Fall ist es für uns nicht so sehr von Bedeutung, ob Tigermans oder
Takeyamas Gleichnisse letztlich zu rechtfertigen und begründet
sind, sondern vielmehr, daß sie im Gegensatz zu dem modernen
Architekten ein Bedürfnis empfunden haben, die metaphorische
Ebene des Ausdrucks zu verwenden.

Die Ergebnisse mögen nicht durchgestanden und gelegentlich
lächerlich sein, aber der Architekt hat beabsichtigt, diese Art der
Sprache zu verwenden, die bislang auf den kommerziellen
Sektor mit seinen überdimensionalen Pfannkuchen und Würstchen beschränkt ist. Seine Bauten sind daher nicht die fehlgezün-
deten Metaphern der Moderne, sondern die überzündeten Metaphern der Postmoderne in ihrem ersten Stadium.

206 Minoru Takeyama: Hotel Beverly Tom, Hokkaido/Japan, 1973/74.
Achtzig Zimmer dieses Hotels sind in drei Vierteln des Zylinders angeordnet. Ein Restaurant und ein Dachgarten sind durch den anderen Wechsel
der Syntax angedeutet. Die phallische Gesamtform ist nicht absolut ablesbar — der Symbolismus ist mit anderen, funktionalen Bedeutungen kodiert.

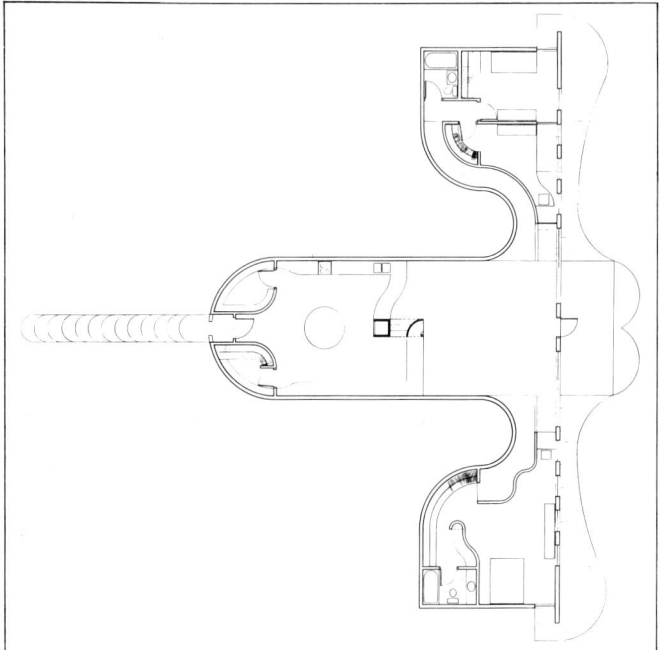

207, 208 Stanley Tigerman: Gänseblümchenhaus, Indiana, 1976/77. Der Grundriß und Teile der Ansicht sind mit unterschiedlicher Genauigkeit wohlbekannten Teilen der männlichen und weiblichen Anatomie nachgebildet. Diese Formen, teils auf ausdrücklichen Wunsch des Bauherrn zurückzuführen, sind wiederum abgerundet durch eine Reihe von Gegensätzen — die flache Putzmauer gegen strukturierte Holzkurven, das rechtwinklige Fensterraster gegen gekurvte Aussichtsscheiben. An einer leeren Seite liegen Eingang und Küche, die andere flache Seite eröffnet den Ausblick auf den See. Diese Ansicht ist eine Abwandlung des Grundrisses, die visuell andeutet, daß der Phallus sich bis auf das Deck fortsetzt und daß die Fenster bis zum Boden reichen. Dem symbolischen, mit einem Bogen versehenen Eingang fehlt schließlich nur die spanische Missionsglocke.

Weil die Metapher und der Symbolismus von der Moderne unterdrückt wurden, muß ihr Wiedererscheinen vermutlich jetzt, zu einer Zeit unsteter Metaphysik, überdeutlich sein. Dennoch sind die Postmodernen verpflichtet, diese Bedeutungsebene zu erforschen.

Eine der durchdringendsten Metaphern im Wohnungsbau ist das erwähnte Image des Gesichts. Kinder zeichnen häufig ihr Heim als ein Gesicht: Wir projizieren ausdrücklich unsere Gefühle und Dimensionen auf Gebäude. Andere anthropomorphe Teile sind in der traditionellen Architektur vertreten — ein Gleichgewicht der Stützen, das Beine andeutet, eine körperhafte Symmetrie, eine Proportion, die das menschliche Verhältnis vom Arm zum Torso andeutet —, die ihr Vertrautheit und Beliebtheit verliehen haben. Die Reihenhäuser von Amsterdam mit ihren hohen, steilen Giebeln, symmetrischen Visagen und gesichtsähnlichen Öffnungen starren einen an wie so viele wohlbestallte, individualistische Bürger in einem Gildenporträt von Rembrandt. Diese Metapher, eine über Jahrhunderte alltägliche, ist auf solch eine Weise kodiert, daß der Widerspruch zwischen Wettbewerb und Bürgerstolz unmittelbarer dargestellt ist: Jedem wird gleiches Gewicht gegeben in diesen „Wange an Wange" stehenden Fassaden. Außerdem ist die Kodierung gemischt und doppeldeutig, im Gegensatz etwa zu den Gesichtsbauten der italienischen Renaissance — dem Palazzo Zuccaro in Rom und den Gesichtern in Bomarzo. Bei diesen letzteren sind die Formen so überkodiert, daß das Gesicht nicht mehr grüßt, sondern entfremdet oder verwirrt.

209

210

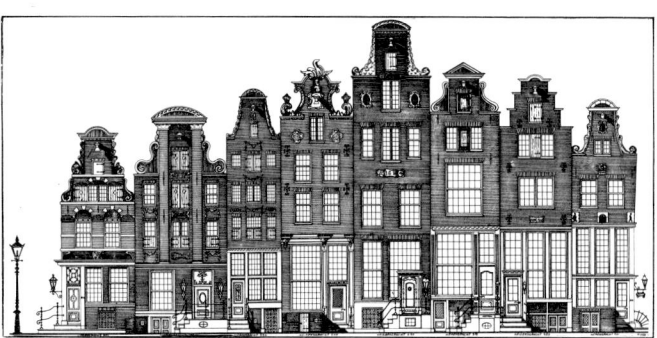

209 In Amsterdam ist das Betrachten von Giebeln ein vergnüglicher Zeitvertreib, da die Gesichter dieser Bauten so unterschiedlich und anregend sind wie jene auf den typischen holländischen Bürgerporträts. Tiere sind wie Gesicht und Körper buchstäblich in der Dekoration anwesend.

210 Federico Zuccaro: Palastfassade in der Via Gregoriana in Rom, um 1592.
Die traditionelle Metapher für Fenster als Augen eines Gebäudes ist hier auf den Mund übertragen. Die Tür schneidet eine Grimasse, während die Fenster lächeln. Achten Sie auf die Art, wie Giebelfeld, Schlußstein und Füllhörner das Gesicht durchschneiden. Die sich blähenden Nüstern und die allgemeine Physiognomie sind ähnlich wie in Bomarzo. Ist dies der konventionelle Eingang zum Hades?

Der japanische Architekt Kazumasa Yamashita hat diese Tradition in Kyoto zu ihrer logisch absurden Vollendung geführt. Hier blickt das Gesichtshaus mit seinen runden Augen und seiner Gewehrlaufnase finster, schreit und verschlingt schließlich die Bewohner. Durch so unmittelbare Darstellung wirkt die Metapher vermindernd — „Das ist nicht als ein rätselhaftes Gesicht". Dieses Vermindernde, immer die Gefahr bei einem Gleichnis, sollte verglichen werden mit den Amsterdamer Beispielen oder den verbreiteten Bungalows in Amerika mit ihrer Vielzahl vorspringender Stirnen oder den anthropomorphen Schöpfungen von Bernard Maybeck. 211

Maybecks Häuser mischen häufig architektonische und nichtarchitektonische Metaphern, Kodes der Fachelite mit populären Kodes. Wegen diesem in seinem Werk enthaltenen Eklektizismus ist Maybeck neben Lutyens und Gaudi ein weiterer Prämodernist, den es zu studieren gilt. Sein Haus Ross (1909) deutet Metaphern des Tudorstils und der Gotik ebenso wie der tatsächlichen Situierung im Bereich der Bucht von San Francisco an. Aber sie sind kunstvoll vermischt mit einer breitgesichtigen Visage. Die Stirn ist vielleicht eher eine gebrochene Dachkante, die Augen erinnern erst an gotische Dreiblätter und an Rundfenster, ehe sie uns auffordern, nach Linse und Iris zu suchen. Der Balkon ist eine überladene Version des Flamboyant, bevor er zum Mund wird. So kann das Image des Gesichts, das erst dann deutlich wird, wenn wir genau hinsehen, sich immer noch zurückziehen in seinen früheren Kontext und im Hintergrund bleiben. 139

Ich habe eine ähnliche gemischte Kodierung bei einem Ateliergebäude versucht: Das Profil ist das normale Steildach von Cape 212

211 Kazumasa Yamashita: „Gesichts"-Haus, Kyoto/Japan, 1974.
Man wird verschlungen von einem bösen Blick, die Augen quellen hervor, die Nase bedarf einer kosmetischen Operation. Solch direkte Assoziationen fordern diese unfreundlichen Bemerkungen und die Frage heraus: „Und wo sind die Ohren?" Ein Mehr oder ein Weniger an expliziter Kodierung wäre angebracht gewesen.

212 Charles Jencks: Garagia Rotunda, Wellfleet/Massachusetts, 1977.
Symmetrische Seitenfronten von Häusern mit geneigtem Dach produzieren häufig ganz zufällig einen physiognomischen Ausdruck. Hier ist das Gesicht teilweise verhängt, das Fundament der Zähne in Buschwerk versteckt. Augen und Nase sind auf der Innenseite des Gesichts blau gestrichen, um das Licht widerzuspiegeln und einen Kontrast zum Himmel darzustellen. Die Metapher ist hinter dem geometrischen System von Bogen und Vertikalen etwas verborgen.

213 Michael Graves: Haus Claghorn, Princeton/New Jersey, 1974.
Holzverkleidung, Friese, ein gebrochener Giebel und das Zeichen des geneigten Daches sind in diesem Anbau an ein Haus im Queen-Anne-Stil
gerade noch erkennbar. Die architektonischen Elemente nehmen Metaphern aus der Natur auf: Braun für das Erdfundament, Grün für das Buschwerk, blaue Rahmen für den Himmel. Die Kreuzform aus Stütze und
Balken faßt den Blick zum Himmel ein und fungiert als ein in menschlichen
Dimensionen proportioniertes Tor.

214 Antonio Gaudi: Casa Batllo, Fassade, 1904—1906.
Eine meisterhafte Anwendung der Metapher auf metaphysischer Grundlage. Knochen und Lava artikulieren die beiden unteren Geschosse, die
einige Läden und die größte Wohnung enthalten. Metaphern von Toten-
masken und wogender See artikulieren ähnliche Wohnungen in der Mitte,
während ein schläfriger Drache vom Dach herunterblickt. Das Bauwerk repräsentiert Barcelonas separatistische Hoffnungen: Der Schutzheilige,
St. Georg, tötet den Drachen Spanien, der das katalanische Volk verschlungen hat — Knochen und Skelette verbleiben als Denkmal für die
Märtyrer.

Cod, der Mund, die Zähne und Augenbrauen sind eher rein archi-
tektonisch in ihrer Andeutung, und selbst die expliziten Augen und
die Nase sind hier hinreichend architektonische Elemente, um nur
als Bogen und Fläche zu erscheinen. Das Gesicht ist vielleicht
nicht unmittelbar erkennbar. Zumindest war beabsichtigt, daß es
nur unterschwellig vorhanden ist, eine Erweiterung der architektonischen Bedeutungen bewirkt und ihnen ein Halbdunkel vager
Empfindungen verleiht.

Michael Graves hat seine Aufmerksamkeit auf anthropomorphe
Metaphern konzentriert, ohne sie zu benennen. Seine Gestaltung   213
der Fenster, Türen und Profile, der erogenen Zonen der Architektur, sollen nicht nur auf ihre syntaktische Aufgabe aufmerksam
machen, sondern auch die alltägliche menschliche Erfahrung vertrauter Handlungen dramatisieren: an einer Fensterbrüstung zu
stehen, sich an ihr festhalten zu können und zu schauen; die visuelle Verbindung von Dach und Himmel zu bemerken. Die körperlichen Metaphern sind hier allgemeinerer Art und stillschwei-
gend inbegriffen. Tatsächlich mögen sie nicht einmal als solche
erkannt werden. Aber die konstante Konzentration auf engen
Raum, auf berührbare, feinkörnige Details verdichtet sich zu einem zusammenhängenden körperlichen Erlebnis und ist ein aus-
gedehntes Feld für metaphorisches Spiel. Wir vermenschlichen
natürlich die Welt in der Sprache, und während dies wissenschaft-
lich nicht haltbar oder ein pathetischer Trugschluß sein mag, ist es
doch geeignet, dieser überall vorhandenen Aktivität in der Architektur zu entsprechen. Natürlich konstituiert das noch nicht eine
ganze Metaphysik, dieser Bereich bleibt ein primäres Fragezeichen für die Postmoderne. Worauf ist die Architektur, über die
menschlichen und tierischen Bereiche hinaus, wirklich aus?   214

Der postmoderne Raum

Die moderne Architektur hat häufig die Artikulation des Raumes als ihre wichtigste Aufgabe betrachtet, das heißt den abstrakten Raum als *den* Inhalt der Form. Die Ursprünge dessen gehen auf das neunzehnte Jahrhundert und Deutschland zurück, als Raum, Leere usw. eine Art metaphysischer Priorität hatten: Raum war nicht nur das Wesen der Architektur, ihr elementarer Stoff, sondern jede Kultur drückte auch ihren Willen und ihre Existenz durch dieses Medium aus. Sigfried Giedions „Raumkonzepte" sind die Kulmination dieser Tradition, ebenso das Bauhaus, der Barcelona-Pavillon und die Villa Savoie — die Giedions Vorstellungen von Transparenz und „Raum-Zeit'-Wahrnehmung veranschaulichte. Eine andere, vielleicht stärkere Tradition des modernen Raumes führt vom „rationalen" Skelett der Schule von Chicago über dessen Weiterentwicklung durch Le Corbusier zum Dominohaus. Hier wird der Raum als isotrop aufgefaßt, als gleichartig in jeder Richtung, obgleich in Rastern rechtwinklig zur Außenfassade und zur Deckenlinie geschichtet. Die letzte Entwicklung dieses „Lagerhaus"-Raumes sind die weiten, umschlossenen Hallen von Mies und seinen Nachfolgern. Außer als isotrop kann er auch als abstrakt charakterisiert werden, begrenzt durch Einfassungen oder Ränder und rational oder logisch ableitbar vom Teil zum Ganzen oder vom Ganzen zum Teil.

Im Gegensatz dazu ist der postmoderne Raum historisch bestimmt, verwurzelt in Konventionen, unbegrenzt oder doppeldeutig in der Flächenaufteilung und „irrational" oder veränderlich in seiner Beziehung vom Teil zum Ganzen. Die Begrenzungen sind häufig unklar belassen, der Raum ist unendlich ausgedehnt ohne erkennbaren Abschluß. Wie die anderen Elemente der Postmoderne ist er jedoch evolutionär, nicht revolutionär, und so enthält er moderne Eigenschaften — besonders die „Schichtung" und die „Verdichtung" nach Le Corbusier[56]. Sein Haus La Roche (1923) entwickelt mehrere der postmodernen Schlüsselthemen: Belichtung von hinten, Wandausschnitte, durchbrochener Raum und als Folge unendliche Ausdehnung durch sich überschneidende Ebenen. Zu diesen formalen Motiven fügte Venturi den schrägen oder verdrehten Raum, erzeugt durch spitze Winkel, welche die Perspektive überhöhen. Sowohl er als auch Eisenman erweiterten die Komplexität von Corbusiers gedrängter Komposition. Wo bei ihm einige wenige, kühne Elemente nebeneinandergestellt waren, wurde hier eine große Kollision, wo dort einige Kartonausschnitte existierten, wurden hier die Mauern ausgeschnitten wie Papierpuppen und übereinandergeschichtet wie bei einer Patchworkdecke. Wenn Le Corbusiers Raum das Äquivalent zur kubistischen Collage ist, dann ist der postmoderne Raum so dicht und reichhaltig wie Schwitters' „Merz". Man könnte tatsächlich sagen, daß er sich teils — wenn nicht sogar indirekt — aus Kurt Schwitters' Merzbau entwickelte, der Säule der Erinnerungen, die er in seinem Haus errichtete und der buchstäblich jeder Aspekt seines Lebens aufgesetzt war. (Leider wurde diese Ansammlung von den Nazis vernichtet.)

Im Gegensatz zu diesem Vorgänger in freier Form und den expressionistischen Räumen Hans Scharouns ist der postmoderne Raum eher eine Vervollkommnung des kartesianischen Rasters als eine organische Anordnung. So halten Eisenmans oder Graves' Häuser immer ein geistiges Koordinatensystem ein, gleichgültig, wie frei in der Form und barock sie werden. Ihre Bezugsebene ist immer eine inbegriffene Frontalität, und der Weg durch das Gebäude oder die gekurvten Elemente beziehen sich auf dieses konzeptionelle Gerüst.

215, 216 Peter Eisenman: Haus III für Robert Miller, Lakeville, 1971.
Eine vorsichtige Kollision in 45 Grad aus Konstruktion, Baumasse, Funktion, Raum, Garderoben und was sonst noch. Dieser Verwirrung zu folgen, läßt einen unweigerlich die Gegenwart oder Abwesenheit einer Diagonale suchen oder erwarten. Dieses ist die Architektur der Andeutungen, bei der man, wenn man einmal weiß, was gemeint ist, dem Spiel folgen kann.

Gegenüberliegende Seite:
217, 218 Robert Stern und John Hagmann: Haus Westchester, Armonk/New York, 1974—1976.
Ansicht mit fragmentarischen Zeichen der klassizistischen Architektur. Frank Lloyd Wright und die Toscana (der helle Ockeranstrich ist unterbrochen von einem dünnen Gesims aus zwei roten Streifen). Ein seltsamer Maßstab und Spannung stehen hier gegen Holz und Rustikabasis. Die verputzte Wand erscheint zu klein und zu dünn für das Fundament, als könnte sie fortgeblasen werden in die Wälder. Diese Zerbrechlichkeit und Feinheit sind gegen so starken Kontrast gesetzt, daß sie als manieristisch und frustrierend bezeichnet werden können (siehe Seite 123).

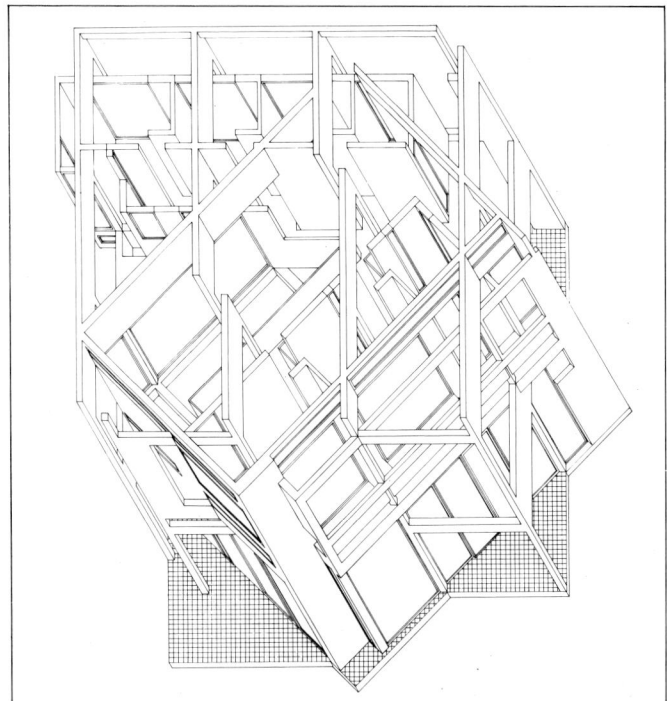

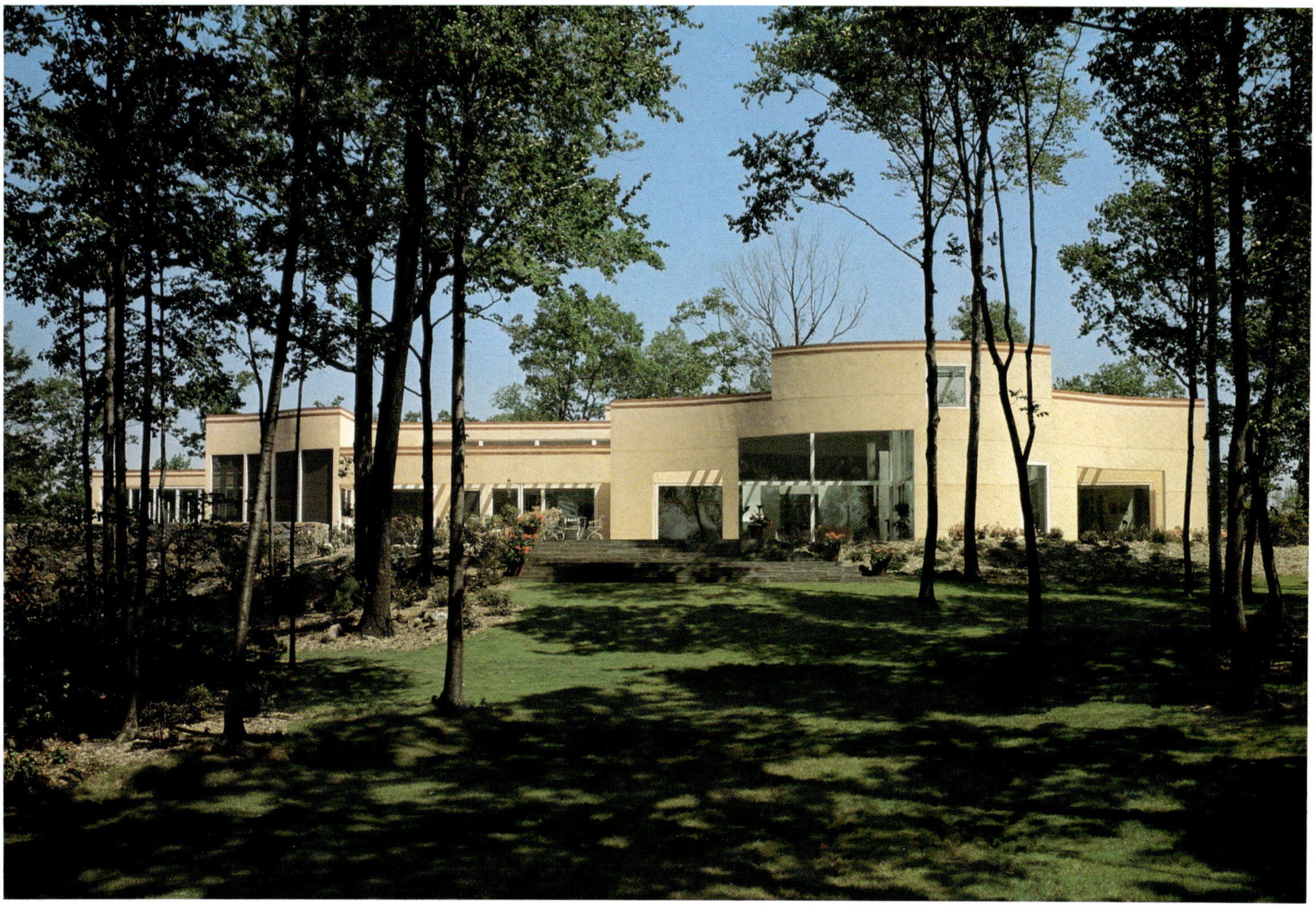

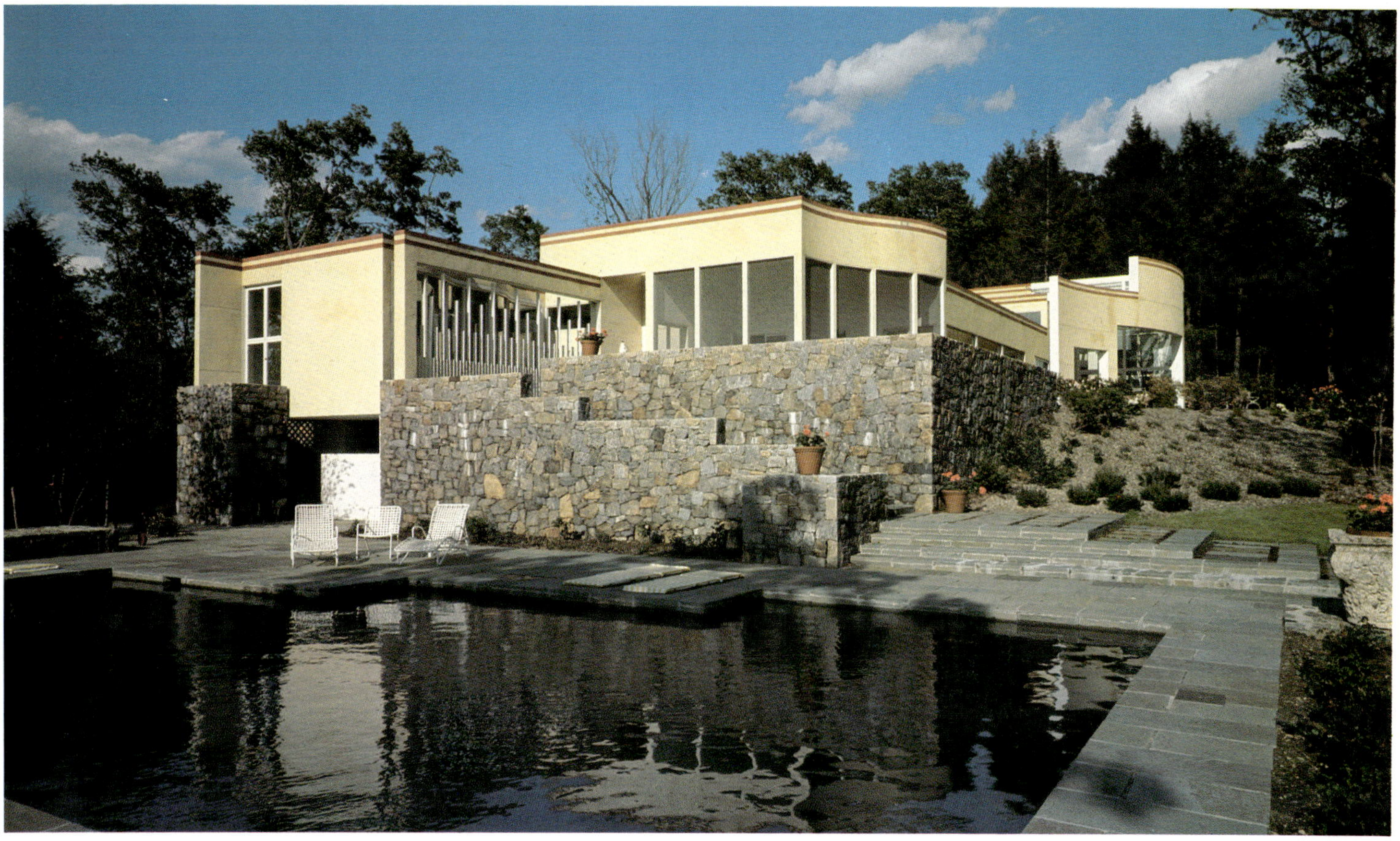

Gegenüberliegende Seite, oben:
219 Rem Koolhaas und Zoe Zenghelis: Die Stadt des gefangenen Erd-balls, 1972.
Diese Version dessen, was New York City zu erreichen versucht — die Ideologien und Stile der Welt einzufangen —, ist eine Art Eklektizismus und Pluralismus durch Gegenüberstellung. Diese vielfache Kodierung ist reizvoll, aber die Schmucklosigkeit des einzelnen Blocks weniger (ob-gleich natürlich von den Architekten so beabsichtigt). Der Expressionis-mus fordert Le Corbusier heraus, Malewitsch ist im Streit mit Mies, und kein Dialog ergibt sich, da die Superblocks in ihrer gegenseitigen Isolation schweben. Dennoch ist die Anerkennung zahlreicher Ideologien eine Vor-bedingung für einen radikalen Eklektizismus und den öffentlichen Bereich — selbst wenn er hier nicht realisiert ist. Das neu erwachte Interesse an ar-chitektonischen Zeichnungen und Gemälden kulminierte 1977 in vielen Ausstellungen und Büchern: Die Postmodernen übernahmen die grafi-schen Techniken von Archigram zu antifuturistischen Zwecken (siehe Sei-te 78).

Gegenüberliegende Seite, unten links:
220 Charles Jencks: Garagia Rotunda, Wellfleet/Massachusetts, 1977. Vorgefertigte Architektur plus Kosmetik. Die vorgefertigte Garage, Türen, Ornament, Giebel usw. wurden alle aus dem gleichen Cape-Cod-Katalog ausgewählt, und das erste Atelier wurde ohne Überwachung gebaut. Da alle Techniken und Materialien traditioneller Art waren, kostete die Hülle ein Minimum von 5 500 Dollar. So konnte der Rest des verfügbaren Gel-des für kosmetische Maßnahmen, Korrektur von Fehlern, zur Aufgliede-rung der Grundgarage ausgegeben werden. Niveauveränderungen, Er-kerfenster, der Austritt auf dem Dach, Vorhalle, Eingangstor und innere Ausstattung wurden der Grundhülle hinzugefügt. Die Ansicht zeigt den Eingangsbereich mit sieben Türen und zweifach gebrochenem, gespalte-nem Giebel, der die eigentliche Eingangstür betont (siehe Seite 129).

Gegenüberliegende Seite, unten rechts:
221 Garagia Rotunda: Eingangstor, das mehrfach auf den Weg von innen nach außen vermittelt. Der Ozean und der See können vom traditionellen Austritt auf dem Dach für die Seemannsfrauen überblickt werden. Ent-sprechend dem unterschiedlichen Blau des Himmels wurden verschiede-ne Schattierungen dieser Farbe für das Äußere des Hauses verwendet, dazu ein kräftiges Rot, um den technischen Aufsatz (oben links) zu kenn-zeichnen. Das Tor reicht visuell in das grüne Buschwerk hinaus und schneidet es in rechteckige Abschnitte, die dick blau eingerahmt sind.

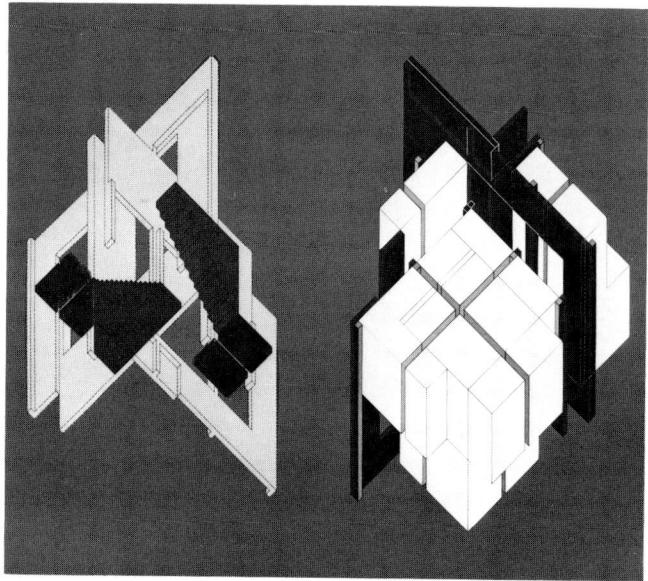

222 Peter Eisenman: Zwei Stufen Entwicklungszeichnungen für Haus VI — man kann die Gegenwirkung von wirklicher und gedachter Treppe se-hen, der beiden Bezugsebenen, der wirklichen und der gedachten, und das vorhandene oder abwesende Stützenraster. Das allgemeine Rastersy-stem ist durchgehalten, und so sind die Vorwärtsbewegung und die 90-Grad-Wendungen eingehalten. Aber in der Diagonalen ist eine leichte Ver-schiebung der Bezugsebenen um 45 Grad vorhanden.

Eisenmans Haus VI ist natürlich im höchsten Grade moderni-stisch in seinem strengen Ausschluß aller kontextuellen Gegeben-heiten. Es zeigt keine Hinweise auf den regionalen Stil, auf die star-ke koloniale Schindeltradition, die Lage in der Waldlandschaft, die Familie Frank, die es bewohnt, oder auf ihre Bücher, Gemälde und Andenken (schlimm für einen Fotografen und dessen Frau, eine Kunsthistorikerin). Das Gebäude könnte umgekehrt oder auf die Seite gekippt werden, es würde nicht viel ausmachen (beson-ders, da die Säulen fünfzehn Zentimeter vom Boden entfernt unter Zug hängen und eine Treppe im Spiegelbild von oben nach unten läuft. Aber der Raum und gewisse humorvolle Anklänge sind mit Sicherheit postmodern: nicht nur die erwähnten Tricks ähnlich den Grafiken des Künstlers Maurits Cornelis Escher (1898—1973), sondern auch das Spiel mit der Verwandlung syn-taktischer Elemente, vor allem der Säule.

Die Säulen sind bemalt mit Schattierungen von Grau und ver-waschenem Weiß — alles andere als einer Farbe —, um einmal ihre lasttragende Rolle anzudeuten, ein andermal ihre mecha-nische Funktion, ihre dekorative Anwendung oder aus über-haupt keinem Grunde. Wenn man durch das Haus geht, wird man für diese Variationen sensibilisiert, und das architektonische Schachspiel beginnt. Die Säule kann eine der vier obengenannten Aufgaben haben; sie kann, da ihr Weg im gesamten geistigen Ge-rüst enthalten ist, präsent oder abwesend sein oder, und das ist höchst außergewöhnlich, als rechteckiger Ausschnitt in der Flä-che fortgesetzt werden. Diese *nicht vorhandene* Säule schneidet durch Dach, Wand und sogar Boden, rächt sich für ihre Vernich-

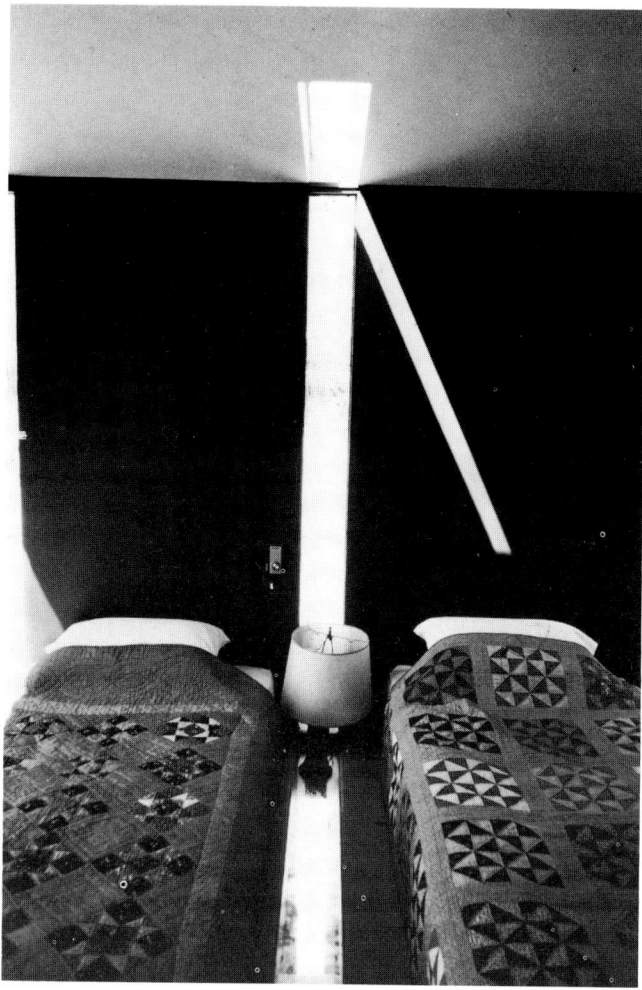

223 Die fehlende Säule läuft durch die Decke, das Dach und den Boden und teilt das eheliche Bett. Ursprünglich öffnete sich die Lücke direkt in den darunterliegenden Wohnraum.

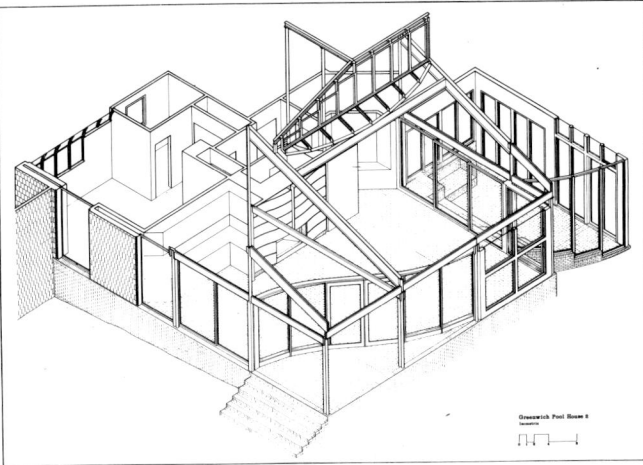

224, 225 Robert Stern und John Hagmann: Badehaus, Greenwich/Connecticut, 1973/74.
Indem es in einigen Details die Beziehung zum Haupthaus aufnimmt, in anderen zum Schindelstil, preist diese kleine Torheit die Sonne und das Wasser durch Orientierung und Staffelung. Eine Eingangshalle in doppelter Höhe dreht sich nach der Aussicht. Der Eingang unten links wendet sich hinein unter eine Kolonnade (bestehend aus drei Säulen mit seltsamen Kapitellen). Das System aus Stützen, Balken und Dach hat, wie bei Eisenman, komplizierte Transformationen erfahren, die gedanklich zu entwirren Vergnügen bereitet.

226 Das Badehaus ist innen wegen der Vielfalt der Oberlichter sehr hell und voller Einfälle — eine Metapher, die buchstäblich der Bewegung der Sonne folgt. Der Raum dreht und wendet sich um den Kamin auf der rechten Seite und wird gebrochen durch die Reihe der Säulen und die Treppe auf der linken Seite. Ein feine Spannung entsteht zwischen der entsprechenden Wand, dem Raster und diesen Verdrehungen.

tung am häuslichen Leben (dieserart ist Eisenmans sardonischer Haß der Funktion). Sie teilt das eheliche Bett in zwei Teile. Ein falscher Schritt oder Sprung, und man würde im Wohnzimmer landen und dort bleiben müssen, bis die Franks durch das Loch blickten, das die fehlende Säule bildet. Wegen ihres uneingeplanten Babys (das heißt, uneingeplant vom Architekten), das den Wohnraum belegt, sind jetzt verschiedene offene Bereiche akustisch mit Plexiglas abgeschirmt worden; andere Tricks des Raumflusses blieben jedoch erhalten.

Wiederum rächt sich die Säule, und wieder im elterlichen Schlafzimmer, indem sie sich in eine Tür verwandelt. Haben Sie jemals eine Tür als Säule gesehen, die sich dreht? In drei Schattierungen von Grau und Weiß? Die Schwierigkeiten sind leicht abzuschätzen. Wenn die Säule „geschlossen" ist, sind immer noch etwa sechzig Zentimeter Freiraum übrig, der allen Küchendunst, Gästeunterhaltung und Babygeschrei hereinläßt. Aber wenn dies so klingt, als sei das völlig unerwünscht, war es von mir nicht beabsichtigt. Diese drehbare Säule — keine Tür und doch eine — ist überraschend und schön als ein raumbildendes Objekt und erheiternd in ihrem Kontext. Als einzelner Einfall mag sie fragwürdig sein, aber als im voraus wohlvorbereitete Verwandlung eines Themas ist sie köstlich und sogar die Sinne ansprechend. Das Erstaunliche an diesem Haus ist — zumindest überraschte es mich —, daß die Kodierung im Inneren, die Übereinstimmung aufeinander bezogener Bedeutungen, aus dem Nichts entstanden, den Mangel jeglicher historischer Kodierung im Äußeren wettmacht, das Fehlen der konventionellen Zeichen, von denen die Bedeutung der Architektur meist abhängt. Während die puristische Ausdrucksform Eisenmans modernistisch sein mag, seine geistreiche semantische Anwendung dieser Sprache ist postmodern. Während seine ausschließlichen Bemühungen um die Syntax und seine Verachtung der Funktion modern sind, sind die Doppeldeutigkeit und Sinnlichkeit seiner räumlichen Vorstellungskraft postmodern.

Robert Stern, ein sogenannter Postmoderner, ist im Vergleich dazu tatsächlich modern oder zumindest modisch. Sein gesamtes Werk zeigt die linearen Kartoneigenschaften des Internationalen Stils; überall die großen, reinen, weißen Wandflächen, abgesetzt durch Primärfarben und geschmackvolle grafische Abstraktionen. Manchmal verschieben sie sich zum Vulgären und Art déco, weil Stern an die Bedeutung des „Strip" glaubt und an den „Inclusivism", das „Einschließen" (er studierte bei Venturi in Yale), aber er kann die ihm angeborene Genauigkeit nicht überwinden. Im Grunde besitzt Stern die Sensibilität eines New Yorker Kosmopoliten, gekreuzt mit einem aufgeklärten Dilettanten aus dem Kreis Lord Burlingtons, und seine natürlichen Neigungen würden zum Landhaus, nicht zur Main Street gehen. Aber seine Theorie steuert ihn abseits in pluralistischere Richtungen. (Es erscheint zunächst erstaunlich, daß Eisenman, ein „Weißer", und Stern, ein „Grauer", sich über ihrer Farblos-Ideologie einigten, um gemeinsam die Schriften von Philip Johnson herauszugeben, bis man begreift, daß sie beide in erster Linie New Yorker sind und zweitens verwandt in ihrer Sensibilität.)

Das Badehaus, das Stern neben dessen leicht im Kolonialstil 22◄
gehaltenem Haupthaus errichtet hat, zeigt ein Verständnis für den lokalen Kontext und hat historische Anklänge, zwei Aspekte, die er auswählt, um die Postmoderne zu definieren. Sie leistet sich nur wenig angewandte Ornamente, ist seine dritte Definition. Er konzentriert sich auf die räumliche und syntaktische Transformation à 22◄
la Eisenman und schafft tatsächlich ein ganz modernistisches Gebäude. Und doch sind der Schindelstil, die Komplexität des Dachbereiches und der Oberlichter, die meisterhafte Anwendung der indirekt von hinten belichteten Bogenform nicht in der rationalen Architektur zu finden. Die freistehende Säule läßt sich nicht vom gleichmäßigen Raster der Säulen ableiten, auch nicht die Windungen im Eingangsbereich und im Treppenhaus — dies sind zufällige Artikulationen, die durch Abweichung von der Norm die Aufmerksamkeit auf sich ziehen. Mit anderen Worten, es ist ein hete- 22◄

227 Robert Stern: Haus Westchester. Angewandte, gemalte Dekoration. Das Gesims ist abgesetzt gegen das tragende dekorative Gitter. Das ist Tradition kontra modernes Ornament. Die leichte, schwingende Kurve ist ebenfalls in Kontrast gesetzt zu dem dichten, geraden Rahmen.

228 Haus Westchester: Blick auf den Kamin mit indirekter Belichtung von hinten und ausgestanztem, doppeldeutigem Raum, der an Lutyens erinnert.

rogener, einmaliger Raum, modifiziert, um eine Botschaft von Eingang oder Durchgang, von Rinnstein oder von kalkuliertem Unsinn zu vermitteln.

Sterns Wohnhaus in Westchester County setzt ebenfalls den Witz und die Absurdität der Postmoderne fort, verbindet diese aber mit einer Sammlung moderner Motive: Vorsichtige Asymmetrien gleiten über eine fast weiße (hellbeige) Fläche; Brüstungen und dekorative Gliederung fehlen mit Ausnahme von zwei roten Streifen oben (ein verkleinertes Gesims oder ein an falscher Stelle angeordneter Fries?). Es hat ein Wrightsches Podest aus flachbrüstigen Feldsteinabsätzen, wiederum keinen Giebel und keine horizontalen Ornamente, die man bei einem traditionellen Bau erwarten würde. Das Innere mit seinen mutigen Farbspritzern, die zur Akzentuierung des Volumens benutzt werden, könnte eine Art-déco-Version von einem Innenraum Le Corbusiers sein, so rein, hell und undekoriert ist es. So ist der dem Namen nach postmoderne Architekt, wie immer wieder behauptet wird, unausweichlich schizophren, belastet mit einem Gefühl für die Moderne, das er nicht ablegen will, jedoch eklektische Fragmente aufnehmend, wo es ihm gefällt.

Die Vorstellung von „Fragmenten" ist für Stern ebenso wichtig wie für Graves, sie wird in beider Händen zu einer Art Kompositionsmethode. Die Südfassade des Hauses ist teils einheitlich in gebrochenen S-Kurven und mit gebrochenen Friesen und diagonalen Ebenen. Es sind bruchstückhafte Motive, übernommen vom Barock und von Edwin Lutyens. Der Grundriß enthält Halbkreise, Halbovale, Halbrechtecke und eine halbe Verkehrsachse, das heißt „Halbformen" anstatt kompletter Formen, die wie bei der Zen-Ästhetik eine Komplettierung in der Phantasie erfordern.

229 Haus Westchester: Der Innenraum erstreckt sich entlang einer Hauptachse, die das Elternschlafzimmer (7) mit der Veranda (9) verbindet. Parallel zu dieser Achse verlaufen fünf kleinere Raumebenen, auch frontal zum Eingang geschichtet (1). Die Art und Weise, wie der Raum über diese Achsen hinein- und herausgeführt wird, ist begeisternd, wenn auch schwer zu erfassen: Die gekrümmte Wand verschwindet in einer Säulenreihe und einer Trennwand und erscheint als gekurvte Wand wieder.

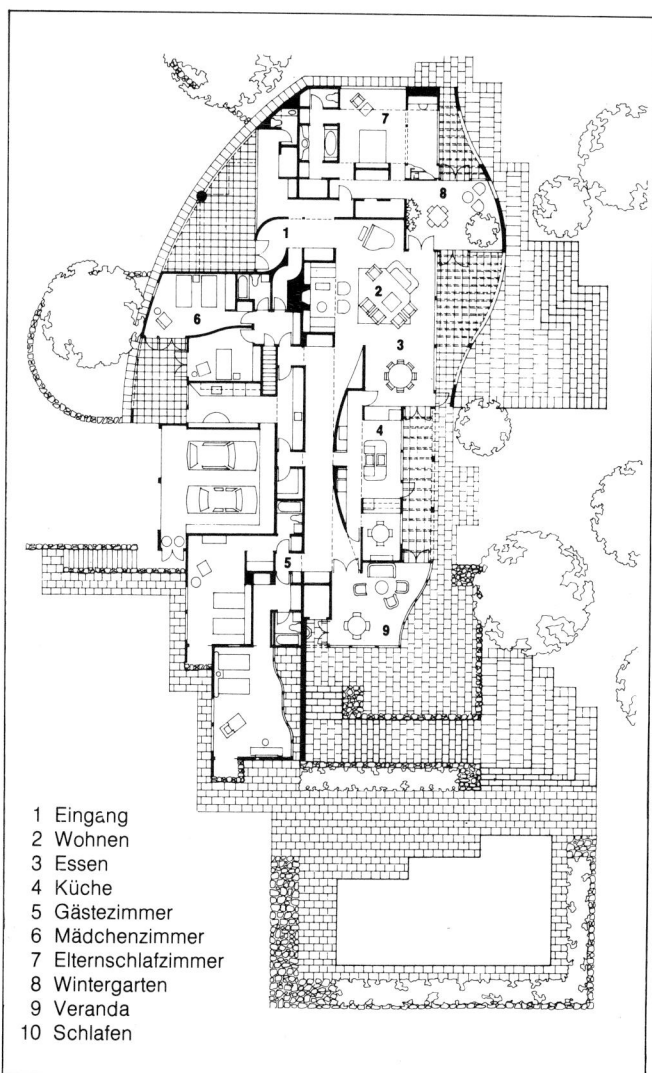

1 Eingang
2 Wohnen
3 Essen
4 Küche
5 Gästezimmer
6 Mädchenzimmer
7 Elternschlafzimmer
8 Wintergarten
9 Veranda
10 Schlafen

230 Der chinesische Garten ist, wie der postmoderne Raum, doppeldeutig, bruchstückhaft und ewig wechselnd, aber zugleich präziser abgegrenzt durch Konventionen. Hier ist eine der vielen Mauern unterbrochen durch ein „Tor des Mondes", dessen Zeichen, der Kreis, auch Geld und Perfektion symbolisiert. Diese Bedeutungen werden zusätzlich verstärkt durch das Grau der Mauer, so daß in der Dämmerung das Ganze hell erstrahlt wie „der Mond, der seine Seele wäscht" im dahinterliegenden Teich. Andere repräsentative Elemente bilden die Felsen und Büsche (Landschaftsmalerei) und die Inschrift über dem Tor („Nachtzeit"). Genaugenommen haben diese Zeichen, weil sie traditioneller Art sind, eine breitere Basis als die esoterischen und schnell veränderlichen Zeichen der Postmoderne.

231 Charles Moore und William Turnbull: Fakultätsklub, Santa Barbara/ Kalifornien, 1968.
Ausgestanzte, von hinten belichtete Wände lassen ein reiches Raumerlebnis vermuten und ihre Ausdehnung im unklaren. Die Doppeldeutigkeit der räumlichen Einfälle, die traditionellen Zeichen gegenübergestellt sind — Wandteppichen, Neontransparenten —, ist typisch postmodern.

Die Raumbehandlung ist gleichermaßen angedeutet und diffus — nicht die bekannten Übereinstimmungen der modernen Architektur, sondern überall komplexe Verflechtungen, die immer weiter zu einem vermeintlichen Höhepunkt führen, der nirgendwo vorhanden ist. Damit ist eine unleugbare Frustration verbunden, sowohl geistiger als auch psychologischer Art, da wir an ein starkes „Gefühl für das Ende" und ein faßbares Ganzes gewöhnt sind. Gewissermaßen ist dies die Parallele zu dem dezentralisierten Raum des Manierismus mit seiner bewußten Doppelsinnigkeit und widersprüchlichen räumlichen Einfällen. Tatsächlich hat C. Ray Smith die neuere amerikanische Architektur als „supermanieristisch" bezeichnet wegen der Überfülle räumlicher Tricks — der überall vorhandenen Diagonalen, des gewaltsamen Wechsels vom Maßstab, der gewaltigen Supergrafiken und seltsamen Betonungen[58]. Der Vergleich des postmodernen mit dem manieristischen Raum ist in vieler Hinsicht nützlich, aber ich meine, es gibt noch ein anderes analoges Modell gleichsam religiöser Natur.

Die Postmoderne gibt, wie der chinesische Garten, die klare, unumstößliche Ordnung der Ereignisse zugunsten eines labyrinthischen, weitschweifigen „Weges" auf, der niemals ein absolutes Ziel erreicht. Der chinesische Garten enthält einen „Schwellen-" oder Zwischenbereich, der zwischen Gegensätzen vermittelt, von denen das Land der Unsterblichen und die Welt der irdischen Gesellschaft die einleuchtendste Meditation darstellen[59]. Er hebt die normalen Kategorien von Zeit und Raum auf, soziale und rationale Kategorien, die in der Alltagsarchitektur und dem Alltagsverhalten aufgebaut sind und „irrational" werden oder im buchstäblichen Sinne unmöglich zu erfassen sind. In der gleichen Weise kompliziert die Postmoderne die Flächen und bricht sie auf mittels Trennwänden, nicht-wiederkehrenden Motiven, Doppeldeutigkeiten und Scherzen, um unser normales Empfinden für Dauer und Ausdehnung aufzuheben. Der — große — Unterschied ist, daß der chinesische Garten eine wirkliche Religion und philosophische Metaphysik hinter sich und ein konventionelles System von Metaphern aufgebaut hat, während unsere komplizierte Architektur keine solche anerkannte Signifikationsbasis besitzt. Unsere Metaphysik bleibt häufig privater Natur, wie in den irrationalen Schöpfungen von John Hejduk. Daher kann der postmoderne Raum, obgleich er in jeder Hinsicht ebenso reich und doppeldeutig sein kann wie der chinesische Garten, die tiefere Bedeutung nicht mit der gleichen Präzision artikulieren. Seine metaphorischen und metaphysischen Grundlagen sind gerade erst gelegt, und es ist fraglich, ob sie in einer Industriegesellschaft wachsen können.

Charles Moore versucht auf seine Weise, eine Architektur der allgemeinverständlichen Metapher zu entwickeln. Sein Werk, das praktisch alle Themen der Postmoderne umfaßt, zeigt die Möglichkeiten und gegenwärtigen Begrenzungen dieser Bemühungen. Moore hat über die Hadriansvilla und die Bedeutung von Images und historischen Bezügen für die Entstehung eines Gefühls für den Ort geschrieben. So ist er qualifiziert, für den öffentlichen Bereich zu planen[60]. Sein Wohnheim für das Kresge College vereinigt zahlreiche historische Anspielungen, die nur vage dargestellt werden — er deutet mehr an, als daß er präzise zitiert. Der Gesamtgrundriß ist stark gewunden und verschoben, eine Mischung aus dem Serpentinenweg durch einen chinesischen Garten und einer geschlossenen italienischen Hügelstadt.

230

231

232

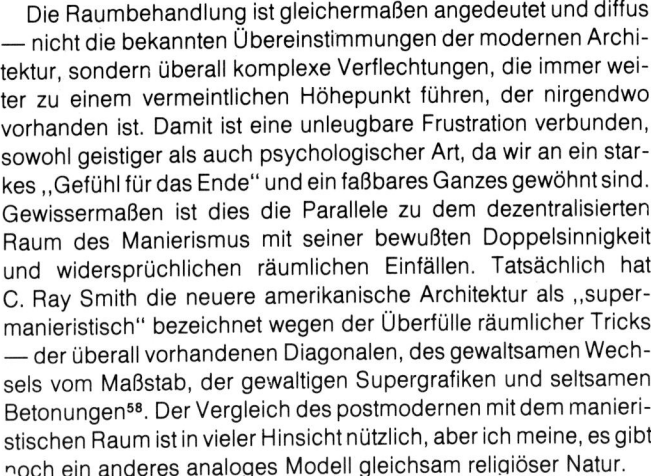

232 Charles Moore und William Turnbull: Kresge College, University of California, Santa Cruz, 1972—1974, Grundriß.
Auf einem gewundenen Weg durch einen Rotholzwald ist jede Plaza mit einem besonderen Monument versehen, um den „Ort" zu bestimmen. Viele Bauten haben ihr eigenes axiales und rhythmisches System, ähnlich der Hadriansvilla (Abb. 200), aber hier an einer linearen, L-förmigen Straße gelegen. Das Gefühl für den Ort wurde weiterhin betont durch Anordnung entgegengesetzter Aktivitäten an den beiden Enden der Bebauung — Postamt und Eingangsbereich unten, Versammlungs- und Eßbereich oben. Daher wird die Straße viel benutzt, und die Studenten gehen ständig von einem Ende zum anderen. Komplexes Wasserspiel und Orangenbäume verstärken das spanische Image. „Ein Waschautomat ersetzt den Dorfbrunnen", leider hat er nicht ganz die gleiche Bedeutung wie dieser. Die Telefonzellen sind in großen Bogengängen untergebracht.

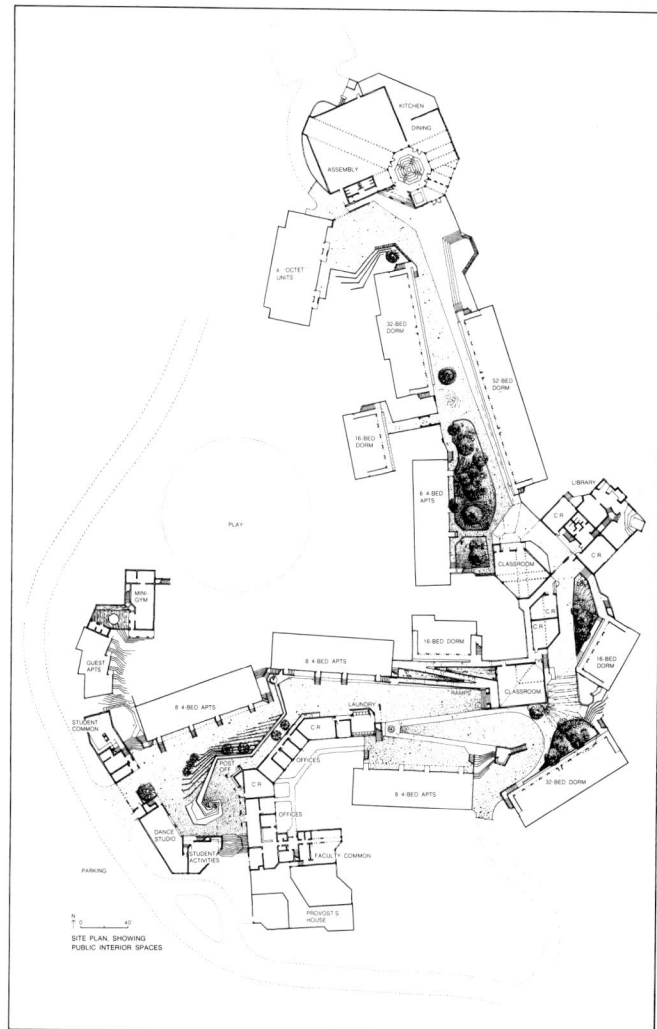

Das Image des mediterranen Dorfes ist unübersehbar und wird durch zahlreiche Elemente verstärkt: große, weiße Flächen, eine öffentliche, zweigeschossige Arkade, eckige Verbindungen der Baumassen. Aber während das südeuropäische Dorf Stabilität ausdrückt und ein Gefühl für Beständigkeit vermittelt, weil es von Stein umschlossen ist, wurde Kresge aus papierdünnem Holz erbaut, diesem „billigen" Baustoff, der die Moderne immer geärgert hat. So wird ein Gefühl von Instabilität an genau der Stelle erzeugt, wo die Metapher der Umschließung vollzogen wird, und das Image der italienischen Hügelstadt stellt die vorgesehenen Bedeutungen in Frage, verstärkt sie aber nicht.

In ähnlicher Weise stellen die Bezüge zu der Spanischen Treppe, dem Arc de Triomphe, den Wasserspielen der Alhambra — Eindrücke, die Moore auf seinen zahlreichen Reisen gesammelt hat — die gegenwärtige Nutzung des Gebäudes in Frage. Ist dies eine Art von „haute vulgarisation" oder die vorher erwähnte Imitation und Verkleidung? Vielleicht ersteres. Moore hat sich — durchaus nicht abwertend — über Launen und Nostalgie in der Architektur geäußert. Sein Werk weist einige der Vorzüge und Fehler von beidem auf. Negativ sehen wir, wie das unwirkliche Gefühl für den Ort sich verbindet mit seinen strahlenden Supergrafiken und seiner oberflächlichen Bauart, die zu dem von Studenten geprägten Attribut „Clowntown" geführt haben. Bei Moores Werk besteht immer die Gefahr, daß seine relative Billigkeit sich mit Launigem verbindet und eine Art Pseudo-Pathos erzeugt. Aber im großen und ganzen sind diese Bedeutungen übertroffen durch die kraftvolleren Metaphern des Ortes, wie er es beabsichtigt hatte.

So verbindet Kresge den sehr persönlichen Maßstab eines Dorfes mit der einkalkulierten Überraschung eines Spaziergangs durch einen Garten — ob nun englisch oder chinesisch. Die zweigeschossigen Arkaden haben einen variierenden synkopierten Rhythmus mit synkopierten Farben dahinter, um das Gefühl von Ungewißheit und Abenteuer zu verstärken. Weil die Bauten im Grundriß eingeklemmt sind, können sie in der Perspektive den Eindruck von Bewegung und Tiefe verstärken. Weil verschiedene „Anti-Monumente" den Weg säumen — Postamt, Automatenwäscherei, Telefonzellen usw. —, ist ein, wenn auch banaler, Inhalt zu erwarten. Moore hat diese zurückhaltende Lösung als passend für die gleichmachende Rolle eines Studentenwohnheims gerechtfertigt.

„Alle Bewohner sind Studenten und dort für vier oder fünf Jahre beisammen. So schien es uns wichtig, nicht eine Gruppe institutionaler Monumente entlang der Straße zu errichten, um ein Gefühl für den Ort als Ganzes zu vermitteln und ein Gefühl dafür, wo man sich auf seinem Gang durch die Straße befindet, sondern vielmehr, aus den vorhandenen Dingen triviale Monumente zu machen: So sind die Entwässerungsgräben in Springbrunnen verwandelt, aus der Wäschereifassade wurde eine Rednertribüme mit einem Abfallbehälter darunter . . .[61]."

Dieses Flickwerk, eine ironische Entlarvung des öffentlichen Bereichs, hat die gewollte doppelte Bedeutung — das Erlebnis zu unterbrechen und zu begrenzen und das Pathos zu mindern —, aber man sehnt sich zum Vergleich nach einem bißchen öffentlicher Ordnung, dem unmittelbaren Ausdruck des kommunalen

233

233 Kresge College: Zweigeschossige Arkaden und Eingangstreppen, traditionelle Elemente, die hier im Maßstab leicht überzogen sind, ebenso wie die konventionellen Nummernschilder. Komplizierte Rhythmen sind aufgestellt, die sich durch den ganzen Entwurf ziehen wie bei einem manieristischen Palazzo, hier ABCBCDBAC. Die Veranden, die zum Sonnen und Beobachten der Straße dienen, sind von unten in starken Primärfarben rot und gelb gestrichen.

Wohlergehens. Moore hat die Szenerie von Disneyland studiert und ihre bühnenbildnerischen Eigenschaften hier erfolgreich integriert, aber um den Preis überwältigender Normalität.

18–22 Doch wenn wir dieses Studentendorf mit anderen in den letzten vierzig Jahren entstandenen vergleichen, werden seine Vorzüge deutlich, ja unübersehbar. Im Gegensatz zur modernen Universität — zum Beispiel dem Illinois Institute of Technology von Mies — ist es sorgfältig in seinen Kontext gesetzt und nicht unzeremoniell fallen gelassen wie eine Bombe auf eine Stadt. So sind die Rückseiten der Bauten aus ockergestrichenem Holz dem Wald angepaßt, und der Grundriß fließt von einer Seite zur anderen, um die vorhandenen Rotholzbäume zu erhalten. Im Gegensatz zu den übersehbaren Räumen der rationalen Architektur gibt es hier immer eine Windung und eine Überraschung hinter jeder Ecke und Nische.

234 Die Tiefgründigkeit der enthaltenen Metapher wird bei näherer Betrachtung stärker: Der „Ort" ist hier nicht nur das Resultat starker Images, sondern der eindrucksvollen Images historischer Verweise, aber auch der sorgfältigen Verteilung der Aktivitäten. Da das Postamt und die Versammlungsbereiche an den gegenüberliegenden Enden der L-Form angeordnet sind, gibt es ein natürliches Hin und Her des Verkehrs, das die Straßen belebt. Da die Funktionen aufgeteilt und verstreut sind, gibt es die Chance der Begegnung und den Reichtum des historischen Dorfes. So werden die Metaphern des Ortes und der Gemeinschaft durch Nutzung ebenso wie durch Image erzeugt.

235 Moore hat diesen Typ der allgemein bekannten (zuweilen willkürlichen) bildlichen Vorstellungen in noch konkreterer Richtung entwickelt. In einem Entwurf für New Orleans hat er präzise Bilder integriert, wie den Stiefel von Italien, und ein Spiel mit den historischen Ordnungen (indem er einige Metopen in Springbrunnen verwandelt, die er „Wetopen" nennt). Aber sein überzeugendster postmoderner Bau ist meiner Meinung nach das Haus Burns für einen Professor der University of California in Los Angeles. Hier sind die ausgeschnittenen Bühnenbilder, eine Art Firmenzeichen von Moore, von einer bestürzenden Rätselhaftigkeit, die wunderbar verwirrend, aber nicht frustrierend ist. Der Gang durch das Haus ist mit Überraschungen und anderen Formen architektonischer Würze gepfeffert.

182 Jedes Image, das auf dem Weg erscheint — ein mexikanischer Balkon, eine altarähnliche Orgel, die Kaminecke usw. —, ist zuerst der Anziehungspunkt der visuellen Aufmerksamkeit und dann, wegen der indirekten Belichtung, nur die Vorstufe für weitere Entdeckungen. Die Überlagerung der ausgeschnittenen Wände hat den gleichen Effekt wie bei Eisenman, daß sie die Vorstellung von Unendlichkeit erzeugt, außer daß hier viele in schiefem Winkel zueinander gesetzt sind, so daß Maßstab und Orientierung verlorengehen. Geht man die Treppe zum Dachatelier hinauf, so zeigen

236 sich zwei außergewöhnliche Rätselhaftigkeiten: Der Blick zurück enthüllt eine Verschiebung in der Perspektive von solchem Ausmaß, daß der relative Maßstab und die Position des Objekts unmöglich zu bestimmen sind, während der Weg vorwärts sich teilt und dann in umgekehrter Perspektive erweitert (um 1971 ein konventionelles Motiv).

Dies ist die übriggebliebene, ausgefallene Treppe, die uns beim Sanctum, der Lagerstätte des Professors, erwartet. Aber dann wendet sich der untere Weg plötzlich in ein Art-déco-Ankleidezimmer. Aus Mexiko durch eine Kirche mit einer Orgel hindurch zu einer Dachgeschoßtreppe, die einen Hinterbühnen-Toilettentisch à la Hollywood enthüllt — die Bilder und Stimmungen sind völlig unerwartet, aber nicht unpassend. Man schaut in den ersten Spiegel, ein natürlicher Halt auf dem Weg, um seine eigene Schönheit zu bewundern, dann in den nächsten, der sich gar nicht als Spiegel, sondern als Loch erweist, eingeschnitten und plaziert wie der vorige Spiegel. Er öffnet sich über einer Tiefe von fünf Metern. Dieser Scherz mit seiner Ausnutzung der menschlichen Eitelkeit ist nur eine weitere charakteristische Überraschung in diesem postmodernen Raum. Überall sind Farben- und Formdetails, die es zu

234 Kresge College: Der Raum fließt von der Bibliothek in einer Kaskade von Treppen, die sich auf die Ecke und das Rotholz dahinter konzentrieren — ein typischer „schräger" Raum der Postmoderne.

235 Charles Moore und William Hersey: Piazza d'Italia, New Orleans, 1976.
Eine Exedra, bestehend aus verschiedenen Ordnungen, wird zu einem Brunnen in italienischer Form (unten). Dieser Entwurf für die italienische Gemeinde vermischt grafische Elemente mit Klassizismus, sprudelndes Wasser mit Architektur.

entdecken gilt — optische Falltüren, die sich plötzlich schließen können.

181 Das Äußere des Hauses in siebzehn Schattierungen von Rot, Orange und Erdfarben ist ebenso amüsant und tiefgründig. Verschiedene Schattierungen kontrastieren, um einen Schatteneffekt herbeizuführen, wo keiner existiert, ein Volumen scheinbar um die Ecke zu führen, wo es nicht der Fall ist. Andere Schattierungen bezeichnen ein Fortschreiten von Dunkel zu Hell, vom trüben, verhaltenen Turm zu bedeutenderen, leuchtenderen Funktionen. Aber all diese Farbabstimmungen sind so subtil angewandt, daß sie sich wirklich integrieren und ein Gefühl der angenehmen Häuslichkeit erzeugen, das zu Südkalifornien paßt. Ohne besondere Anrufung des spanischen Missionsstils und anderer örtlicher Assoziationen ist Moore hier etwas Gleichwertiges in der Empfindung, aber im Witz Überlegenes gelungen.

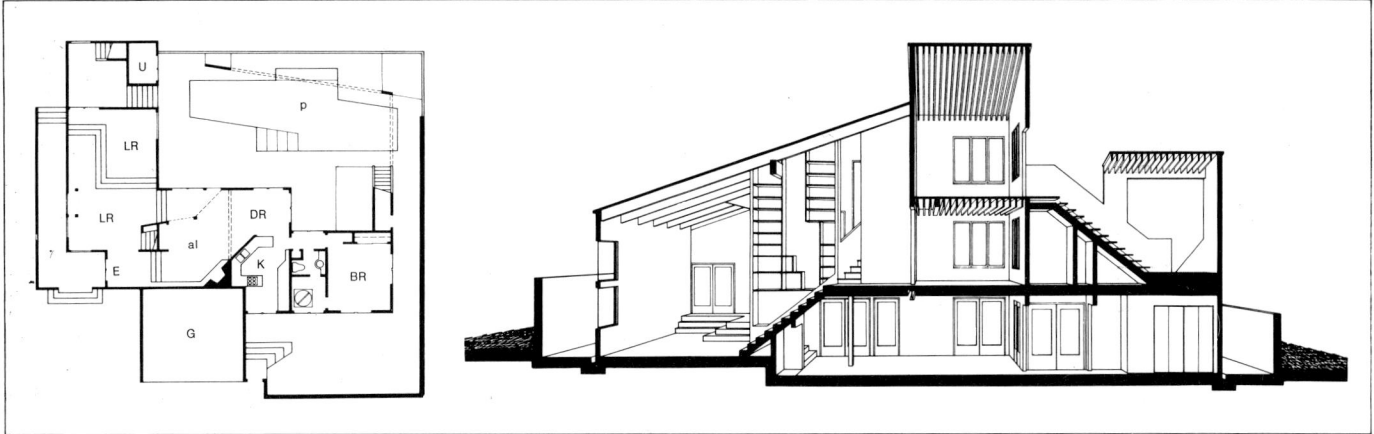

236 Haus Burns: Grundriß und Schnitt. Der Raum fließt und führt im Zickzack zum Arbeitszimmer im Dach. Mehrere Wände sind ausgestanzt und vom rechten Winkel abgedreht.

Schlußfolgerung — radikaler Eklektizismus?

Wenn der postmoderne Raum sich weiterhin in dieser Richtung zum Mysteriösen, Zweideutigen und Sinnenfreudigen entwickelt, wird er beginnen, bestimmte Metaphern pseudo-religiöser Natur zu konventionalisieren. Es besteht kaum die Chance, daß dies jemals durch eine von der Gesellschaft übernommene Metaphysik unterstützt wird. So werden sie lediglich eine allgemeine Geistigkeit, wenn nicht sogar eine offenkundige Ausgefallenheit ausdrükken. Ich vermute, aber das ist nicht besser als andere Prognosen, daß die gegenwärtige Entwicklung in Richtung auf Verwirrung und Eklektizismus andauern wird und daß wir vielleicht eine Architektur entstehen sehen, die den Stilerscheinungen Neo-Queen-Anne und Neo-Edwardian in England vor achtzig Jahren ähneln wird. Alle Anzeichen deuten auf zunehmende Verwirrung im formalen und theoretischen Bereich: Das Werk von Graves, Eisenman, Moore und anderen ist eine Verfeinerung der Syntax der zwanziger Jahre bis zum Punkt des Manierismus. Auf einer völlig anderen Ebene deuten die Theorien von Jane Jacobs und Herbert Gans auf eine entsprechende Heterogenität des Stadtbewohners und der Geschmackskulturen. Zweifellos kann man sich für Vereinfachung und großmaßstäbliche Entscheidungen stark machen, für utilitaristische Maßnahmen wie den Straßenbau, aber im großen und ganzen ist die natürliche Entwicklung einer Stadt auf zunehmende Komplexität — eine bunte Sammlung von Widersprüchlichkeiten und unterschiedlichen Absichten — positiv, weil sie die verschiedenen Wünsche und Ziele der Bewohner widerspiegelt, die jede Großstadt erfüllen muß.

Wenn man nach einer historischen Parallele sucht, in der zahlreiche Stile und Ideologien miteinander wetteiferten, wird die Periode von 1870 bis 1910 sogar noch einleuchtender, weil damals mindestens fünfzehn Stile im Gegensatz zueinander standen (zweifellos zu viele) und Komplikation und Eklektizismus vorherrschten. Der allgemeine Trend aller Stile zur Heterogenität erreichte einen Höhepunkt — die Neugotik konnte nicht noch gegliederter werden, der Second-Empire-Stil nicht noch bombastischer. Wenn Komplexität eine natürlich Metapher für Macht ist, dann gibt es kein besseres Beispiel dafür als die Pariser Oper — außer einem durchgreifenden Eklektizismus wie dem „Queen-Anne-Stil", wie er in Texas, Los Angeles und San Francisco zu sehen ist. Tatsächlich waren alle Stile Kreuzungen und wurden synkretisch oder sogar eklektisch. Man denke nur an die Anleihen zwischen Art Nouveau und Second Empire. Heute erfolgen genau solche Anleihen, vielleicht deshalb, weil alle Architekten jetzt zur Kleinstadtwelt der Architekturzeitschriften gehören und eine Idee, in irgendeinem Hinterhof noch vorhanden, sich schnell überallhin verbreitet — dank den billigen, zeitsparenden Reproduktionsmethoden. Daher das fragmentarische Entwerfen, nicht nur die bewußten „Fragmente" eines Graves, Stern oder Kroll, sondern auch die natürlichen, die aus der Zusammensetzung von Bezügen entstehen. Außerdem ist die Rückkehr zur Vergangenheit zu einem Rückwärtsrennen geworden, das Renaissanceausmaße erreichen kann: Wir brauchen nur den Historizismus von Venturi zu rekapitulieren, die direkten Reproduktionen von Disneyland, die neo-bodenständige Architektur, Neo-Ornament und Kontextualismus. Alle weisen sie in die gleiche Richtung: über die Schulter.

Und schließlich: Wenn unsere Vorlagenbücher heute vierhundert Bausysteme enthalten, wenn „lokale" Materialien unten im Heimwerkerladen alles bedeuten, dann ist unsere natürliche bodenständige Architektur eklektisch, sogar polyglott, und selbst der gegenwärtige Versuch einer simplen neo-bodenständigen Architektur muß von diesen vielfältigen Ursprüngen infiziert sein. In semiotischen Begriffen ausgedrückt, ist die Sprache (die Gesamtheit der kommunikativen Quellen) so heterogen und so unterschiedlich, daß jedes einzelne Wort (die individuelle Auswahl) dies reflektiert, selbst wenn nur durch Ausschluß der Vielfalt. Solcherart sind die Fakten der architektonischen Produktion.

Eine entsprechende Äußerung kann über den Konsum gemacht werden. Jeder Mittelklasse-Stadtbewohner in jeder beliebigen Großstadt von Teheran bis Tokio muß einen gut sortierten, ja übersortierten „Image-Bestand" haben, der durch Reisen und Lektüre ständig wieder aufgefüllt wird. Sein Musée imaginaire mag das Potpourri der Produzenten spiegeln, aber es entspricht dennoch seinem eigenen Lebensstil. Wenn man eine totalitäre Reduktion der Heterogenität in der Produktion und des Konsums ausschließt, erscheint es mir wünschenswert, daß die Architekten lernen, diese unvermeidliche Heterogenität der Sprachen anzuwenden. Außerdem ist sie recht vergnüglich. Warum soll man sich auf die Gegenwart, auf das Lokale beschränken, wenn man es sich leisten kann, in verschiedenen Zeitaltern und Kulturen zu leben? Eklektizismus ist das natürlich entwickelte Ergebnis einer Kultur der Wahlmöglichkeiten.

Es gibt jedoch Einwände dagegen. Ständig wird darauf hingewiesen, daß die eklektizistischen Systeme sowohl in der Philosophie als auch in der Architektur weder viel Originales hervorgebracht noch ihre Argumente erfolgreich verteidigt haben. Der Eklektizismus, so lautet der Vorwurf, stellt einen schwachen Kompromiß dar, einen Mischmasch, in den sich zweitrangige Denker in einem Durcheinander verwirrender Widersprüche flüchten können. Sie kombinieren widersprüchliche Materialien in der Hoffnung, eine schwierige Auswahl zu vermeiden oder ein Problem nicht bis zu einer kreativen Lösung durchstehen zu müssen.

So sind Eklektiker Mitläufer oder Dilettanten gewesen, und die Architektur war häufig zusammengestoppelt. Außerdem war der

237

116

238

127

237 J. Cather Newsom: Haus Carroll Street 1330, Los Angeles, um 1888.
Ein Haus mit zwölf Zimmern mit „kalifornischem" Ornament, spitzenartiger Spindel und Gitterwerk in „maurischer Art". Die kunstvollen Schindelmuster, Glasmalerei, runde Kontraste und Dachrücksprünge geben dem Eingangsbereich Tiefe und Großzügigkeit. Diese Kunstfertigkeit mit Holz wurde unterstützt durch die große vorhandene Schreinertradition. Die Ergebnisse waren, ebenso wie die Bauten von Charles Moore, nicht so teuer, wie sie aussehen, und ebenso weit in ihren Bezügen.

238 Haus in der Steiner Street 309, San Francisco, um 1890.
Der „Queen-Anne-Stil" war der letzte große Versuch, verschiedene Stile zu verschmelzen und ungleiche Materialien zu verbinden. Verschiedene Elemente sind mit großem Geschick zusammengefügt: Ein Erkerfenster ist in einen Turm und zwei Giebel verwandelt, große Kurven sind gegen Spindeln und gerade Linien gesetzt, dekorativer Verputz gegen Holz. Tausende dieser von Zimmerern erbauten Häuser sind in San Francisco noch erhalten, ein Beweis dafür, daß preiswerte Bauten nicht langweilig oder schmucklos sein müssen.

Eklektizismus im neunzehnten Jahrhundert oft mehr durch Opportunismus als durch Überzeugung motiviert. Architekten vermischten ihre Methoden ebenso oft aus Trägheit wie aus Absicht. Wir sind alle mit der unklaren Imitation vertraut: „in der Art von etwas", ohne viel von etwas zu sein. Die Motivation war im wesentlichen Stimmung und Bequemlichkeit, und während das durchaus ehrenwerte Ziele sind, reichen sie mit Sicherheit nicht aus für die Architektur als Ganzes. Es waren wenig semantische und soziale Beweggründe enthalten, daher war der Eklektizismus des neunzehnten Jahrhunderts schwach. Tatsächlich gab es kaum eine Theorie des Eklektizismus, die über die Wahl des richtigen Stils für die Bauaufgabe hinausging.

Im Gegensatz zu diesem schwachen Eklektizismus scheint mir, daß die Postmoderne zumindest das Potential hat, eine stärkere, radikalere Vielfalt zu entwickeln. Die verschiedenen formalen, theoretischen und sozialen Bezüge sind vorhanden, sie warten darauf, zusammengetragen und vereint zu werden. In der Tat konstituieren die sieben Aspekte der Postmoderne, die ich umrissen habe, solch ein Amalgam, selbst wenn es noch kein zusammenhängendes Ganzes ist. Wie ich wiederholt ausgedrückt habe, ist in diesem Amalgam Platz für die Moderne, denn die Theorie der Semiotik postuliert Bedeutung durch Gegensatz und die Möglichkeit

einer reichen Bedeutung, die eine beschränkte Sprache anwendet[62].

Durch Zusammenfassung kann die gemeinsame Grundlage der sieben Aspekte betont und ein daraus entstehender radikaler Eklektizismus projiziert werden als eine Möglichkeit, eine Alternative zum schwachen Eklektizismus der Vergangenheit.

Ein radikaler Eklektizismus würde Bereiche der extremen Einfachheit und Reduzierung einschließen, nicht nur als räumliche Kontraste, sondern auch wegen der Dialektik in der Bedeutung über ihre Zeit hinaus. Als Gegensatz zur Theorie der Moderne jedoch würde diese Reduzierung niemals mehr als momentaner Art oder der Situation entsprechend sein, abhängig von ihrem besonderen Kontext. Sie würde, der originalen griechischen Bedeutung des Wortes eklektisch — „Ich wähle aus" — entsprechend, den im Grunde vernünftigen Weg gehen, aus allen möglichen Quellen diejenigen Elemente auszuwählen, die am nützlichsten oder ad hoc am treffendsten wären.

Bei dem an früherer Stelle genannten Ateliergebäude in Cape Cod wählte ich zum Beispiel Elemente aus der vorhandenen regionalen Architektur, dem traditionellen Schindelbau und einem Grundkatalog vorfabrizierter Bauteile. Diese Auswahl war eine Mischung aus Neu und Alt, traditionellen Balustraden und modernen

239
119

240 Charles Jencks: Garagia Rotunda: Innenansicht mit einem Teil der sichtbaren Harmonien. Die etwa 10 × 10 cm starken Pfosten sind an den Seiten in verschiedenen Schattierungen von Blau gestrichen, um den Rhythmus 3 : 9 : 5 deutlich zu machen. Die zugrundeliegende Symmetrie und die Achsen sind durch Reihen blauer Fliesen betont, während die Ekken ein Spiegelbild vortäuschen.

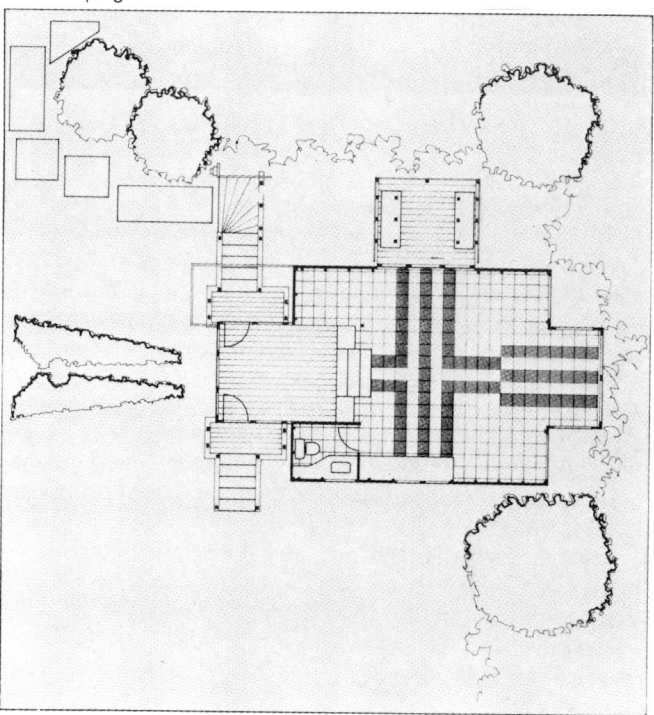

239 Campbell, Zogolovitch, Wilkinson und Gough: Wohnungen und Büros Phillips West II, London, 1976.
Art déco, vermengt mit Londoner regionaler Architektur und Pfannenziegeln, schafft eine Kombination, die für diese Mischung der Funktionen geeignet ist.

241 Garagia Rotunda: Grundriß mit übergreifenden Raummodulen, angeordnet innerhalb einer S-Linien-Lösung. Diese endet in zwei Querachsen, die auf dem Fußboden in blauen Fliesen markiert sind. Die Raumzellen sind mehr oder weniger auf einem 1,20-m-Modul und in Achsen geschichtet, die sich in rechten Winkeln schneiden.

220 Schwenkfenstern — die alle in dem Gebiet vorhanden und leicht zu bauen waren. Die Hülle war eine vorgefertigte Garage (wenn auch schließlich konventionell erstellt), und das Garagentor war die billigste Art, eine große eingefaßte Öffnung zu erhalten (und den Effekt eines Baldachins). Da all die grundlegenden Entscheidungen absolut minimal und preiswert waren und auf einheimische Firmen zurückgegriffen wurde, konnte das meiste Geld für
240 die Gliederung, den Wechsel der Ebenen und Anstriche in harmo-
241 nischen Farbkombinationen verwendet werden. Ich würde für dieses Studio nicht den Anspruch als Modell für den radikalen Eklektizismus erheben — das Programm war zu beschränkt —, aber es zeigt die Mischung der Ausdrucksweisen und kann von den örtlichen Bewohnern verstanden werden (zum Beispiel von jenen, die es erbauten, während ich abwesend war).

Es existieren, meine ich, keine völlig überzeugenden Beispiele für radikalen Eklektizismus außer den ehrwürdigen Bauten von Antonio Gaudi, höchstens Andeutungen von Architekten wie Bru-
242- no Reichlin in der Schweiz oder Thomas Gordon Smith in Kalifor-
248 nien. Im allgemeinen jedoch zeichnen sich jetzt einige seiner Aspekte ab.

Im Unterschied zur modernen Architektur benutzt er das volle Spektrum kommunikativer Mittel — metaphorische und symbolische ebenso wie räumliche und formale. Wie der traditionelle Eklektizismus wählt er den richtigen Stil oder das Subsystem, wo er geeignet ist — aber radikaler Eklektizismus mischt diese Ele-

mente in einem Bauwerk. So sind die semantischen Hintergründe jeden Stils in ihrer engsten funktionalen Bedeutung dargestellt. Bei Thomas Gordon Smiths Bau zum Beispiel haben Eingang und 247 Eingangsbereich klassizistische Formensprache, während die Seiten in der regionalen Architektur gestaltet sind.

Die zitierten Beispiele sind Einfamilienhäuser und daher zu beschränkt in ihrer Kodierung und Ausdrucksstärke. Gegenwärtig fehlt ein größeres Modell, städtisch und weiter im Anwendungsbereich — zum Beispiel ein Appartementhaus in der Innenstadt, das die existierenden lokalen Kodes berücksichtigen könnte.

Theoretisch sind zumindest mehrere Sachverhalte klar. Man muß mit der Definition eines grundlegenden Gegensatzes in der Kodierung zwischen dem Bewohner und dem Architekten beginnen, vielleicht als Ausgangspunkt Basil Bernsteins grundsätzliche

242 Bruno Reichlin und Fabio Reinhardt: Maison Tonini, Torricella/
Schweiz, 1972—1974.
Eine wohlproportionierte Villa der Alberti-Palladio-Tradition mit großen,
bogenförmig eingerahmten Ausblicken, symmetrischen Achsen und sehr
einfachen mathematischen Harmonien (hier sichtbar ABA'CA'BA = A +
B). Ausstattung und Möblierung ähneln unnötigerweise einem Gefängnis,
aber es ist anzunehmen, daß dies ein vorübergehender Calvinismus ist
und bei diesen jungen Architekten nicht von Dauer sein wird.

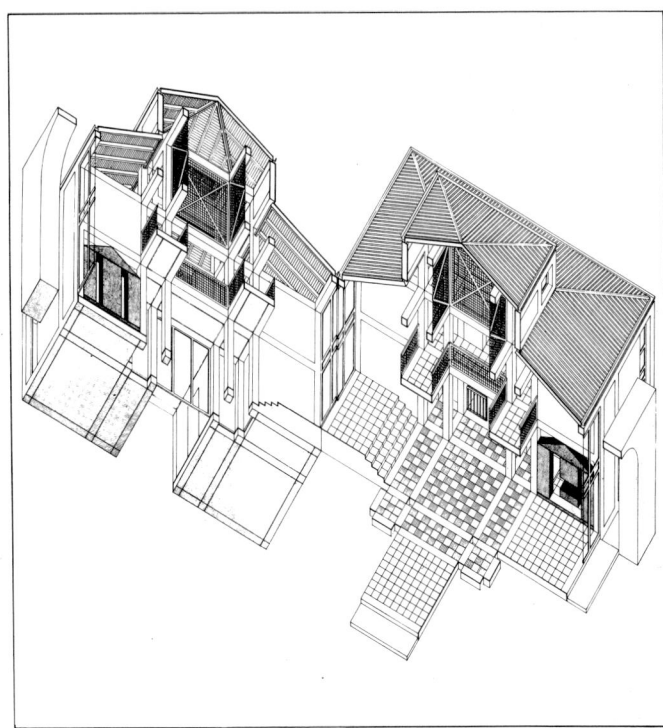

243 Maison Tonini: Geteilte Axonometrie. Die Architekten zitieren Alberti:
,,. . . Das Herz des Hauses" ist der grundlegende Teil, um den die unterge-
ordneten Teile gruppiert sind, als ob er ein öffentlicher Platz innerhalb des
Gebäudes wäre. So müssen die wiederholten quadratischen Zimmer als
kleine Häuser gesehen werden, gedrängt um den zentralen Kern, die Piazza, wo die Familie an einem runden Tisch ißt.

Unterscheidung zwischen ,,reduzierten" und ,,ausgearbeiteten"
Kodes nehmen[63]. Wie bereits erwähnt (Seiten 55—62), dürfen die
unterschiedlichen Kodes, die auf semiotischen Gruppen basieren, nicht nur nach sozialen Klassen bestimmt werden, sie sind
vielmehr gewöhnlich eine komplexe Mischung aus ethnischer
Herkunft, Alter, Historie und Lokalem. Der Architekt sollte logi-
scherweise mit einer Untersuchung der semiotischen Gruppen
beginnen und immer den Wandel der Wunschvorstellungen der
Betroffenen im Gedächtnis behalten. Architektur ist schließlich
Ausdruck einer Lebensweise — etwas, das die Moderne nie ganz
begriffen hat. Die dafür notwendige Ausbildung erfordert nicht unbedingt einen akademischen Grad in Anthropologie. Gesunder
Menschenverstand, die Bereitschaft, des Bauherrn Herkunft zu
verstehen, sowie eine gewisse Anerkennung der Umgangsformen
könnten ausreichen. Die Sozialforschung kann helfen. Sympathie
und beständige Konsultation sind die Mindesterfordernisse. Die
Schwierigkeit ist, daß kontinuierliche Traditionen abgebrochen
sind und die Architekten ihre eigene Sprache und Ideologie besitzen. So besteht keine Gemeinsamkeit der Wertvorstellungen
mehr, und es läßt sich keine Architektursprache voraussetzen.
Daher muß eine unvermeidlich befangene Theorie ausreichen,
um diese Dualität zu vereinigen.

Auf jeden Fall sollte der Planer zuerst das Gebiet erforschen,
die Sprache des Volksstamms verstehen lernen, ehe er entwirft.
Die Sprache kann ethnische oder kulturelle Dimension haben, die
auf der Herkunft der Bewohner basiert, aber auch eine rein architektonische Dimension — das Bodenständige (das im allgemeinen auseinandergebrochen ist, aber von dem Elemente fast überall noch existieren). Was in dieser traditionellen Sprache ausgedrückt werden kann, bewahren die Wertvorstellungen der lokalen
Gruppe. In der Tat ist solch ein konservatives Vorgehen das Sine
qua non für jede städtebauliche Maßnahme und die Form, in

der die Denkmalpfleger, die ,,Kontextualisten" und Conrad Jameson (siehe S. 108) arbeiten. Aber diese traditionelle Basis er-
schöpft nicht die Fragen, wie sie manchmal argumentieren. Bei
verschiedenen Untersuchungen über die Art, wie Architektur
wahrgenommen wird, habe ich eine der Interpretation zugrunde
liegende Schizophrenie festgestellt, die, wie ich glaube, der im wesentlichen dualistischen Natur der Architektursprache entspricht[64]. Allgemein gesprochen, gibt es zwei Kodes, einen populären, traditionellen, der sich wie eine lebendige Sprache langsam
wandelt, voller Klischees ist und im Familienleben wurzelt, und einen modernen, voll von Neubildungen und auf schnelle Veränderungen in Technologie, Kunst und Mode ebenso reagierend wie
die Avantgarde der Architektur. Einer dieser Kodes wird vermutlich von jedem bevorzugt, aber wahrscheinlich existieren beide
widersprüchlichen Kodes in der gleichen Person. Ein Architekt
muß von Berufs wegen und in der täglichen Arbeit notwendigerweise auf den schnellen Wandel der Kodes — und diese umfas-
sen natürlich auch wirkliche bauliche Kodes — reagieren; dies
macht seine Entfremdung von den sich langsam wandelnden
Sprachen verständlich und erklärt den so starken ideologischen
Einfluß, den die Moderne auf seinen Geist ausübte. Sie vereinfachte sein Problem beträchtlich auf ein professionelles der Kommunikation zwischen Fachleuten. Architekturkongresse und -zeit-
schriften würdigen notwendigerweise fachliche Wertvorstellungen, und Architektur als eine Kunst richtet sich an eine noch kleinere Elite, die ,,happy few", die damit befaßt sind, subtile Unterscheidungen zu machen und den Fortbestand der Kunst zu garantieren — keine geringe Leistung! Da eine unüberbrückbare
Kluft zwischen der Elite und den populären Kodes besteht, zwischen den professionellen und den traditionellen Wertvorstellungen, der modernen und der bodenständigen Sprache, und es keinen Weg gibt, diese Kluft zu schließen ohne ein drastisches Be-

244, 245 Maison Tonini: Halle im ersten Obergeschoß mit Ausblick in die Ferne, eingerahmt in einen Bogen, und „kleinen Häusern" (Giebeln) auf beiden Seiten. Das linke ist eine Art Kaminecke zum Lesen am Feuer. Die Mackintosh-Stühle und ihr Platz in der Mitte um den runden Eßtisch stellen das größere, öffentliche Haus innerhalb des Hauses dar, es führt durch drei Stockwerke hinauf und ist von oben belichtet.

schneiden der Wahlmöglichkeiten — eine totalitäre Maßnahme —, erscheint es für Architekten wünschenswert, die Schizophrenie zu erkennen und ihre Bauten auf zwei Ebenen zu kodieren. Sie werden dann teils den „hohen" und teils den „niedrigen" Versionen der klassischen Architektur entsprechen; aber sie werden nicht wie diese eine homogene Sprache darstellen. Vielmehr wird die doppelte Kodierung eklektisch sein und der Heterogenität entsprechen, der jede Großstadt unterliegt. Zu einem Teil ist das der „Inclusivism", den Venturi, Stern und Moore fordern, aber . zusätzlich verlangt er nach präziserer lokaler oder traditioneller Kodierung, als sie bis jetzt unternommen wurde. Ihr Werk räumt noch den elitären, schnell wechselnden Kodes Priorität ein und behandelt traditionelle Bezüge häufig als Gelegenheit für historische.

Der radikale Eklektizismus beginnt im Gegensatz dazu bei den Geschmacksvorstellungen und Sprachen, die an jedem Ort vorherrschen, und überkodiert die Architektur (mit vielen überlade-

246 Philip C. Johnson: AT & T Building, New York City, 1978—1982. Dieser Bau, von Paul Goldberger als das „erste große Monument der Postmoderne" bezeichnet, kann für ihre Verleumder durchaus auch das Grabmal der Bewegung darstellen. Im Grunde ein Hochhaus aus Glas und Stahl, ist es geschrumpft auf das Format einer Großvateruhr und eingesperrt in einen Granitkäfig — Serlio unten, Chippendale-Verfeinerung oben. Solche doppelte Kodierung — halb modern, halb traditionell — kann ärgerlich für beide Geschmackskulturen sein, obgleich die Kodes am Rande erweitert sind (zum Beispiel dient der Granitüberzug als Schutz und das Ledoux-Loch oben als Abluftaustritt). Man erinnere sich an Johnsons Gartenpavillon, der von den Briten „das bestgehaßte Bauwerk" genannt wurde, weil es eine zwitterhafte Glätte hat. Über die Kontroverse hinaus ist es jedoch eine interessante Möglichkeit: das Hochhaus kann seine glatte, ökonomische Kodierung verlieren und zu seiner früheren Stellung als große Phantasieform des Kapitals (ob kapitalistischer oder sozialistischer Art) zurückkehren.

247 Thomas Gordon Smith: Entwurf für ein Haus in der Jefferson Street, Berkeley/Kalifornien, 1976.
Wie der Queen-Anne-Stil und Maybecks Werke eine lässige Mischung gewichtiger traditioneller Elemente mit der regionalen Architektur. Der palladianische Portikus ist als symmetrische, formale Front behandelt, welche die informellen, ausufernden Seiten ordnet: Bedeutung durch Gegensatz.

248 Thomas Gordon Smith: Haus Paulownia, Oakland/Kalifornien, 1977.
Eine vorgefertigte Nissenhütte, Holzskelettkonstruktion und ein Rustikabogen à la Serlio, der spiegelbildlich wiederholt ist, um ein Ganzes zu bilden. Die Ecksteine, Gewölbesteine und anderen traditionellen Elemente sind aus Baumstümpfen, um eine solidere Konstruktion anzudeuten, als sie tatsächlich ist.

nen Einfällen), so daß sie von verschiedenen Geschmackskulturen verstanden und genossen werden kann, sowohl von den Bewohnern als auch von der Elite. Obgleich er mit diesen Kodes beginnt, wendet er sie nicht unbedingt an, um die erwarteten Botschaften auszustrahlen oder solche, die lediglich die existierenden Wertvorstellungen bestätigen. In diesem Sinne ist der radikale Eklektizismus sowohl kontextuell als auch dialektisch, indem er versucht, eine Diskussion zwischen unterschiedlichen und häufig gegensätzlichen Geschmackskulturen anzuregen.

Obgleich er in Partizipation mit jenen entsteht, die das Gebäude nutzen werden, geht er über ihre Ziele hinaus und kann sie sogar kritisieren. Aus diesen widersprüchlichen Gründen läßt er sich auf mindestens zwei völlig verschiedenen Ebenen erfassen, die paralele Aussagen machen, welche übereinstimmen können oder auch nicht, je nach Kontext und betreffendem Gebäude.

Schließlich ist der radikale Eklektizismus multivalent, im Gegensatz zur meisten modernen Architektur: Er faßt verschiedene Arten von Bedeutungen zusammen, die gegensätzlichen Kräfte des Geistes und des Körpers, so daß sie in Beziehung zueinander stehen und einander beeinflussen. Der Geschmack eines Bauwerks, sein Geruch, seine Berührung regen die Empfindung gleichermaßen an wie das Sehen und das Nachdenken. In einer vollkommen gelungenen Architektur — wie der von Gaudi — summieren sich die Bedeutungen und wirken in enger Kombination zusammen. Noch sind wir nicht so weit. Aber es wächst eine Tradition heran, die uns diesen Anspruch an die Zukunft wagen läßt.

Postskriptum für einen radikalen Eklektizismus

Nach Erscheinen der deutschen Ausgabe dieses Buches im Jahre 1978 haben einige wichtige Veränderungen in der Architektur stattgefunden, die zu diesem Postskriptum geführt haben. Bedeutende moderne Architekten wie Hans Hollein und James Stirling sind inzwischen eindeutig — wenn auch nicht erklärtermaßen — zur Postmoderne übergegangen. Bekannte amerikanische Kollegen in New York und Chicago haben in dramatischer Kehrtwendung ihre Richtung gewechselt und ihre frühere Überzeugung zugunsten neuer Auffassungen aufgegeben. Schließlich sind wichtige Entwürfe in der Zwischenzeit ausgeführt worden, und im Falle der Piazza d'Italia ist das wirklich „große Denkmal" der Postmoderne der Vollendung nahe. Dieses Buch hatte das (verlegerische) Mißgeschick, genau in dem Augenblick zu erscheinen, als die Postmoderne zu einer weltweiten Bewegung wurde und Entwicklungen unterlag, die schneller erfolgten als neue Auflagen.

Die Situation ist dynamisch und zeigt plötzliches Auftreten der neuen postmodernen Architektur an so unerwarteten Orten wie in Japan und Chicago, wo die Moderne und die Spätmoderne stets eine starke Gefolgschaft hatten. Tatsächlich wechseln Architekten wie Helmut Jahn und Philip Johnson von einem Gebäude zum anderen von der Spätmoderne zur Postmoderne und zurück zur Moderne — ein verwirrender Verlauf, dem zumindest die Öffentlichkeit schwer folgen kann und der mich dazu geführt hat, an anderer Stelle diese drei Richtungen nach dreißig Variablen zu klassifizieren [65]. Es besteht kein Grund dafür, hier solch eine komplexe Systematik auszubreiten. Nur die grundlegende Unterscheidung sollte im Gedächtnis behalten werden: Spätmoderne Architektur ist eine Überbetonung von verschiedenen Merkmalen wie dem technologischen Erscheinungsbild eines Gebäudes, seinem funktionellen Ablauf, seiner Konsequenz und seiner Konstruktion, während postmoderne Architektur im Versuch, sich mitzuteilen, doppelt kodiert ist in einer eklektischen Mischung traditioneller oder lokaler Kodes mit solchen der Moderne.

Der Übergang zur Postmoderne erfolgte am deutlichsten in den Vereinigten Staaten, die eine günstige Situation dafür boten durch die Präsenz der bedeutenden Protagonisten ebenso wie durch ein relativ geeignetes Bauklima, in dem Experimente willkommen sind. Zur Zeit sind mindestens drei Multimillionendollar-Aufträge im Bau, jene Leviathane, die der Moderne einen so schlechten Ruf eingetragen haben: Philip Johnsons an früherer Stelle erwähntes AT & T-Gebäude, Hardy, Holzman und Pfeiffers Erweiterungsbau der Hotels Willard in Washington/DC und Ulrich Franzens Hauptverwaltung der Firma Philip Morris Co. in New York. In allen Fällen haben die Größe und Undefiniertheit der Bauaufgabe zu wenig beredten Ergebnissen geführt, die nur unwesentlich stärker gegliedert sind als ihre Vorgänger. Die Mischung aus Moderne und Stilreproduktionen wird verwischt; scharfe Kontraste werden vermieden, Bildhaftigkeit, Ornament und historische Anspielungen sind vorhanden, aber zurückgedrängt. Das gleiche läßt sich von den postmodernen Bauten der großen Architekturbüros in Chicago aus der letzten Zeit sagen: Peter Prans Hochhaus, entworfen im Büro Schmidt, Garden und Erickson, und Helmut Jahns Entwurf aus dem Büro C. F. Murphy Associates. Die Vermischung der Kodes ist subtil und zurückhaltend, eine Fusion, die bei großen Büros und konservativen Bauherren vorauszusehen war. Erstaunlicher ist, daß diese Mischung einen erfrischend naiven Aspekt aufweist. Lebendig im Detail und besonders originell in seiner Anwendung von historischen Formen (dem Halbkreis, dem Gesims usw.), scheint letzterer Bau für den Beginn einer neuen Tradition zu stehen in ähnlicher Weise wie Brunelleschis erste Anwendung klassischer Details. Die Formen werden nicht expressiv verwendet (über ihre darstellende Rolle hinaus), sie sind nicht gegliedert oder mit bildhauerischem Gewicht geformt. Statt dessen werden sie als flache Applikation behandelt oder in Verbindung mit der ebenen Fläche eines Gebäudes und werden dadurch mit konstruktiven Erfordernissen gleichgesetzt.

249

250

249 Ulrich Franzen: Hauptverwaltung der Philip Morris Co., New York City, im Bau ab 1979.
Ein klassischer Wolkenkratzer neben der Grand Central Station, mit Basis (welche die Form des Bahnhofs aufnimmt), vertikalem Schaft und Kapitell. Simse, Staffelung und ausgeschnittene Loggia wiederholen die axiale Symmetrie der Basis. Zur Seitenstraße hin präsentiert das Gebäude eine moderne, horizontal gegliederte Fassade. Die Begegnung dieser buchstäblich doppelten Kodierung hätte eine ironischere Eckverbindung erzeugen können.

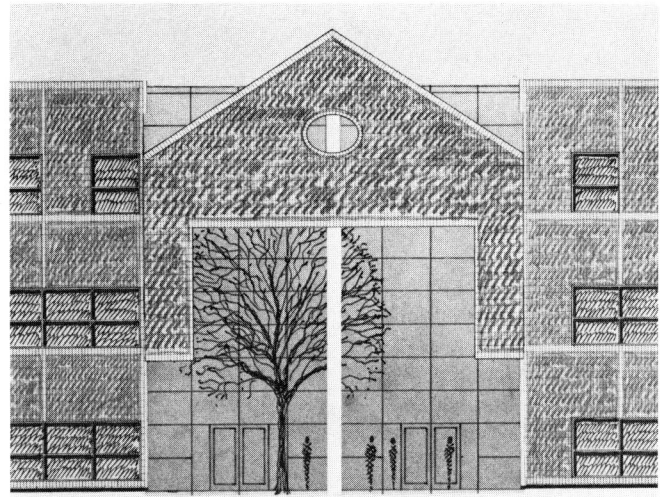

250 Helmut Jahn mit C. F. Murphy Associates: Gebäude der Abteilung für landwirtschaftlichen Maschinenbau, Urbana, im Bau ab 1979.
Backstein und Dekorationen im Stil der alten Campusbauten sind als symbolische Fläche behandelt, die vor einen Glasbau gelegt ist. Die flache, intellektuelle und nüchterne Ausbildung der Details, die sich über ein modulares Raster erstrecken, erinnert an Brunelleschi.

Im Werk der Gruppe „Chicago Seven" [66], im besonderen von Thomas Beeby, begegnen wir einer fast zwangsläufigen Verbindung von Neo-Palladianismus und Neo-Mies-Elementen. Es wirkt anmutig in seiner lebendigen Detaillierung und verfeinerten Raumstrukturierung. Beebys Stadthaus, geplant als ein Element in einer Reihe von unterschiedlichen, aber zusammenhängenden Bauten, verbindet das moderne konstruktive Raster mit traditionellen Ädikulas und Tonnengewölben. Der in Mies' Bauten enthaltene Klassizismus ist so nahe beim Neo-Palladianismus, daß die Verbindung im Falle der erzwungenen Begegnung in Beebys Bau natürlich erscheint, eine unvermeidliche Konsequenz der palladianischen Regeln, die hier in Stahlbeton und Stahl verfolgt werden. Beeby vermischt auch die Ikonographie auf kompromißlose Weise, so daß das groteske Antlitz des Hades in der Souterraingrotte sich mit dem polierten Chrom im Erdgeschoß zu vertragen scheint. Die Stärke dieses Bauwerks sind die sichere Handhabung der Konstruktion und die komplexen Raumfolgen, die in horinzontalen und vertikalen Rhythmen verlaufen. Jede „innenliegende Fassade" wird zu einer Variation der vorhergehenden und der Serliana an der Außenfront. Das Ornament resultiert unmittelbar aus konstruktiven Elementen, im besonderen den Fenstersprossen, und stellt auf diese Weise eine weitere Brücke zwischen Moderne und traditioneller Bauweise dar. Es ist, als wäre Mies zur Postmoderne übergegangen oder zumindest zurück zu seiner Schinkel-Periode.

Der vielleicht bedeutendste Aspekt dieser Stadthäuser ist, daß sie die Tradition der amerikanischen Straße wiederaufnehmen durch Kombination individueller Varianten innerhalb eines übergeordneten Straßensystems. Diese Tradition (die vor allem in San Francisco, Chicago und New York lebendig ist), war eine von denen, mit der die Moderne gebrochen hat. Die Stadthäuser in Chicago, von denen jetzt Varianten gebaut werden, zeigen eine gelungene Handhabung der strengen klassischen Details und Ornamente, die das urbane Gewebe und die Lebendigkeit wiederherstellen. In Europa sind ähnliche Entwürfe entwickelt worden, allerdings mit weniger individueller Ausdruckskraft der Einzelhäuser, und in London ist eine Version solcher Lückenarchitektur ausgeführt worden: Jeremy Dixon hat eine Hausgruppe geplant, die sowohl im Grundriß als auch im Detail in das urbane System des neunzehnten Jahrhunderts paßt. Indem er die Straßenbegrenzung und das traditionelle Layout, die Erkerfenster der angrenzenden Häuser und ihre Eingangssituation aufnimmt, gelingt es ihm, in seinem Entwurf sowohl vertraute als auch originelle Elemente zu vereinigen. Die Bewohner können ihre traditionelle Sprache erkennen; die Stereotypen werden in relativ unmittelbarer Weise angewendet, die ebenso verbreitet ist wie der Londoner Backstein, aus dem die Häuser erbaut wurden.

Aber bei näherer Betrachtung entdeckt man esoterische Bedeutungen, die sich nur dem Architekten erschließen oder dem Bewohner, der sich die Mühe nimmt, danach zu forschen: die Physiognomie, die Andeutung eines Gesichts, das üblicherweise aus der Eingangstür gebildet wird (oder vielmehr aus zwei Eingangstüren, verbunden über die traditionelle Freitreppe). Dieses „Gesicht" ist auch ein beliebtes Image der postmodernen Architektur, die Ädikula — ein „kleines Haus", der Vorbote von Häuslichkeit —, die im Abendland auf eine lange Historie zurückblickt, seit sie zuerst in die Kunst des antiken Griechenland übernommen wurde. Die Ädikula als Formelement wird auf meisterhafte Weise in verschiedenen Maßstäben wiederholt — in den Fenstern, den Dachprofilen und den „Eingangstoren" —, um das komplexe Aufgebot von Stilzitaten zu vereinen. Diese reichen vom regionalistischen Backstein bis zum holländischen gestaffelten Giebel, von Art-déco-Ziggurats bis zu den Rastern der Rationalisten. Besonders einfallsreich ist die Lösung, wie der Torpfosten der Ädikula zur Überdachung der Mülltonnen an der Schmalseite des Hauses wird.

In gewisser Beziehung bietet der Entwurf eine gedrängte Darstellung der Suche der postmodernen Architekten nach einer rei-

251 Thomas Beeby: Entwurf für ein Stadthaus, Chicago, 1978.
Wie Isozakis postmoderner Bau auf dem Prinzip der Villa Poiana basierend, mit archetypischen Elementen wie Kreis und Rechteck und flacher dekorativer Detaillierung, zeigt dieses Stadthaus auch die konstruktive Logik Mies van der Rohes auf einem Modul von 1,52 m. Die Folge von Räumen unterschiedlichen Charakters ist begrenzt durch ein Tonnengewölbe, eine Kuppel über dem Treppenhaus und eine unterirdische Grotte.

252 Architektengruppe „Chicago Seven": Stadthausentwürfe, Chicago, 1978.
Wie eine traditionelle amerikanische Straßenbebauung aus dem 19. Jahrhundert erhält diese Häuserreihe das urbane System, aber variiert in Detail, Ornament und Farbe. Beachten Sie auch hier die archetypische Anwendung von Kreis, Giebel, Rechteck und konstruktivem Modul.

253 Jeremy Dixon: Wohnbebauung St. Marks Road, London, 1976—1979.
Vierundzwanzig Häuser und zwanzig Wohnungen auf einem kleinen Grundstück nehmen das bestehende mittelalterliche Straßensystem und seinen Maßstab auf. Indem die Häuser zu einer visuellen Einheit addiert werden, wird das Erscheinungsbild eines großen Hauses erreicht. Der verwinkelte Grundriß, der das Grundstück optimal ausnutzt, erzeugt seltsame Raumwirkungen im Inneren.

chen, flexiblen Sprache, die vom Regionalismus abgeleitet wird. Es ist eine eklektische Sprache, ebenso gemischt wie der Queen-Anne-Stil vor hundert Jahren und ebenso empfänglich für bestimmte kulturelle Bedingungen. Der Versuch, eine solche Sprache abzuleiten, ist auch vom Architekten in Amsterdam und Wien gemacht worden, besonders von einer Gruppe, die sich „Missing Link" nennt. Diese jungen Architekten haben empirische Untersuchungen historischer Wahrzeichen in Wien — Türme, Tore, Türen, Straßenecken und Innenhöfe — durchgeführt. Sie haben schöne Strichzeichnungen von diesen sich wiederholenden Motiven angefertigt — den „Wörtern" der Wiener Architektursprache — und eine neue Typologie durch den Prozeß der Abstraktion davon abgeleitet. Vielleicht bieten ihre Entwurfsergebnisse noch nicht ganz das erhoffte „missing link", das fehlende Glied, zur Vergangenheit, aber ihre Analyse zeigt einen Weg, wie man vorgehen kann, um zu diesem Ziel zu gelangen.

255

Die Kontextualisten (siehe Seite 110) sind ebenfalls auf einen regionalen Historizismus ausgerichtet, ohne sich jedoch der traditionellen Syntax allzusehr zu nähern. Leon Kriers Planungen für Rom und die anderen Entwürfe für die Ausstellung „Roma Interrotta" im Sommer 1978 nehmen sowohl auf den Kontext Rücksicht, als daß sie ihn auch zerschlagen; sie basieren auf Nollis Plan

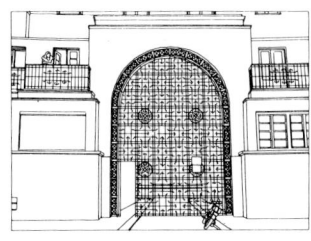
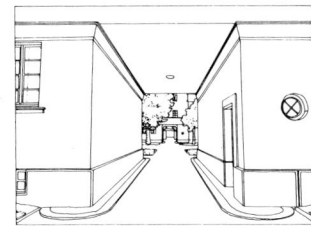

255 Architektengruppe „Missing Link" (Otto Kapfinger und Adolf Krischanitz): Wiener Studien, 1977.
Eine Reihe schöner Strichzeichnungen von typischen Wiener Bauten, hier die Wohnhöfe (der öffentliche Wohnungsbau der zwanziger Jahre), abstrahiert immer wiederkehrende Aspekte der lokalen Sprache — Türme, Tore, Ecken, Innenhöfe usw. Aus diesen Studien entsteht ein neues eklektisches Ganzes, das den Bezug zur Vergangenheit herstellt.

254 Jeremy Dixon: Wohnbebauung St. Marks Road.
Geringe Variationen in der farbigen Verglasung und der Farbgestaltung der Eingänge geben jedem Haus ablesbare Individualität. Das durch Ädikulas gebildete „Gesicht" wird in verschiedenen Maßstäben in Fenstern, Eingang und Dachneigung wiederholt und erzeugt Varianten dieses häuslichen Bildes. Die Vielfalt von Textur und der kleinmaßstäblichen Elemente betont ebenfalls dieses Erscheinungsbild.

256 Leon Krier: Entwurf „Rione" für die Via Condotti und Via Corso, Rom, 1978.
Ein internationales Zentrum und ein Flughafen-Abfertigungsgebäude gehören zu den vorgesehenen Funktionen für dieses Monument in einem neugeplanten öffentlichen Bereich. Wie die anderen Rationalisten benutzt und verändert Krier zugleich die bestehende Sprache und Morphologie der Stadt, indem er kühne Bilder einer noch ungeborenen Gesellschaft entwirft. Die Verbindung von primitiver Konstruktion und verfeinerter, hochspezialisierter Technologie ist ebenso verblüffend wie die Gegenüberstellung mit Piranesi.

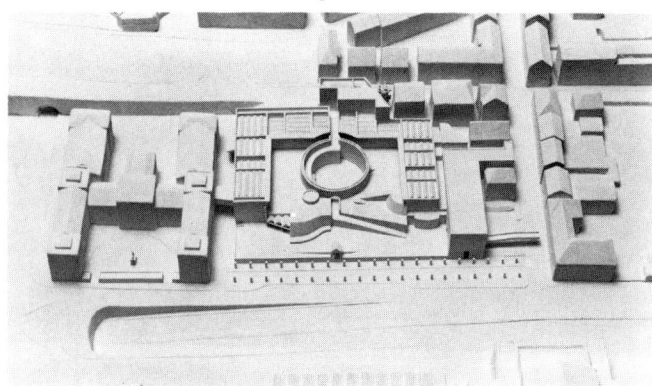

257 Georgia Benamo und Christian de Portzamparc: Wohnbebauung Rue des Hautes Formes, Paris, 1975—1979.
Hängende Bogen, eine „dicke Mauer" mit verschiedenen Fensterformen und ein Grundriß, der dem Verlauf der Straße und der Form des zentralen öffentlichen Bereiches folgt. Ansonsten hat diese Bebauung vieles mit den modernen Scheibenhochhäusern gemeinsam.

258 James Stirling: Erweiterung der Staatsgalerie und Kammertheater, Stuttgart, Wettbewerbsentwurf 1977, im Bau ab 1979.
Man begibt sich durch den Eingangsbogen, der das Prinzip der primitiven Hütte aufnimmt, auf eine der nach rechts und links führenden Achsen. Der U-förmige, symmetrische Museumsbau liegt vorn, ist aber diagonal über eine Rampe erschlossen. Der kreisförmige, offene Skulpturenhof kann über diese Achse erreicht werden, aber man durchquert ihn auf einer umlaufenden, halbkreisförmigen Rampe. Diese läuft schließlich in einem Fußweg aus, der in das urbane Gewebe der umgebenden Wohnbebauung führt. Auf diesem umständlichen Weg wird das Publikum informell in den Mittelpunkt des Museums geführt, ohne dafür Eintritt zu bezahlen. Für denjenigen, der die Bilder betrachten will, ist ein anderer Eingang vorgesehen, der unmittelbar zu einem chronologischen Gang durch die Kunstgeschichte auffordert.

Gegenüberliegende Seite:
259, 260 Michael Graves: Ausstellungsraum der Firma Sunar, Merchandise Mart, Chicago, 1979.
Eine Möbelausstellung in einem fensterlosen Raum ohne natürliche Belichtung und vertraute Ausblicke. Um diesem abstrakten Raum etwas Lokalkolorit zu verleihen, hat Graves ihn mit einer Reihe von Zwischenwänden aufgeteilt und dadurch gewisse Überraschungseffekte erzeugt. Das Bild vom Terminus als Flachrelief bildet den Abschluß einer Achse, während übertrieben große, „umgekehrte" Säulen und Lichteinfälle weitere Identität verleihen.

261 Elia Zenghelis und OMA: Hotel Sphinx, New York City, 1975.
Animalorphe Bildhaftigkeit belebt einen anderenfalls überwältigenden Maßstab. Gleich den Hyatt Hotels, die überall in Amerika entstehen, aber erheblich mehr Witz und Farbigkeit aufweisen, werden bei diesem Entwurf verschiedene urbane Funktionen miteinander verquickt. Die Rolltreppen sind die Beine, das Hinterteil bilden die Zwillingstürme, der Kopf, der sich wendet und nach wichtigen städtischen Ereignissen Ausschau hält, ist ein Gesundheitsklub — das ganze Tier ist „ein Luxushotel, geplant als Modell für Massenwohnungsbau". Eine sehr rationale Lösung für die herrschenden städtebaulichen Phantasievorstellungen, Surrationalismus in der Tat!

von Rom und stehen im Widerspruch zur Struktur der Stadt. Krier 256 hat auf typisch rationalistische Weise die „primitive Hütte" mit Stützen und dreieckigen Dachbindern wiederentdeckt, aber hier ist jede Stütze ein achtgeschossiges Hochhaus, und das pyramidenförmige Dach umschließt einen furchterregenden öffentlichen Bereich — eine Kreuzung aus einem Eisenbahnschuppen und einem Marktplatz. Die Zeichnungen, als Collage in die Römischen Perspektiven von Piranesi eingefügt, sind tatsächlich diesen grandiosen und verwirrenden Bildern ebenbürtig. Die öffentlichen Bauten haben den für die römische Tradition typischen gewaltigen Maßstab. Sie sind dazu bestimmt, eine lokale Form der Bürgerorganisation zu unterstützen, den „Rione", eine Alternative zur zentralisierten Bürokratie und der staatlichen Verwaltung. Für jedes einzelne Bauwerk sind Restaurants, Klubräume, Spielsäle und im obersten Geschoß große Ateliers für Künstler, welche die syndikalistische Vorstellungswelt erzeugen sollen [67], vorgesehen. Die Idee ist, nach Kriers Beschreibung, die Wiedererweckung der „res publica" und die Schaffung neuer städtischer Bürgerinstitutionen, die sie tragen können, ebenbürtig den römischen Kirchen des siebzehnten Jahrhunderts. Diese Collage aus Neu und Alt, utopischem Syndikalismus und traditioneller Stadt ist charakteristisch für die Gesamtheit der europäischen Rationalisten in Brüssel, Barcelona, Paris und Italien.

Bisher sind nur unvollständige Fragmente von Stil und Idee der Postmoderne realisiert worden, eins davon am Stadtrand von Paris. Georgia Benamo und Christian de Portzamparc haben einen kleinen städtebaulichen Entwurf ausgeführt, die Wohnungen in der Rue des Hautes Formes. Hier wird eindeutig versucht, wieder 257 die Straße, den Platz, den städtischen Raum zu erschaffen, aber mit größerer Dichte als in einer traditionellen Stadt. Das Hochhaus und die Scheibenhäuser mit Formelementen der Moderne haben eine postmoderne formale Behandlung erfahren durch ausgeschnittene Zwischenwände à la Charles Moore, falsche hängende Bogen à la Venturi und eine Vielzahl von Fensterausbildungen à la mode. Letzteres wird außerdem gerechtfertigt als Methode, den Maßstab zu verändern und das Gefühl zu reduzieren, von Tausenden von Augen beobachtet zu werden — das man bei einer Version mit einheitlichen Fenstern gehabt hätte. Wenn es Zweifel über diesen Entwurf im Hinblick auf den Kontext gibt, so betreffen sie den durchlässigen Raum, die geringe Größe der Piazza und der „res publica" und die neutralisierte Beziehung von Baumasse zum unbebauten Bereich, vom innerstädtischen Freiraum zum Monument. Übrigens fehlen der Bebauung die Monumente!

Ein überzeugenderes Beispiel für städtischen Kontextualismus, das sich jetzt im Bau befindet, ist das Museum in Stuttgart von James 258 Stirling. Dieser Entwurf nimmt formale Elemente des Kontex-

259

260

261

262 James Stirling: Staatsgalerie Stuttgart, Ansicht.
Die Dualität von Grundriß und Funktion wird in den Details und im Ornament aufgenommen. Die Eingangsüberdachungen, farbige Glas- und Stahlkonstruktionen, die an Entwürfe des Stijl erinnern, stehen vor dem Hintergrund aus Naturstein-Mauerwerk, das Elemente der umgebenden Bebauung sowie von Bauten Schinkels beinhaltet. Dieser scharfe Gegensatz — letztlich zwischen Technologie und Kultur — wird gemildert, wenn man wahrnimmt, daß die Überdachung eine Variante des traditionellen Eingangs darstellt, der primitiven Hütte.

263 Arata Isozaki: Fujima Country Club, Japan, 1975.
In der Primärform eines schwarzen, ruhigen Tonnengewölbes gehalten, das sich in die Form eines Fragezeichens windet und in einer Version von Palladios Villa Poiana endet. Warum Palladio in einem japanischen Country Club? fragt man sich. Die Primärform steht im Kontrast zur Umgebung, und die Elemente aus der Villa Poiana (runde Säulen, dicker Bogen, halbierte Eingangspfeiler) haben eine statische Berechtigung. Aber das über allem stehende Fragezeichen und die „grüne Periode" zeigen die von der metaphysischen Architekturrichtung postulierte Willkür der Formen.

264 Hiroshi Hara: Haus Awaze, Japan, 1972.
Strenge Symmetrie und ein Tonnengewölbe, von dem das Licht zum Mittelpunkt herabgeführt wird, sowie schwere, abweisende Formen auf beiden Seiten vermitteln ein starkes Gefühl der Abgeschlossenheit. Fenster, Oberlichter und Möblierung haben eine feierliche Behandlung erfahren, die das Gefühl für den Ort und den Schutzcharakter des Hauses verstärkt.

tes auf, in diesem Fall die Höhe und Struktur der benachbarten Gebäude und den axialen Bezug zur Hauptverkehrsstraße. Von dieser Eingangsachse aus gruppiert Stirling eine Raumfolge sowohl in der Richtung der Hauptfassade als auch im rechten Winkel dazu. Wie in einem rationalistischen Gebäude ist das konzeptionelle Raster überall gegenwärtig, obgleich man gezwungen wird, sich in Kreisen und Diagonalen darum herum zu bewegen. So entsteht eine Spannung zwischen rechtwinkligen und rotierenden Elementen, ein binärer Gegensatz, der die Wirkung anderer Kontraste verstärkt: besonders der De-Stijl-Wörter, die als Collage auf die Schinkelsche Grammatik gesetzt sind.

262

Die eklektischen Sprachelemente beinhalten romanische Bogen für den Skulpturenhof und ägyptische Mauervorsprünge für die Gemäldesammlung, und diese Bezüge drücken „Museum und Kunst" auf stereotype und zugleich zurückhaltende Weise aus. In der Tat bildet die Schinkelsche Grammatik das vorherrschende Grundprinzip in diesem deutschen Kontext, da sie „Kultur" auf populärer Ebene bezeichnet. Der Vorzug dieses Entwurfs

ist, daß er solche eindeutigen Klischeevorstellungen mit der lebhaften Phantasie des Architekten anwendet, indem Gegensätze zwischen Vergangenheit und Gegenwart, Kreis und Quadrat hochgespielt werden. Der Mittelpunkt des Museums für sich vertritt diesen Kontrast: Der kreisförmige Innenhof ist ein „Kuppelsaal ohne Kuppel", ein Innen- und Außenraum gleichermaßen, der Raum, zu dem hin man sich bewegt, aber in dem man sich dann außerhalb befindet, abgeschnitten vom städtischen Lärm in freier Luft und in enger Berührung mit den Skulpturen. Die dahinterstehende Idee, das Mandala, das Himmelsgewölbe als „himmlische Kuppel", das „Herz der Stadt" und die kreisförmige Res publica sind, wie wir wissen, Schlüsselvorstellungen vieler postmoderner Architekten. Sie sind ebenso Vorstellungen über den Inhalt wie auch reine Architekturvorstellungen und suchen metaphysische Fragen zu erheben — wenn nicht gar zu beantworten —, Fragen, welche die Architekten der Moderne in ihrer pragmatischen Phase ignoriert hatten.

Man könnte fast von einer metaphysischen Richtung der Post- 261
moderne sprechen, die Architekten aus verschiedenen Ländern, 263
vor allem aus Nordamerika und Japan, lose vereint. Monta Mozu- 267
na und Hiroshi Hara verwenden die Idee des Mandala und des 264

265 Kazuhiro Ishii: Schule in Naoshima, 1977.
Eine Säulenreihe und andere traditionelle Formen wie das geneigte Dach
über dem Eingang vermitteln zwischen dem dahinterliegenden modernen
Schuppen. Der komplizierte Rhythmus der Säulenreihe (A, B, A, C, A, B,
2A, C, A, C, A, B, 2A, C, A, B, A, C, 2A, C) spielt auf Renaissancebeispiele
an, während andere historizistische Stilzitate sogar „fehlende Säulen" (angedeutet durch hängende Kapitelle) einschließen.

„zentrierten Raumes", die den Vorstellungen von Charles Moore
und James Stirling ähnlich ist. Hara schreibt: „Der homogene
Raum neigt dazu, menschliche Beziehungen zu zerstören . . .
Wenn wir der Überzeugung sind, daß homogener Raum negativ
und unerwünscht ist, dann müssen wir auf irgendeine Weise die
räumliche Ordnung der Postmoderne in den Griff bekommen . .
Ein Haus . . . muß einen starken, unabhängigen Mittelpunkt besitzen. Das schafft eine gleichmäßige Ordnung, die im Gegensatz zu
dem es außen umgebenden homogenen Raum steht[68]." Hara bildet, wie die anderen Architekten dieser Richtung, in seinen Bauten
strenge, abgeschlossene Bereiche, er wiederholt Raster, erzeugt
axiale Symmetrien, Spiegelbilder, palladianische Motive und gibt
den Objekten eine fast religiöse Bedeutung. Die Volumen im Inneren sind wie Altäre angeordnet, feierlich fixiert auf eine Lichtachse,
die an dem Gebäude entlangläuft. Sie bilden das Körperbild und
das „Herz", das unter anderen Charles Moore in die Architektur
eingebracht hat (siehe Seite 125 f.)

Stärker historizistisch orientiert in seinen metaphysischen Vorstellungen ist Kazuhiro Ishii, ein Architekt, der bei Moore in Yale
268 studierte. Bei seinem „54-Fenster-Bau", einem Haus für einen
Arzt, verwendet er populäre Zeichen und Farbkodes, von denen
er behauptet, daß sie in der regionalen natürlichen Umwelt vor-
265 handen seien. Bei seiner Schule in Naoshima transformiert er die
Säulenreihe der Renaissance in ein postmodernes rhythmisiertes
Paradoxon. In diesem Gebäude läßt er gelegentlich Säulen aus
und behandelt so das für die Renaissance bezeichnende Problem
der Ecke auf ironische Weise. Aber er spielt auf dem Instrument
dieser manieristischen Scherze (hängende Kapitelle aus Stahlstä-
ben) mit einer Offenkundigkeit, die sie auch Nichtarchitekten erschließen.

Michael Graves ist im Gegensatz dazu weniger explizit in seinem Humor und desgleichen in seiner Metaphysik. Das Werk von
259 Graves ist in einer Tiefe und Komplexität kodiert, die sich leichtem
260 Verständnis entzieht. Bei seinem Haus Schulman verwendet er historische Elemente — die Ziggurat, den versetzten Grundriß des
Barock, die Säule, den Giebel über dem Eingang und andere —,
aber er wechselt den Maßstab und die Farbe, um die Wahrnehmung dieser Elemente manchmal bis über die Möglichkeit des Er-
kennens hinaus zu verändern. Zum Beispiel ist das dekorative Ge-
269 sims über der Eingangstür kaum ein Giebel und ein Schlußstein.
Graves würde vermutlich argumentieren (siehe S. 117), daß nur
die Veränderung der traditionellen Syntax diese Elemente in den
Vordergrund rücke und sie von ihrem potentiell kitschigen Beige-
schmack befreie. Dies ist ein Argument, das einige Überzeu-

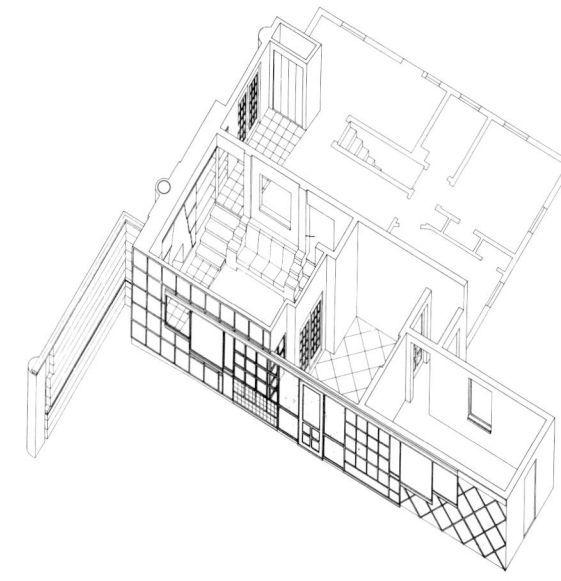

266 Michael Graves: Haus Schulman, Princeton/New Jersey,
1976—1978.
Die Axonometrie der Gartenseite zeigt die ornamentale Anwendung des
Gitters in verschiedenen Maßstäben, um Tiefe zu akzentuieren, sowie die
beiden zentralen Elemente Tür und Feuerstelle.

Seite 140
267 James Wines und S.I.T.E.: Kaufhaus in Sacramento/Kalif., 1977.
Die Abstraktheit der „Anti-Architektur" führt zu Bauten, die sich schälen,
abbröckeln oder — wie hier — aufbrechen und auseinandergleiten. Jeden Morgen um neun Uhr bewegt sich dieser 45-Tonnen-Keil um 15 Meter, um die Kunden des Kaufhauses zu schlucken. Wines hat viele ironische Bilder einer Architektur entwickelt, die den Menschen zeigen sollen,
daß sie in einem ungeordneten, fragmentarischen, abbröckelnden, unvoll-
kommenen, häßlichen, widerwärtigen, aber zugleich komischen Univer-
sum leben.

268 Kazuhiro Ishii: „54 Fenster", Japan, 1976.
Dieses Wohn- und Bürohaus für einen Arzt enthält diese Zahl unterschiedlicher Fenster, um den japanischen Regionalismus zu symbolisieren. Ishii
argumentiert, daß eine regionale Eigenschaft des „Exzesses und der Zurschaustellung" von den grünen und orangefarbenen Kästen und anderen
populären Zeichen einschließlich der Würfel aufgenommen wird. Die Plu-
ralität der Zeichen in einem Raster soll auch den städtischen Pluralismus
wiedergeben.

Seite 141
269, 270 Michael Graves: Haus Schulman.
„Asymmetrische Symmetrie" kennzeichnet den Eingang und die Gar-
tenansicht, indem die Betonung sowohl auf dem Mittelpunkt als auch auf
einer Seite liegt. An der Vorderfront ist der Grundriß verjüngt und abge-
stuft, um den Eingang zu betonen, der außerdem durch einen dekorativen
„Giebel" und eine Ziggurat akzentuiert ist. Auf der Gartenseite herrscht
eine ähnliche Spannung zwischen Abkehr vom Mittelpunkt und der „Bei-
nahe-Symmetrie" durch die Andeutung eines Simses, um auch Himmel
und Erdboden sichtbar zu trennen.

267

268

269

270

gungskraft besitzt und doch gleichzeitig Probleme aufwirft: Das Haus zeigt eine gewisse Zufälligkeit der Bezüge, einen Mangel an Einheitlichkeit, und ihm fehlt ein Mittelpunkt (was beabsichtigt sein mag). In letzter Zeit hat Graves sich zu einer stärker postmodernen Explizitheit hin entwickelt, und es lassen sich sogar gewisse traditionelle Zeichen identifizieren, nicht nur die bereits erwähnten Elemente, sondern auch das Grün der Erde, das Blau des Himmels

271 Yasufumi Kajima: Matsuo-Schrein, Japan, 1975/76.
Ein Tempel mit Tonnengewölbe, angefügt an einen traditionellen japanischen Schrein, der dekorative Kassetten und Kapitelle der westlichen Tradition als Kontrast zum östlichen Ornament benutzt. Der kleine Maßstab und die fein ausgearbeiteten Simse verstärken die halluzinatorische Wirkung. Das Ornament dient hier zur Erzeugung einer Stimmung, um die meditative Atmosphäre zu betonen.

272 Thomas Gordon Smith: Entwurf für ein Haus in der Matthews Street, San Francisco, 1978.
Indem Elemente aus dem städtischen Kontext aufgenommen werden, „die geschminkten Damen von San Francisco" und polychromatische Experimente aus dem 19. Jahrhundert, wendet der Architekt bei diesem Haus das dekorative Detail sowohl ironisch (an der Vorderseite fehlt eine Säule) als auch semantisch an (die formale Vorderseite wird von der informellen Rückseite unterschieden). Die Behandlung des Eingangs als Ädikula ist bei kalifornischen Bungalows üblich.

und die konventionellen Mittelpunkte des Hauses, der Feuerplatz und der Eingang. Wenn man die Architektur genauer betrachtet, werden weitere wohldurchdachte Andeutungen erkennbar: eine „asymmetrische Symmetrie" auf der Garten- und auf der Eingangsseite sowie die Präsenz und zugleich Abwesenheit von Säulen. Dieses letztere ist ein weiteres manieristisches Paradoxon. Die Säule ist aus dem Mittelpunkt der Fassade herausgesprungen und auf einer Seite gelandet, oder, umgekehrt, das Kapitell ist vom Säulenschaft heruntergesprungen und im Mittelpunkt gelandet. In beiden Fällen ist es ein amüsanter, wenn auch nicht besonders origineller Einfall.

Die Frage des traditionellen angewandten Ornaments beschäftigt die postmodernen Architekten in zunehmendem Maße. Es hat Ausstellungen, Tagungen und Veröffentlichungen über dieses Thema gegeben, ganz abgesehen von zahllosen Entwürfen und ausgeführten Bauwerken [69]. Mit einiger Sicherheit ist anzunehmen, daß das Ornament bald wieder gedeihen und von seiner Verbindung mit dem „Verbrechen" und anderen schuldbeladenen Assoziationen befreit werden wird, um wieder seine traditionellen Rollen erfüllen zu können. Diese schließen nicht nur die symbolischen Funktionen ein, die Venturi und Rauch betont haben, sondern noch eindeutiger solche ästhetischer Art: großen bürokratischen Monolithen Maßstab, Tiefe und Proportion zu verleihen; Variationen zu Themen zu liefern, die an anderer Stelle in dem Gebäude anklingen, und diese hervorzuheben; „Fehler" in der Konstruktion zu verbergen — welche die Moderne in ihrer calvinistischen Phase zu zeigen wünschte —; einer langweiligen Fläche Heiterkeit, Vielfalt und Verspieltheit zu vermitteln und schließlich die Stimmung eines Raumes zu betonen, etwa in dem Sinne, wie Gewürze und Knoblauch den Geschmack einer Speise hervorheben. Als die Moderne das Ornament aus der Diät der Architektur entfernte, ging erheblich mehr als der schlechte Geschmack verloren, und es ist eine der Annehmlichkeiten der Post- 271
moderne, daß sie uns diese Delikatesse Stück für Stück wieder zu- 272
rückgibt.

Der Wiener Architekt Hans Hollein, bereits ein Erfahrener im Umgang mit dem Hochglanzlook der Spätmoderne, hat seine Aufmerksamkeit der Anwendung des Ornaments in diesem Sinne zugewandt. Bei der Renovierung des Rathauses Perchtoldsdorf hat 276
er auf großartige Weise Chrom und Möblierungselemente ornamental verwendet, um das vorhandene Ornament zu intensivieren. Hier teilt ein gewellter, blauer, mit Chrom eingefaßter Streifen die Wand über der traditionellen Kehlleiste, um die Porträts der früheren Bürgermeister hervorzuheben. Die Wellen variieren in der Breite, ebenso die bogenförmigen Platten darunter, um mit den unterschiedlichen Ovals der darüberliegenden Gemälde übereinzustimmen. Über den seitlichen Eingangstüren, die nur durch Türgriffe gegliedert sind, verlaufen die Wellen in umgekehrter Richtung, um die Höhe freizugeben und den Wechsel der Funktion zu signalisieren. Diese sich aus dem Zusammenhang ergebende kontextuelle Anwendung des Ornaments (die an das Wiener Rokoko erinnert) kennzeichnet eine positive funktionelle Entscheidung, die Hollein traf, als er mit der schwierigen Aufgabe konfrontiert wurde, den Ratssaal zu vergrößern. Anstatt einen neuen Ratssaal zu bauen, beschloß er, alle Stadträte in den alten zu 277
zwängen und die Verbindung zur Vergangenheit durch einen Raum herzustellen, der starke emotionale Bezüge hat. (Die Gedächtnisporträts der Bürgermeister wurden gemalt nach einem türkischen Täuschungsmanöver, das in einem Massaker der Stadtbevölkerung resultierte.) Das reiche Ornament rahmt also nicht nur die Altvorderen ein, sondern auch die gedrängt darunter sitzenden Ratsherren und wirkt als symbolisches Bindeglied zwischen beiden. Die letzteren sind eng beieinander in schmale Artdéco-Stühle gezwängt, die genau in ihren Platz am Tisch passen. Auf dem Boden im Mittelpunkt des Ovals ist ein stilisierter Wein- 275
stock mit Reben eingelassen, ein Symbol sowohl für die Haupteinnahmequelle dieser Stadt als auch — wegen der goldenen Marmorkugeln — für das Geld überhaupt.

In Maßstab und Idee liegen Holleins Entwürfe zwischen Architektur und Möblierung und bieten sich daher zu ornamentaler Behandlung an. Sein Österreichisches Reisebüro in Wien setzt sich 273 aus einer ornamentalen Folge riesiger Einrichtungsgegenstände zusammen, die in Form einer symbolischen Collage angeordnet sind. Außen ist die neutrale, graue städtische Textur erhalten geblieben und dennoch die neue Funktion subtil angedeutet durch die Einfügung von polierter Bronze, die aus der Fassade herausleuchtet. Im Inneren dienen die verschiedenen Phantasievorstellungen und Stereotypen des Tourismus zu einer Rechtfertigung für einen Eklektizismus, den ich wegen seiner semantischen Angemessenheit wieder einmal als radikal bezeichnen möchte: Antike Säulen, von Chromstäben durchbohrt, bezeichnen das Reisen in Griechenland und Italien; Reisen in der Wüste werden ausge- 278 drückt durch Bronzeversionen der palmenförmigen Säulen des Pavillons in Brighton von John Nash; Indien ist mit einem bronzefarbenen Tropenhelm vertreten; Theaterkarten sind durch einen Bühnenvorhang angedeutet, Flugreisen durch Vögel, und ironischerweise ist der Ort, wo man für alles zahlt, das Pult des Kassierers, durch Umrisse eines Kühlergrills von einem Rolls Royce be- 274 zeichnet. All das ist überdeckt von einem lichterfüllten, kassettierten Gewölbe, das an die Wiener Postsparkasse erinnert, jenen großartigen „modernen" Raum, den Otto Wagner 1906 erbaute. So ist der örtliche Bezug in Gegensatz zum Stereotyp gesetzt, das bestehende urbane Gewebe gegen die Ausfüllung. Durch die handwerkliche Präzision wird — wie bei den vorher erwähnten Bauten von Dixon und Stirling — vermieden, daß die Stereotypen zum Kitsch werden. Hollein spricht direkt eine Massenkultur an und verwendet ihre Klischees (eine fast zwingende Forderung bei einem Reisebüro) — aber mit Humor und Bedacht, die bei Produkten der Massenkultur nicht notwendigerweise üblich sind.

Die Art und Weise, wie die Architektur sich unserer Industriegesellschaft mitteilt, muß als wichtigster Impuls der Postmoderne betrachtet werden. Es ist offenkundig, daß die Moderne versagt hat, diese Gesellschaft anzusprechen, wie zu Beginn dieses Buches ausgeführt wurde. Ebenso offenkundig haben postmoderne Architekten, zum Beispiel Robert Venturi, in dieser Frage nicht eindeutig Stellung bezogen. Mit diesem Problem hängen verschiedene Fragen zusammen, die ein simples Vorgehen unmöglich machen — etwa die des Gleichgewichts zwischen populären und eli-

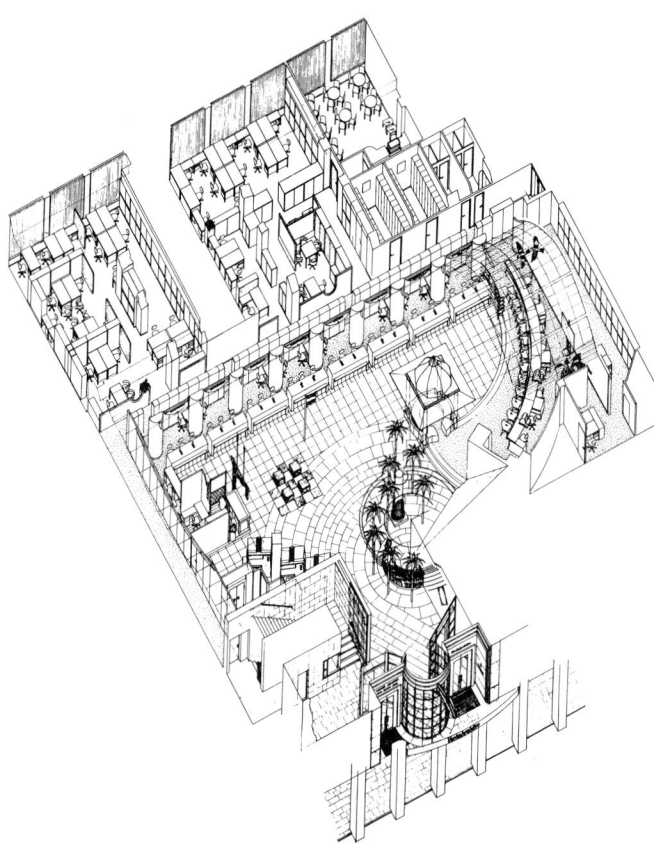

273 Hans Hollein: Österreichisches Reisebüro, Wien, 1976—1978.
Die Axonometrie zeigt die symbolischen Mittelpunkte, die als Kreise, Abstufungen und unterschiedliche Ebenen in ein abstraktes Raumsystem eingefügt sind, um die Zonen zwischen Verkauf und individuellen Arbeitsbereichen (ganz oben) zu gliedern. Der durchgehende freie Raum wird so charakterisiert und dramatisiert im Gegensatz zum isotropen Raum der Spätmoderne.

274 Hans Hollein: Österreichisches Reisebüro.
Die Kassenschalter sind echte Rolls-Royce-Kühlergrille. Stereotype Elemente werden sowohl explizit gemacht als auch verändert durch das luxuriöse Material und die wertvolle handwerkliche Arbeit.

Seite 144
275 Hans Hollein: Rathaus Perchtoldsdorf/Österreich, Renovierung, 1975/76.
Die in Blau und Silber gehaltenen dekorativen Wellenlinien vermitteln zwischen Decke, Tisch und Bodenornament, während der stilisierte Weinstock mit Rebe visuelle Ablenkung während endloser kommunalpolitischer Debatten bewirken soll. Eine alte Tür ist erhalten geblieben, während die beiden seitlichen Eingänge subtil die Wellenlinien aufnehmen, aber sie umkehren. Eine sympathische Collage aus Alt und Neu, die semantisch gerechtfertigt ist.

276/277 Hans Hollein: Rathaus Perchtoldsdorf.
Blick zum Sessel des Bürgermeisters, der den dekorativen Weinstock und die Wellenlinie unter den alten, um 1690 entstandenen Porträts der früheren Bürgermeister zeigt. Der Tisch und die Stühle sind eigentlich ein großes Architekturelement, das dem öffentlichen Bereich Beständigkeit und Feierlichkeit verleiht. Vom Bürgermeistersessel aus sehen alle schwarzen Akustikplatten auf demokratische Weise gleich aus und sind gleichbedeutend mit einer Stimme.

Seite 145
278/279 Hans Hollein: Österreichisches Reisebüro.
Unter dem kühlen, weißen Licht eines sezessionistischen Tonnengewölbes, das zwischen den unterschiedlichen Deckenhöhen vermittelt, sind die verschiedenen Zeichen für Auslandsreisen angeordnet: eine bronzene Lutyens-Kuppel steht für Indien, Palmen erinnern an exotische Orte, antike Säulen an Griechenland und Italien, eine gekappte Pyramide (in der Ecke) deutet Ägypten an. Flugreisen werden durch Vögel signalisiert, Seereisen durch ein Schiffsgeländer und Theaterkarten durch einen Vorhang und Serlios „komische Bühne".

275

276

RATSSAAL
MCMLXXXVI
BÜRGERMEISTER
REPRÄSENTATIONSRAUM
FOYER / GARDEROBE
VORRAUM / MUSEUM
FRAKTIONSRAUM ÖVP
MUSEUM
FRAKTIONSRAUM SPÖ

277

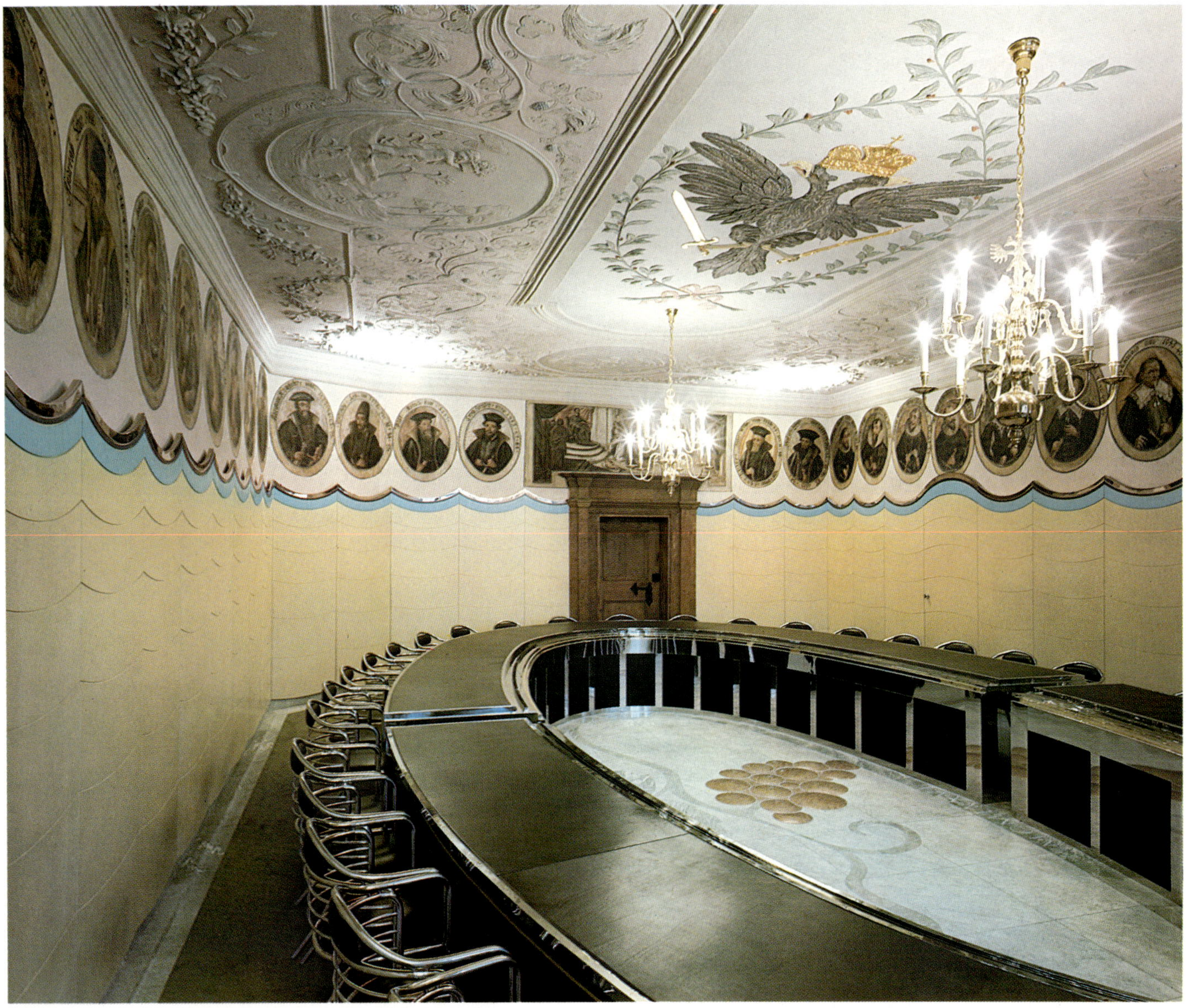

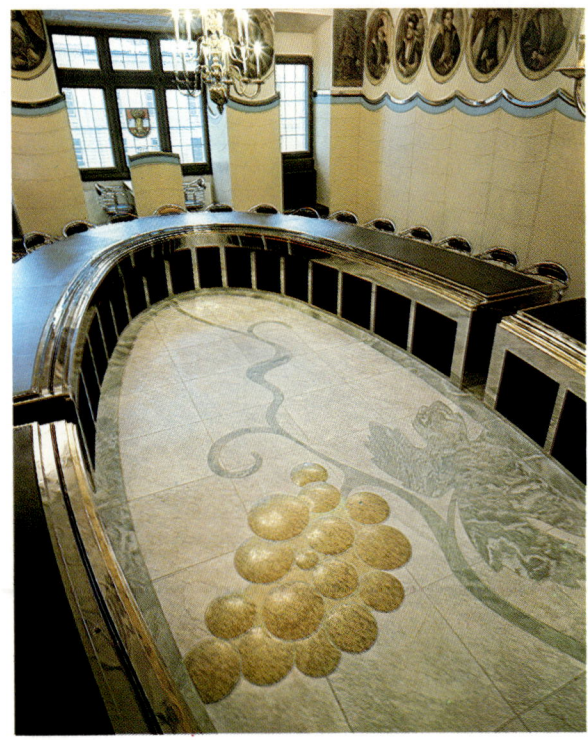

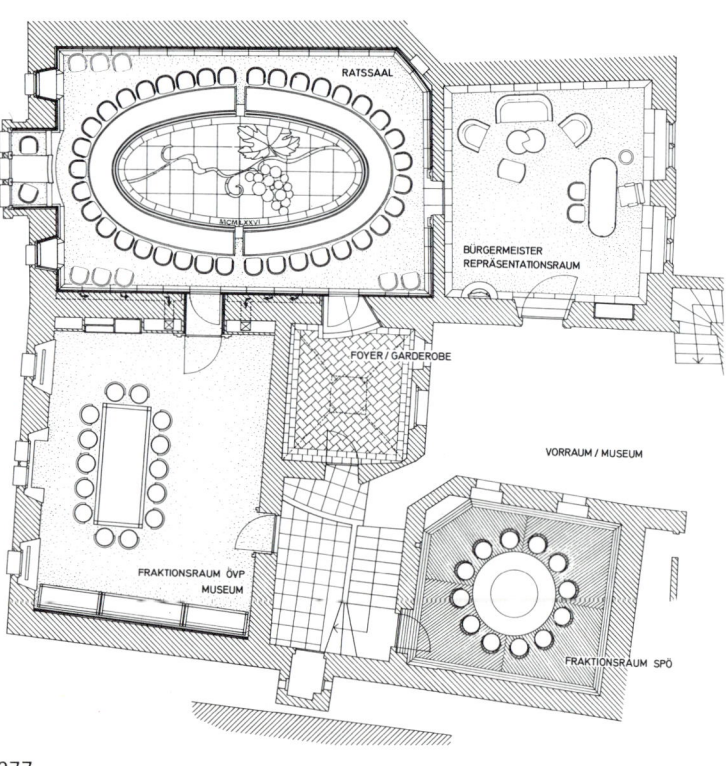

278

279

tären Kodes, deren sich die Architekten gleichermaßen bedienen müssen, und der sie begleitenden Gefahr der Verkitschung und der Mystifizierung. Darüber hinaus bestehen die Probleme einer Konsumgesellschaft, die das private Bauen hoch bewertet und nicht das der öffentlichen Hand. Der Architekt, der mit dieser Gesellschaft durch sein Gebäude kommunizieren will, muß einen umständlichen Kurs zwischen allen diesen Hindernissen steuern. Um es zu wiederholen: Er muß verschiedene Geschmackskulturen ansprechen, indem er verschiedene Kodes anwendet, und das macht ihn zum Eklektiker. Ob er schwachen oder radikalen Eklektizismus produziert, hängt davon ab, ob er zwingende Gründe für die Verwendung eines Stils findet. Etwas vereinfacht, lassen sich je nach den Umständen drei prinzipielle Begründungen für die Wahl eines Stils oder die Mischung von Stilen geben: der Kontext, in den das Gebäude passen soll, der Charakter der spezifischen Funktionen, der durch die Stilwahl betont werden muß, und die Geschmackskultur der Bewohner. Diese drei Aspekte sind in Charles Moores im Bau befindlicher Piazza d'Italia in New Orleans ablesbar.

Wie eine Luftaufnahme des urbanen Kontextes beweist, liegt die Piazza in einem Bereich von New Orleans mit gemischter Nutzung. Auf einer Seite steht ein modernes Hochhaus, dessen schwarzweiße Fassadenzeichnung übernommen wurde als Motiv für eine abgestufte Folge von Ringen. Diese Kreisform, modernes „Bullauge" und barocke Stadtform zugleich (Place des Victoires in Paris), führt hinaus in drei Straßen und gibt dem Vorübergehenden einen Hinweis darauf, daß hinter den bestehenden Bauten etwas Ungewöhnliches passiert. Dieser Aufbau einer Erwartung und die Anwendung abschirmender Elemente, die zugleich aussagen und verbergen — der Bogengang, die Pergola —, dramatisieren den Zugang. Wir werden zum Zentrum des Bullauges gezogen und erwarten, dort einen symmetrischen, kreisförmigen Kulminationspunkt zu finden. Was tatsächlich geschieht, entspricht und widerspricht dieser Annahme gleichermaßen. Es gibt in der Tat ein Zentrum und Kreisformen, aber anstatt barocke Zentralität zu betonen, lassen sie neue Erwartungen aufkommen. Die Kreise sind teils Scheiben, teils Säulenreihen, die sich asymmetrisch auf der Diagonale der Bewegung drehen in Richtung auf einen neuen Kulminationspunkt, den höchsten Punkt, einen Bogengang, in der Tat eine moderne Serliana. Diese Diagonale wird verstärkt durch die Vielzahl gebrochener Formen — den Stiefel Italien —, die sich auf der höchsten Ebene, den „Italienischen Alpen", konzentrieren. Wir haben eine klare Organisation von Form und Inhalt. Da Italien sich zu den nördlichen Alpen erhebt, so tun es auch die fünf Ordnungen italienischer Säulen, und sie kulminieren in einer neuen, sechsten Ordnung, die das zukünftige Restaurant einfaßt. Diese Erfindung für ein deutsches Restaurant (Man wird Würste in die Fenster hängen!) nennt Moore die „Deli-Ordnung". Neonketten um den Hals dieser Säulen deuten außerdem an, daß wir uns hier im zwanzigsten Jahrhundert befinden und der kommerzielle schlechte Geschmack ein Teil dessen ist. Moore hat eine Vorliebe für architektonische Einfälle und Scherze. (Er nennt seine wasserspeienden Metopen „Wetopen"!) Es ist das Verdienst seiner Teamarbeit, daß diese einkalkulierten Geschmacksverirrungen nicht die Oberhand gewinnen. Sie sind Teil einer reichen Mischung von Bedeutungen etwa in der Art, wie ähnliche Elemente in Shakespeares Dramen absorbiert werden.

Für Historiker sind es die Bezüge auf das Theater Hadrians und die Triumphbögen von Schinkel, für die Sizilianer die archetypischen Piazzas und Brunnen; für den modernen Architekten ist es die Anerkennung des Hochhauses und die Anwendung moderner Technologien (Neon und Beton); für den Liebhaber reiner architektonischer Formen sind es die behauenen Kämpfer aus gesprenkeltem Marmor und eine sehr sensible Anwendung von poliertem Chromstahl. Die Kapitelle der Säulen aus diesem Material glänzen, wenn das Wasser aus den Akanthusblättern hervorschießt. Die strengen, gedrungenen toskanischen Säulen sind ebenfalls aus diesem Material geschnitten und vermitteln rasier-

messerscharfe, paramilitärische Bilder, die Silhouetten griechischer Helme[70]. Der Gesamteindruck schließlich ist sowohl ein sinnlicher als auch ein rhetorischer; er erscheint vielleicht gegenwärtig ein wenig übertrieben, weil seine Ausfüllung im Hintergrund noch nicht fertig ist. Aber in der Konzeption ist die Piazza ein überzeugendes Beispiel für radikalen Eklektizismus: Sie paßt in den urbanen Kontext und erweitert ihn. Die verschiedenen Funktionen werden symbolisch und praktisch durch verschiedene Stile charakterisiert, und die Bezüge für Inhalt und Form stammen aus der lokalen Geschmackskultur, von der italienischen Gemeinde. Darüber hinaus liefert der Entwurf dieser Gemeinde ein Zentrum, ein „Herz", um das postmoderne Schlagwort zu wiederholen. Während er eine Massenkultur mit anerkannten Stereotypen anspricht, werden diese sowohl direkt als auch in auf phantasievolle Weise veränderter Form erfolgreich angewendet.

Schließlich — man gestatte mir diese in die Zukunft weisende Anmerkung — deutet er auf eine Architektur wie die des Barock hin, als verschiedene Künste sich verbanden, um ein rhetorisches Ganzes zu erzeugen. Mit Sicherheit wird der Erfolg dieser Rhetorik von außerhalb der Architektur liegenden Faktoren abhängen: von einem überzeugenden sozialen oder metaphysischen Inhalt. Die Suche nach einem solchen Inhalt ist die Herausforderung an die postmodernen Architekten.

Seite 148
280 Charles Moore (mit Allen Eskew und Malcolm Heard jr. von Perez & Associates und Ron Filson): Piazza d'Italia, New Orleans, 1976—1979.
Die Luftaufnahme zeigt die Piazza (Kreis) im urbanen Gewebe (Rechteck) ähnlich einem Mandala, dem mystischen Diagramm der Buddhisten, das seine Anwesenheit durch verschiedene Elemente ankündigt: eine Pergola, einen Kampanile und einen Triumphbogen oder die Zeichnung der Pflasterung. Diese Bebauung sucht, wie viele andere Entwürfe der Rationalisten, das historische urbane Gewebe zu betonen, während sie gleichzeitig seine Bedeutung wandelt.

281 Charles Moore: Piazza d'Italia.
Die toskanische Säulenordnung rechter Hand ist „kanneliert" durch Wasserdüsen; die dorische Reihe zur Linken zeigt „Wetopen" und das Gesicht des Architekten Moore, das Wasser ausspeit. Im Hintergrund stehen Komposit- (links) und korinthische Säulen (rechts), während der Stiefel Italien, aus schwarzem und weißem Gestein gebildet, erkennbar ist.

Seite 149
282 Charles Moore: Piazza d'Italia.
Die dorische Ordnung über Sardinien bricht, obgleich nach den Proportionen von Vignola errichtet, mit verschiedenen Regeln. Der dunkle, feucht schimmernde Stahl hat das paramilitärische Aussehen eines griechischen Helms erhalten; Kämpfergesimse aus geädertem Marmor ähneln gezeichneten Schnitten.

283 Charles Moore: Piazza d'Italia.
Der Blick von oben zeigt die gerundeten Trennwände, die sich um den Mittelpunkt Sizilien drehen und nach Norden — zu den Alpen — hin öffnen. Die traditionellen Formen sind aufgebrochen, aber dennoch vorhanden.

284 Charles Moore: Piazza d'Italia.
Der pergolaähnliche Eingangstempel ist sowohl eindeutig in der Beschriftung und den Bezügen als auch im übertragenen Sinne bedeutungsvoll: Er ist im Grundriß abgeschrägt, um der Puddingform zu entsprechen, und erhält dadurch eine perspektivische Wirkung. Die Abmessungen sind dank der neuen Materialien, der freiliegenden Rohre und des Betons schlanker als gewohnt.

ANMERKUNGEN

1 Siehe Mies van der Rohe: *Industrielles Bauen*, erstmalig veröffentlicht in der Zeitschrift *G*, 10. Juni 1924, abgedruckt in: Ulrich Conrads: *Programme und Manifeste zur Architektur des 20. Jahrhunderts*, Gütersloh 1964, S. 76.

2 Siehe Manfredo Tafuri: *L'Architecture dans le boudoir*, in: *Oppositions*, Nr. 3/1974, S. 45 und Anmerkung S. 60 (dtsch. in: *Arch +*, Nr. 37). Tafuri meint, daß die „Rossi gemachten Vorwürfe des Faschismus wenig bedeuten, da seine Versuche zur Wiederherstellung einer ahistorisierenden Form verbale Formulierungen ihres Inhalts und jeden Kompromiß mit der Wirklichkeit ausschließen". Diese Befreiungsklausel ist natürlich unmöglich; alle Formen werden historisch betrachtet und sind mit konventionellen Assoziationen behaftet. Rossis Werk kann diesem „Kompromiß mit der Wirklichkeit" ebensowenig ausweichen wie alle andere Architektur.

3 Alison und Peter Smithson in: *Architectural Design*, Oktober 1969, S. 560.

4 Peter Smithson in: *Architectural Design*, Mai 1975, S. 272.

5 Alison und Peter Smithson: *Gentle Cultural Accommodation*, in: *L'Architecture d'Aujourd'hui*, Januar/Februar 1975, S. 4—13, zitiert nach S. 9. Die Smithsons bestreiten, das geschrieben zu haben, obgleich es typisch für ihr Denken ist. Siehe *Architectural Design*, Nr. 7/1977, und meine Antwort.

6 Siehe Tom Wolfe: *The New Journalism*, London 1975, S. 54—56, und meinen Aufsatz: The *Rise of Post-Modern Architecture*, in: *Architectural Association Quarterly*, London, Sommer 1976, S. 7—14.

7 Zum Appell an die Moral siehe Sigfried Giedion: *Raum, Zeit, Architektur*, Ravensburg 1965. Zur „heroischen Periode" siehe Alison und Peter Smithson in: *Architectural Design*, Dezember 1965.

8 Sant'Elias *Manifest* vom 11. Juli 1914 ist zitiert nach Ulrich Conrads: *Programme und Manifeste zur Architektur des 20. Jahrhunderts*, Gütersloh 1964, S. 32.

9 Eine klarere Gegenüberstellung von Architektur und Sprache erfolgt durch die Architektursemiotiker, die diese unpräzisen Analogien durch Fachbegriffe ersetzen. Für unsere allgemeinen Zwecke reichen diese Analogien jedoch aus, solange wir sie nicht allzu wörtlich nehmen.

10 Ein Argument von Umberto Eco in: *Funktion und Zeichen. Semiologie der Architektur*, in: *Konzept 1, Architektur als Zeichensystem*, Tübingen 1971.

11 Siehe Umberto Eco: *Komponentenanalyse einer Säule*, in: *Werk*, Nr. 10/1971

12 Siehe zum Beispiel die Beschreibung der fünf großen „Geschmackskulturen" von Herbert Gans in seinem Buch: *Popular Culture and High Culture*, New York 1974, S. 69—103.

13 Siehe G.L. Hersey: *J.C. Loudon and Architectural Associationism*, in: *Architectural Review*, August 1968. S. 89—92.

14 Die Anwendung des Wortes „natürlich" umgeht die wichtige semiotische Streitfrage, *wie* natürlich die Zeichen sein können. Sie sind alle von der Kodierung und daher von der Konvention abhängig. Aber die Frage ist zu komplex, um hier abgehandelt zu werden. Siehe Umberto Eco: *La struttura assente*, Mailand 1968; deutsch: *Einführung in die Semiotik*, München 1972.

15 Ich habe diese Diskussionen erwähnt in: *Modern Movements in Architecture*, Harmondsworth/New York 1973, S. 318—328 und dazugehörige Fußnoten. Die italienische Presse nahm diese Kontroverse auf und wandte die Metapher „Abkühlung" auf die englische Kritik an (wenn ich mich richtig erinnere).

16 Philip Johnson: *The Seven Crutches of Modern Architecture*, in: *Perspecta*, Nr. III 1955 (deutsch in: John Jacobus: *Philip Johnson*, Ravensburg 1962); Philip Johnson: *Whence and Whither*, in: *Perspecta*, Nr. 9/10 1965.

17 Siehe John Jacobus: *Philip Johnson*, Ravensburg 1962.

18 Brief an Jürgen Joedicke vom 6. 12. 1961, abgedruckt in: John Jacobus: *Philip Johnson*, Ravensburg 1962.

19 Siehe Robin Boyd: *New Directions in Japanese Architecture*, New York/London 1968, S. 102.

20 Siehe Oscar Newman: *CIAM '59 in Otterlo*, Stuttgart 1961, S. 182.

21 Eine ziemlich vollständige Bibliographie dieser Schriften und Kommentare über das Venturiteam ist in *Learning from Las Vegas* zu finden, revidierte Ausgabe von Robert Venturi, Denise Scott Brown und Steven Izenour, Cambridge 1977. Zur Kritik siehe meine Besprechung: *Venturi et al. are almost all right*, in: *Architectural Design*, Nr. 7/1977.

22 Siehe *Learning from Las Vegas*, a.a.O., S. 130 und 149.

23 Sie haben das häufig betont: Robert Venturi zum Beispiel sagte bei einer Diskussion in der Galerie „Art Net" in London im Juli 1975: „Ich entschuldige mich für alle diese Häuser für reiche Leute, aber ich muß alles nehmen, was wir bekommen können." Die Projekte des Venturiteams sind meist von stärkerem sozialen Engagement und häufig für Minoritäten und unterprivilegierte Gruppen bestimmt.

24 Siehe *A & U*, Nr. 11/1974, das ihrem Werk von 1970—1974 gewidmet ist, S. 43.

25 Siehe meinen Beitrag: *MBM and the Barcelona School*, in: *The Architectural Review*, März 1977, S. 159—165, und *Arquitectura Bis*, Nr. 13 und 14, Mai/Juni 1976.

26 Ich habe diese „Bedrohung" durch Pluralismus und Eklektizismus in meinem Beitrag: *Isozaki and Radical Eclecticism* abgehandelt, in: *Architectural Design*, Januar 1977, S. 42—48. In diesem Artikel versuche ich, zwischen einem radikalen Eklektizismus, der multivalent ist und auf semantischer Grundlage beruht, und dem „schwachen Eklektizismus" des neunzehnten Jahrhunderts, der eine lasche Stilanhäufung darstellte, zu unterscheiden.

27 Ich behandele diese Frage in meinem Buch: *Ersatz — The International Culture of Our Time*, das 1979 erscheinen wird.

28 Siehe Aldo Rossi: *Die Architektur der Stadt*, Düsseldorf 1973. Gijon ist eine monumentale Form des Klassizismus mit venturiähnlichen Gegenüberstellungen.

29 Siehe *L'Architecture d'Aujourd'hui*, Nr. 190, April 1977 (Ausgabe über Formalismus-Realismus), S. 101.

30 Ich bin sicher, daß es hierüber zu Mißverständnissen kommen wird. Es hat den Anschein, daß ich mir widerspreche, da ich einmal für und einmal gegen den Geist der Zeit argumentiere. Aber die Unterscheidung zwischen dem „Klima der Meinungen" und dem „Zeitgeist" beruht darauf, daß ersteres auf der Konvention und nicht der Notwendigkeit, der Wahlmöglichkeit und nicht dem Zwang, dem Wandel und nicht der Dauer, moralischen Grundsätzen und nicht dem Verhalten basiert.

31 Henry-Russell Hitchcock: *Architecture Nineteenth & Twentieth Centuries*, Harmondsworth 1971, S. 533.

32 Quinlan Terry: *Architectural Renaissance*, in: *Building Design*, 17. Sept. 1976, S. 18. Terry hielt 1976 eine Vorlesungsreihe über postmoderne Architektur an der Architectural Association in London.

33 Als ausgezeichneten Beitrag über diese Richtung siehe Chris Fawcett: *An Anarchist's Guide to Modern Architecture*, in: *Architectural Association Quarterly*, Nr. 7, Bd. 3, 1975, S. 37—57. Es ist weniger eine Einführung in den Anarchismus als vielmehr eine Parodie.

34 Conrad Jamesons Beiträge sind in verschiedenen Zeitschriften, überwiegend in England, veröffentlicht worden. Hier ist zurückgegriffen auf: *Social Research in Architecture*, in: *The Architects' Journal*, 27. Oktober 1971, und darauffolgende Diskussion; *Architect's Error*, in: *New Society*, 8. Mai 1975, und darauffolgende Diskussion; *Enter Pattern Books, Exit Public Housing Architects: a friendly sermon*, in: *The Architects' Journal*, 11. Februar 1976, und darauffolgende Diskussion; *British Architecture: Thirty Wasted Years*, in: *The Sunday Times*, Februar 1977, und darauffolgende Diskussion. Im Gegensatz zu anderen Polemikern versteht es Jameson wirklich, den Nerv der modernen Architekten zu treffen. Sein Buch: *Notes for a Revolution in Urban Planning* wird von den Verlagen Penguin und Harper & Row demnächst veröffentlicht (1978).

35 Maurice Culot, einer der Leiter von ARAU in Brüssel, verbrachte zehn Tage in Port Grimaud mit Diskussionen über die Folgerungen daraus mit dem Architekten François Spoerry. In einer Unterhaltung im Juni 1977 sagte er mir, er sei davon überzeugt, daß dies der Typ von Wohnungsbau für das Volk wäre, aber daß die örtlichen kommunistischen Führer, von denen manche auf Modelle der dreißiger Jahre eingestellt wären, das möglicherweise nicht akzeptieren würden.

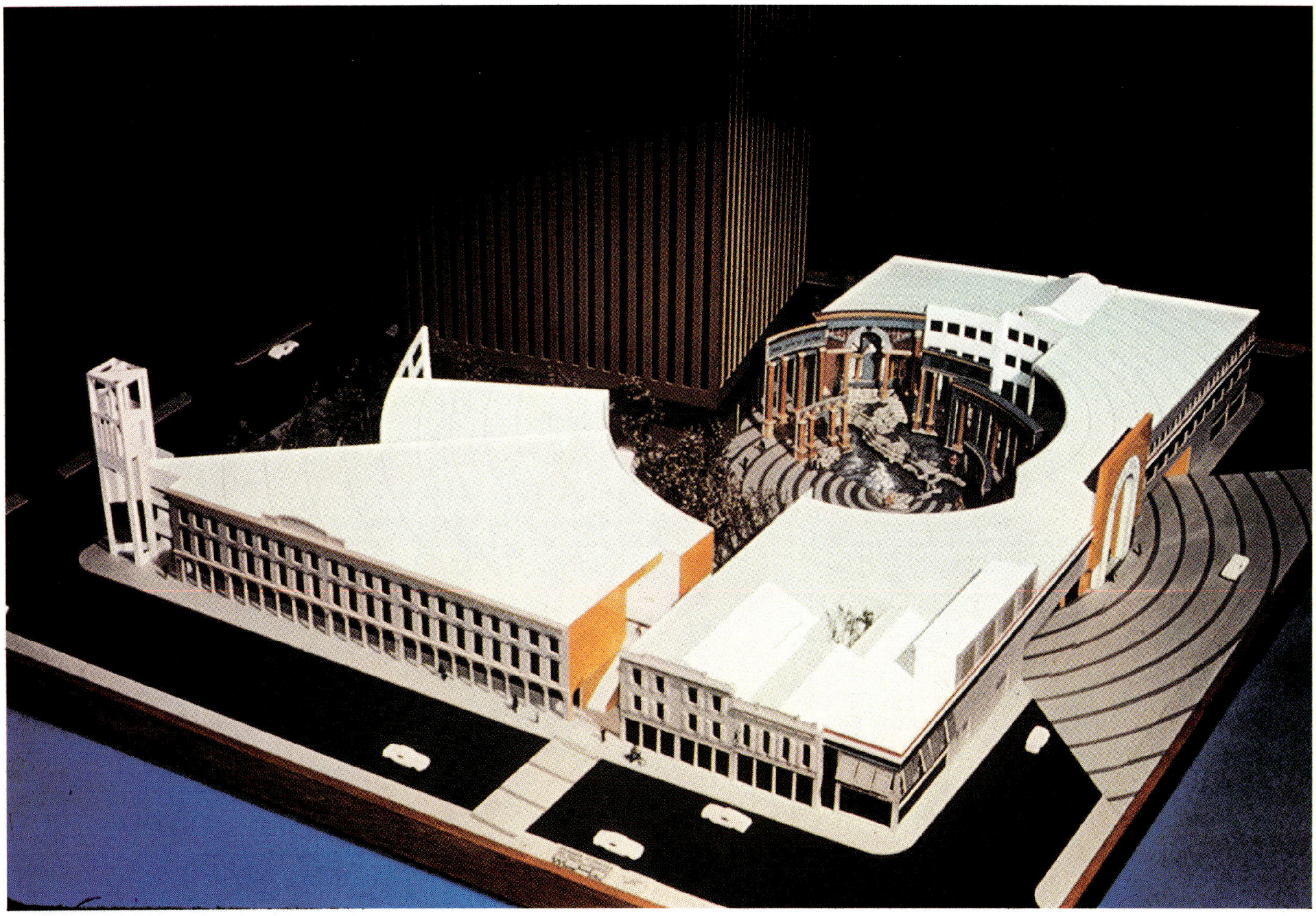

280

281

282

283

284

36 David Gebhardt: *Getty's Museum,* in: *Architecture Plus,* Sept./Okt. 1974, S. 57—60, 122. Siehe auch Reyner Banham: *The Lair of the Looter,* in: *New Society,* 5. Mai 1977, S. 238; *Building Design,* 13. Sept. 1974. In England brachten der *Observer* und die *Times* Beiträge über das Gebäude.

37 Brief von James Stirling an: *Oppositions,* Sommer 1976, S. 130. Aber einige von Stirlings neueren Werken sind mit Sicherheit postmodern in bezug auf ihren „Kontextualismus": die Projekte für Düsseldorf und Köln.

38 Colin Amery und Lance Wright: *Lifting the Witches Curse, The Architecture of Darbourne and Darke,* in: *RIBA Publications,* 17. Mai — 29. Juli 1977, Ausstellungskatalog, S. 7—8.

39 Andrew Derbyshire: *Building the Welfare State,* RIBA-Konferenz 1976, *RIBA Publications,* a.a.O., S. 29.

40 RIBA-Konferenz, a.a.O., S. 50.

41 Aldo van Eyck: *In Search of Labyrinthian Clarity,* in: *L'Architecture d'Aujourd'hui,* Jan./Febr. 1975, S. 18.

42 RIBA-Konferenz, a.a.O., S. 62.

43 Der Skeffington-Report von 1968 empfiehlt mehr Partizipation der Öffentlichkeit an der Planung, aber bisher hat diese nur zu erhöhter Konsultation oder minimalen Wahlmöglichkeiten über Raumeinteilung, Anordnung von Trennwänden usw. geführt — wie bei dem PSSHAK-Projekt des Greater London Council — oder zur Entwicklung von Plänen wie beim Projekt-Swinbrook in North Kensington.

44 „Signifikanz und Formenreichtum" in der Architektur werden in meiner Argumentation als entscheidende Werte vorausgesetzt und ihre Notwendigkeit hier nicht begründet; Argumente für Pluralismus in der Politik liefert Karl Popper, für Vielfalt in der Kunst I.A. Richards. Zu meinen Zweifeln an den Neo-Rationalisten siehe: *The Irrational Rationalists,* in: *A & U,* April und Mai 1977, abgedruckt in: *The Rationalists,* hrsg. von Dennis Sharp, London 1978.

45 Siehe *Architectural Design,* Nr. 3/1977, S. 191. Die Ausgabe ist Culot, Krier und Tafuri gewidmet.

46 Hannah Arendt hat ausführlich über den öffentlichen Bereich geschrieben in: *The Human Condition,* Chicago 1958, und *Über die Revolution,* München 1963. Ihre Gedanken beeinflußten unter anderem die Architekten George Baird, Ken Frampton, Conrad Jameson und Nikolaus Habraken.

47 Leon Krier: *A City with a City,* in: *Architectural Design,* Nr. 3/1977, S. 207.

48 Siehe Graham Shane: *Contextualism,* in: *Architectural Design,* Nr. 11/1976, S. 676—679 zur Diskussion und Bibliographie.

49 Colin Rowe: *Collage City,* in: *The Architectural Review,* August 1975, S. 80.

50 Colin Rowe, a.a.O., S. 80/81.

51 Siehe den Brief von Nathan Silver an die *Architectural Review,* Sept. 1975, und darauffolgende Diskussion.

52 Siehe T.S. Eliot: *After Strange Gods,* London 1934.

53 Kent C. Bloomer und Charles W. Moore: *Body, Memory and Architecture,* New Haven 1977, S. 41/42 (deutsche Ausgabe in Vorbereitung).

54 Carl Gustav Jung: *Der Mensch und seine Symbole,* Olten 1968.

55 Siehe Rudolf Wittkower: *Studies in the Italian Baroque,* London/New York 1975, S. 63.

56 Zu der Vorstellung der Raumdurchdringung siehe Colin Rowe und Robert Slutzky: *Literal and Phenomenal Transparency,* in: *Perspecta,* Nr. 8/1963, Nr. 13—14/1975; zur „compaction composition" siehe mein Buch: *Le Corbusier and the Tragic View of Architecture,* London/Cambridge 1973.

57 Robert Stern hat in verschiedenen Zeitschriften über die Postmoderne geschrieben, unter anderem in *Architectural Design,* Nr. 4/1977, und drei Aspekte definiert: Kontextualismus, historische Anspielungen und angewandtes Ornament. In Amerika werden die sozialen und partizipatorischen Aspekte als unwichtig angesehen, da die Argumentation mehr auf stilistischer und semantischer Ebene erfolgt. Stern hat den „Inclusivism" abgehandelt in: *New Directions in American Architecture,* New York/London 1969, Neuauflage mit einem Anhang über die Postmoderne 1977.

58 C. Ray Smith: *Supermannerism. New Attitudes in Post-Modern Architecture,* New York 1977, S. 91—99.

59 Siehe Maggie Keswick: *Chinese Gardens,* New York/London 1978. Das letzte Kapitel, das von mir stammt, behandelt diese Art von religiösem Grenzbereich, ein Gedanke, den ich von Edmund Leach übernommen habe, Siehe sein Buch: *Culture and Communication,* Cambridge 1976, S. 14, 51, 71—75, 86/87.

60 Siehe Charles Moore: *Hadrian's Villa,* in: *Perspecta,* Nr. 6/1958, und: *Have to Pay for the Public Life,* in: *Perspecta,* Nr. 9—10/1975, beide abgedruckt in: *Dimensions,* New York 1977. Siehe auch das März/April-Heft 1976 von *L'Architecture d'Aujourd'hui.*

61 *L'Architecture d'Aujourd'hui,* a.a.O., S. 60.

62 Dieser Gedanke ist hier nicht ausgeführt, siehe aber zum Beispiel Juan Pablo Bonta: *Notes for a Theory of Design,* in: *Versus 6,* Mailand 1976. Wenn Bedeutung eine Beziehung ausdrückt, dann kann sowohl eine beschränkte als auch eine reiche Palette sie artikulieren. Meine allgemeine Bevorzugung von reichen gegenüber beschränkten Systemen ist durch die Mies-Epoche und die Tatsache bedingt, daß es der Elite und den Fachleuten leichter fällt, beschränkte Systeme zu dekodieren, als dem allgemeinen Publikum.

63 Siehe Basil Bernstein: *Class, Codes and Control,* Bd. I und II, London 1971—1973, und Linda Clarke: *Explorations into the Nature of Environmental Codes,* in: *Journal of Architectural Research,* Bd. 3, Nr. 1/1974.

64 Die Untersuchungen sind zugegebenermaßen sehr fragmentarisch und wurden mit Studenten in England, Norwegen und Kalifornien durchgeführt, obgleich mehrere Interviews in Bauten in Holland und England erfolgten. Eine Untersuchung wurde veröffentlicht: *A Semantic Analysis of Stirlings's Olivetti Centre Wing,* in: *Architectural Association Quarterly,* Vol. 6, Nr. 2/1974, und ein Teil einer anderen ist enthalten in meinem Beitrag: *Architectural Sign,* der veröffentlicht ist in der von Richard Bunt, Geoffrey Broadbent und mir herausgegebenen Anthologie: *Signs, Symbols and Architecture,* New York 1978, unterstützende Beweise sind zu finden bei B. Bernstein, a.a.O., und Philip Boudon: *Die Siedlung Pessac — 40 Jahre Wohnen à Le Corbusier,* Gütersloh 1971.

65 Siehe Charles Jencks: *Late-Modern-Architecture,* London 1980, Kapitel 3 (deutsche Ausgabe in Vorbereitung).

66 Die Gruppe „Chicago Seven" wurde 1976 gegründet, teils als Reaktion auf andere Architektengruppierungen in der Stadt. Zur Zeit des Wettbewerbs für die Stadthäuser im März 1978 bestand das Team aus elf Architekten: Thomas Beeby, Laurence Booth, Stuart Cohen, James Freed, Gerald Horn, Helmut Jahn, James Nagle, Kenneth Schroeder, Stanley Tigerman, Cynthia Weese und Ben Weese.

67 Siehe *Roma Interrotta,* Rom 1979, und *Architectural Design,* Nr. 3/4, 1979, S. 163.

68 *Hiroshi Hara – an Interview with David Stewart,* in: *Architectural Association Quarterly,* Nr. 4/1978, S. 8, 10.

69 Siehe Stephen Kieran: *VIA III On Ornament,* Penn., 1977, ein Symposion an der Architectural Association in London im Dezember 1978 über „The Question of Ornament" (unveröffentlicht); Boyd Auger: *A Return to Ornament,* in: *The Architectural Review,* 1976, und darauffolgende Korrespondenz; eine Ausstellung im Cooper-Hewitt-Museum, organisiert von Richard Oliver, 1978; Ernst H. Gombrich: *Ordnungen,* Stuttgart 1979.

70 Auf mehrere dieser Bedeutungen hat Charles Moore in einem Gespräch mit mir im März 1979 hingewiesen; andere sind enthalten in Martin Fillers ausgezeichnetem Beitrag über die Piazza in: *Progressive Architecture,* November 1978, S. 81—87.

NAMENVERZEICHNIS

Abbildungsnachweis